国际多元化战略
影响公司价值的机制研究

孙维峰　著

中国社会科学出版社

图书在版编目(CIP)数据

国际多元化战略影响公司价值的机制研究/孙维峰著.—北京：
中国社会科学出版社，2016.12
ISBN 978-7-5161-9258-0

Ⅰ.①国⋯ Ⅱ.①孙⋯ Ⅲ.①上市公司—企业管理—研究—中国
Ⅳ.①F279.246

中国版本图书馆 CIP 数据核字(2016)第 258036 号

出 版 人	赵剑英
责任编辑	杨晓芳
责任校对	王 斐
责任印制	王 超

出 版	中国社会科学出版社
社 址	北京鼓楼西大街甲 158 号
邮 编	100720
网 址	http://www.csspw.cn
发 行 部	010 - 84083685
门 市 部	010 - 84029450
经 销	新华书店及其他书店

印 刷	北京明恒达印务有限公司
装 订	廊坊市广阳区广增装订厂
版 次	2016 年 12 月第 1 版
印 次	2016 年 12 月第 1 次印刷

开 本	710×1000 1/16
印 张	16.25
插 页	2
字 数	211 千字
定 价	60.00 元

目　　录

第 一 章

绪　　论

第一节　研究背景与意义

在今天，相当多的大企业的活动是多元化的。这不仅表现在行业多元化，还表现在国际多元化。行业多元化指企业所选择的行业范围及其相关性；国际多元化指企业在母国之外进行直接投资并且拥有和控制其活动（如生产、销售或研发等）。自从 Rumelt (1974) 的开创性研究以来，行业多元化获得了大量研究。与之相比，对国际多元化的关注却很少。从资源配置的角度看，企业战略包括两个基本方面：行业多元化和国际多元化。研究表明，国际多元化和行业多元化两者都对大企业的战略行为具有至关重要的作用，并且两者都对大企业的长期绩效和发展具有关键影响（Hoskisson and Hitt，1990；Montgomery，1994；Martin and Sayrak，2003；Li，2007）。

国际多元化和行业多元化虽然是多元化经营的两个方面，但从本质上看，它们是两种不同的企业战略。尽管这两种战略本身并无优劣之分，但不同的发展时期要求不同的战略占主导地位。例如，在企业扩张的初期、经济全球化程度较低的情况下，行业多元化是一种较优的战略；随着企业的不断扩张以及全球经济一体化程度的不断加深，国际多元化的吸引力越来越大，国际多元化日益成为企业的首选战略。在中国企业的战略中，国际多元化正变得日益重要。这不但是我国企业发展壮大后继续扩张的必然选择，也是党中央和国务院在全球经济一体化新形势下的战略要求。21世纪初，党中央和国务院把"走出去"正式上升为国家战略，鼓励和支持有优势的企业对外投资，打造有实力的跨国企业。在历经政策导向不断向好的发展过程中，中国企业"走出去"已经走上快速发展之路，已成为我国对外开放新阶段的重大战略举措。《2015年度中国对外直接投资统计公报》显示，2015年，中国对外直接投资流量实现了自数据发布以来连续14年的增长，我国境内投资者共对全球155个国家/地区的6532家境外企业进行了非金融类直接投资，达到1180亿美元，同比增长14.7%，再创年度投资流量的历史新高。截至2015年年底，我国累计对外非金融类直接投资8630.4亿美元。党的十八大报告明确提出："加快'走出去'步伐，增强企业国际化经营能力，培育一批世界水平的跨国公司。"当前更是大力推行"一带一路"战略。因此，中国企业的国际化步伐仍将快速发展。在这种情况下，探讨国际多元化战略对公司价值的影响具有重要意义。

从理论上看，多元化既可能提高公司价值，也可能降低公司价值。行业多元化与公司价值之间的关系得到了深入的研究，现有的国内外实证研究大多表明，行业多元化降低了公司价值。现有的国际多元化与公司价值之间关系的研究主要是利用发达国家（尤其是美国）企业的样本，研究结论并不一致。然而，新兴市场经济国家为企业的国际多元化战略提供了一个不同的经济和制度环境，利用新兴市场经济国家的数据，将可能得出与利用发达国家的数据完全不同的结论。国内市场规模也会影响国际多元化与公司价值之间的关系。国内市场规模小会限制企业的发展，此时国际多元化可能会提高公司价值。与其他新兴市场经济国家相比，中国的国内市场规模要广阔得多。中国企业的国际多元化战略对公司价值的影响与其他新兴市场经济国家也可能存在明显的不同，而目前并没有研究探讨中国企业国际多元化战略的价值效应。因此，本书首先考察了国际多元化与公司价值之间的关系，并与行业多元化进行比较分析。更重要的是，本书系统探讨了国际多元化战略影响公司价值的机制，这不但具有重要的理论意义，而且研究结论对于企业管理者如何根据企业的自身特征选择国际多元化战略以实现公司价值最大化以及如何贯彻实施国际多元化战略具有实际的参考价值。

第二节 国际多元化的界定

国际多元化是一种战略，通过该战略，一个企业在国外进行直接投资，并能够在母国之外控制其活动。Annavarjula 和 Beldona（2000）指出，可从运营、所有权和定位三个角度来界定国际多元化。

从运营的角度看，企业是通过种种生产运营活动为客户创造价值的。波特（1990）把企业的运营活动大致分为基本活动（包括生产、营销、运输和售后服务等）以及支持活动（包括原材料供应、技术、人力资源等），并称这些活动为价值链活动。在企业的国际多元化战略中，价值链的每项活动并不局限于某个国家，而是在多个国家同时进行。这样，国际多元化的界定可视为价值链活动在国际市场上配置的程度，例如，国外资产与总资产之比、国外雇员与总雇员之比等。企业国际运营涉及的国家数量越多，或者企业国际运营的总体水平越高，企业的国际多元化程度就越高。

从所有权的角度看，一个企业仅进行对外直接投资并不能被视为一种国际多元化战略。国际多元化意味着企业必须拥有对国外价值链活动的控制权，例如，一个跨国公司可以在国外拥有资产（如土地、工厂、设备），或者在另一个公司拥有股权并足以保证其控股地位。与之相比，一个公司虽然可以在全球多个证券交易所上市，其股票被多个国家的个人或机构投资者所持有，但这个公司仍然是一个国内公司，而不是跨国公司。这种控制权把国际多元化和FDI区别开来。国际多元化和FDI的另一个显著差别在于研究角度方面，对FDI的研究主要是从国家或地区的角度分析，探讨FDI对母国或东道国经济的影响；而对国际多元化的研究主要是从企业的角度进行分析，考察国际多元化战略对企业各方面的影响。

定位强调了国际多元化战略需要企业整合协调其在各个国家的活动。从战略管理的角度看，国际多元化不仅是一种降低风险的手段，还是一种能够使企业获得竞争优势的战略。如果企业虽然在多个国家拥有子公司，但各个子公司具有高度的自主权，子公司之间并无联系，这样的企业也只能算是波特（1990）所称的本土化多国公司，这并不是一种国际多元化战略，也无法使企业获得竞争优势。国际多元化战略意味着企业必须从全球的角度发展本土活动，并能够大力整合各国间活动的差异，从而争取更多的竞争优势。

目前关于国际多元化并没有一个统一的术语，国际多元化、全球多元化、国际扩张、跨国性是文献中经常采用的术语，其实质是指同一个企业行为（Hitt，Tihanyi and Miller et. al. 2006）。国际多元化企业和跨国企业存在程度上的区别，与文献中通常的做法一样，本书对此不加以区别。

第三节　研究方法

研究方法是分析问题、解决问题的工具和手段，研究方法的选择依赖于研究的目的。本书主要采用以下研究方法：

第一，采用规范分析与实证检验相结合、以实证检验为主的研究方法。规范分析是以一定的价值判断为基础，从理论上分析经济现象"应该是什么",据此作出判断和推测。本书所采用的理论主要是利用经济学、金融学和管理学的相关理论知识。然而,很多事物和现象都具有两面性,并非"非此即彼",举例来说,多元化战略既有提高公司价值的一面,也有损害公司价值的一面。因此,很多情况下,规范分析并不能确切地告诉我们经济现象到底是什么样的。这就需要采用实证检验。本书采用规范分析和实证检验相结合的方法。在研究中,先从理论上对经济现象做出判断,提出各种假设,然后运用统计学和计量经济学的方法进行检验。如果实证检验通过,则假设成立;否则,就需要对假设进行修正或提出新的假设,重新进行检验。本书在实证研究中采取中国沪深两市的上市公司作为研究样本。原因在于,上市公司信息披露规范、可以获得的信息量较大,而且具有其他类型企业所不可能提供的企业间信息可比性。

第二,比较分析法。比较分析法把相同或类似的经济现象进行对比分析。比较分析法不但有助于更好地掌握研究对象的特征,增加结论的可信性,还能为人们在实践中的活动提供科学指导。因此,本书在研究中还将采用比较分析法,把国际多元化战略与行业多元化战略进行比较,分析两者对企业的各方面是否带来显著不同的影响。

第四节 研究的主要内容

本书以公司价值最大化作为假设的基点,核心内容是探讨国际多元化战略影响公司价值的机制。具体来说,研究内容包括以下几方面:

1. 比较分析国际多元化和行业多元化对公司价值的影响

战略管理学者大多使用财务指标,而经济和金融学者大多使用市场指标来衡量企业绩效。无论使用财务指标还是市场指标衡量绩效都存在问题。财务指标是基于历史数据，它反映的是企业过去的绩效，通常并不能反映企业未来的价值。因此，基于市场的业绩指标逐渐被广泛采用。同时，使用财务指标和市场指标得出的结论往往并不一致，有时甚至完全相反，目前几乎没有学者探讨二者背离的原因。本书以公司价值最大化作为分析的基点，首先考察国际多元化和行业多元化对公司价值的影响。

2. 国际多元化战略影响公司价值的直接机制

基本的股票价格决定公式表明，影响股票价格的因素有每股收益、贴现率和公司增长率。股票价格与每股收益、增长率正相关，与贴现率负相关。每股收益直接受企业赢利能力的影响；贴现率与资本成本直接相关。因此，本书将企业的财务绩效、资本成本、增长率视为国际多元化影响公司价值的直接机制。

（1）国际多元化与财务绩效。存在大量的理论观点解释国际多元化与企业财务绩效之间的关系。总的来说，这些观点表明，国际多元化既有收益，也存在显著的成本。最终，国际多元化对企业财务绩效的影响是一个实证问题。本书将考察国际多元化对企业财务绩效的影响，并探讨国际多元化和企业财务绩效之间是否存在内生性问题。

（2）国际多元化与公司增长。一般来说，公司增长率与股票价格正相关。多元化可以通过促进公司增长来提高公司价值。实际上，尽管 Penrose（1959）和 Marris（1963）早就从理论上强调了多元化对公司增长的作用，但很少有实证研究检验国际多元化或行业多元化对公司增长的影响。本书将探讨国际多元化是否能够提高公司增长率，并与行业多元化进行比较。

（3）国际多元化通过对资本成本的影响而影响公司价值。一般而言，资本成本越高，贴现率越高，公司价值越低。资本结构和资本成本既有联系也有区别。资本结构是影响资本成本的重要因素，但资本成本还受企业风险、代理成本、信息不对称等因素的影响，对资本结构的研究并不能代替对资本成本的研究。本书将实证检验国际多元化对资本成本的影响。

3. 国际多元化战略影响公司价值的间接机制

所谓间接机制，意指这些变量并不直接影响公司价值，而是通过对财务绩效、公司增长或资本成本的影响而间接影响公司价值。以创新为例，虽然有很多研究探讨了创新与公司价值之间的关系，并且得出二者显著正相关的结论。但实际上，我们认为，创新并不会直接提高公司价值，当企业增加创新投资时，投资者认为这会使公司的赢利能力提高，或者公司能够增长得更快，从而对公司的估值更高，反映在股价上就表现为股价的上升。资本结构亦是如此。MM 定理表明资本结构与公司价值无关。但后来的理论和实证研究表明，资本结构影响公司价值，原因何在？Jenson 和 Mecking（1976）指出股权和债权都有代理成本，这种代理成本能够限制企业的投资。因此，资本结构能够通过影响企业的投资进而影响公司价值。这是一种间接机制。

（1）国际多元化的过程效应

国际多元化的过程效应表现在创新、资本结构、企业风险和现金持有水平四个方面。

首先，国际多元化通过对企业创新的影响而影响企业财务绩效。现有研究已经表明创新与企业的财务绩效显著正相关。并且，创新对企业长期竞争优势的建立和维持具有关键作用。如果国际多元化不利于企业创新，那么即使国际多元化暂时有利于企业绩效，最终，不断降低的创新会破坏企业绩效。因此，本书将探讨国际多元化对企业创新的影响，并与行业多元化进行对比，同时考察国际多元化和行业多元化对企业创新是否存在交互效应。

其次，国际多元化与资本结构。从理论上讲，国际多元化通过降低企业的经营风险从而降低公司破产的风险，这对公司的债权人有益。破产风险的降低可以增大公司的负债能力，国际多元化企业的负债经营比率比国内企业要高，而目前的实证研究得出的结论与理论分析不一致。因此，国际多元化也会通过对资本结构的影响来影响公司财务绩效和资本成本。本书实证检验了国际多元化对资本结构的影响，并探讨国际多元化对企业长期负债能力和短期负债能力的影响是否存在不同。

再次，国际多元化与企业风险。企业股票价格波动的风险可分为系统性风险和非系统性风险。根据资产组合理论，非系统性风险是企业特有的风险，可以通过资产组合的多样化而分散出去。因此，对股东来说，更为重要的是系统性风险。一般来说，企业系统性风险越大，贴现率也越高。在一定程度上，不同国家或行业的经济行为并不是完全相关的。这样，国际多元化也许能够降低企业的系统性风险。同时，以风险降低为目的的多元化并不一定是从股东利益出发，而很可能是基于管理者降低就业风险的动机，其表现形式之一就是降低企业的经营风险。本书将检验国际多元化是否能够降低企业的系统性风险和经营风险。

最后，国际多元化与现金持有水平。信息不对称和不完善的资本市场使得内部融资更为便宜，从而使现金持有水平有助于提高公司价值。国际多元化战略通过两种途径影响现金持有价值：直接效应和间接效应。首先，国际多元化企业内部各分部的投资机会是不一样的，如果内部资本市场是有效的，国际多元化企业可以通过把现金转移到投资机会较好的分部来提高公司价值；如果代理问题更为严重，则这种转移会降低公司价值。这是直接效应。其次，国际多元化战略通过影响现金持有水平来影响公司价值，这是间接效应。本书将对这些内容进行检验。

（2）国际多元化的治理效应

公司治理表现在多方面，一些公司治理变量可能会是国际多元化的动因，但国际多元化也会对另一些公司治理变量产生影响。

首先，国际多元化战略影响董事会结构。董事会是公司最重要的内部治理机制，公司董事会结构及其经济效应也是公司金融领域研究的热点问题。本书将从董事会规模和董事会独立性两方面探讨国际多元化对董事会结构的影响。

其次，国际多元化影响管理层激励。所有权和经营权的分离及所有权的分散使得管理者可以利用企业的资源追求自己的目标。对管理层的激励可以使管理者按照所有者的利益行事，从而有利于公司价值的提高。本书将从理论上和实证上分析国际多元化对管理层短期激励和长期激励的影响。

最后，国际多元化战略影响高管团队内部薪酬差距。目前的研究大多表明，薪酬差距能够促进公司价值。理论上看，国际多元化对薪酬差距具有正反两方面影响。因此，本书将实证检验国际多元化对高管团队内部薪酬差距的影响。

第五节　可能的创新

与国内外已有的研究相比，本书可能的创新点表现在以下几方面：

（1）在中国特有的政治经济环境下探讨中国企业国际多元化与公司价值的关系。前文已表明，中国企业与其他国家企业面临的环境至少存在两大不同：第一，中国是新兴市场经济国家，正处于经济转轨过程中，这与发达国家形成显著差别；第二，中国是最大的新兴市场经济国家，国内市场巨大，这与其他新兴市场国家显著不同。这些差别使得中国企业国际多元化与公司价值的关系可能具有不同于其他国家的特点，而目前尚未有研究考察这一问题。

（2）本书探讨了国际多元化的内生性问题。尽管国外学者考察了国际多元化对企业绩效的影响，但国际多元化与企业绩效之间可能存在内生性问题，从而影响模型的估计。目前尚未有研究考察内生性对国际多元化与企业绩效关系的影响。本书采用面板数据的回归方法和豪斯曼检验来探讨国际多元化内生性问题。

（3）现有研究主要是直接探讨国际多元化与公司价值的关系，对于国际多元化如何影响公司价值却少有研究。本书以探讨国际多元化与公司价值的关系作为主线，不但探讨了二者的关系，还建立了多元化战略影响公司价值的机制的系统框架，并利用数据进行实证检验。

（4）先前的研究或者考察行业多元化，或者考察国际多元化，很少有研究同时分析国际多元化和行业多元化给企业所带来的影响是否存在不同。在整个研究中本书把国际多元化战略和行业多元化战略进行对比分析，结果发现二者在诸多方面存在显著差异。这对管理者的战略制定具有重要意义。

第 二 章

企业国际多元化的动因分析

Rose（1992）指出，在经济学中，很少有问题像企业为什么采取多元化战略这么难。虽然学者们对这一问题提出了多种解释，但每一种都不能解释所有的多元化现象①。本章在对各种观点进行综合的基础上，阐述并评判了四种普遍流行的国际多元化动因理论：市场不完善理论、企业资源理论、企业内外部激励理论和代理理论。

一　市场不完善理论

在传统经济理论中，企业被假定为从事两种交易行为：购买投入和出售产出。然而，实际上绝大多数的大企业在中间产品市场上从事成千上万种交易。因此，交易的组织方式就是企业成本最小化战略非常重要的组成部分。科斯开创、威廉姆斯发展的交易成本经济学表明，市场和企业是两种不同的交易组织方式，市场运用价格机制组织交易，而企业通过行政命令配置资源。哪种方式组织交易的成本更低，取决于市场的完善程度。国际市场的典型特征是产品、要素和金融市场的不完善，这成为自由贸易的壁垒，也阻止了个人国际金融投资（Rugman，1980）。导致国际市场不完善的重要

———————

①　关于国际多元化和行业多元化原因的解释有许多相似之处，但也有显著的不同。

原因有以下几点：

首先，市场结构导致的不完善。Caves（1971）指出，在差别化寡头垄断的市场环境下企业最可能采取国际多元化战略。在全球经济一体化的背景下，企业的竞争从国内扩展至全球。在这种情况下，如果企业在国际市场上能够相互合作，利润将会增加。这是否会发生取决于市场是否完善。在完全竞争的市场环境下，存在多个企业，进入是容易的，企业之间的合作不可行。在寡头垄断或双头垄断的市场环境下，某种形式的合谋将是可能的。寡头垄断使企业能够获得规模经济的优势，差别化和寡头垄断的结合能够使企业获得一定的市场力量，从而使企业能够获得超额利润，这使企业有能力采取国际多元化战略，把企业在国内市场上的优势延伸到国际市场上。同时，在差别化寡头垄断的市场环境下，国际多元化使企业有可能通过采取价格歧视的策略获得更高的收益，而如果通过出口采取价格歧视的策略通常会面临反倾销的威胁。

其次，政府政策导致的市场不完善。这方面的典型例子是政府设置的贸易壁垒，如关税和非关税壁垒，这种不完善使得自由贸易难以实现。除此之外，还有大量的母国和东道国的政府政策也会导致市场不完善。资本控制和其他限制国际资金转移的政策直接创造了市场不完善，从而影响对外直接投资。一些货币政策，如关于货币供给、利率和汇率的政策，也会创造出一种市场不完善，从而显著影响对外直接投资。举例来说，一国货币的升值将使本国企业对外直接投资增多，20世纪80年代后期日元的大幅升值就伴随着日本企业的大量对外直接投资。各国的反托拉斯政策通过对市场结构的影响也会间接影响市场的不完善。实际上，导致市场不完善的政府政策是相当多的。（Brewer，1993）

最后，也是最重要的是，交易对象本身的性质导致了市场不完善。威廉姆森（1971）主要是从交易本身解释市场失效的。威廉姆森认为，如果竞争性市场的运行成本为零，那么一体化现象将不会存在。然而，市场在许多方面易于失效。这时，企业可以替代市场。市场失效的根源在于交易成本，而交易成本产生的原因应该从人的因素和环境的因素二者的结合中考察。威廉姆森指出，导致市场失效的环境因素是环境的不确定性及少数交易参与者之间的关系。然而，如果不和一系列人的因素相结合，这样的交易性条件并不是必然阻碍市场的交换。他所指的人的因素是指有限理性和机会主义。如果不确定性和有限理性结合起来及少数交易参与者和机会主义结合起来，就会阻碍市场交易。虽然人的因素和环境因素的结合导致了交易成本的产生，然而，在一项具体的交易中交易成本的大小由交易的维度决定。威廉姆森（1988）指出了交易的三个主要维度：交易发生的频率、不确定性和交易专用性程度。交易频率和不确定性的作用在交易专用性程度较高时才能充分体现出来。在交易专用性程度较高的条件下，交易成本随交易频率和不确定性的增加而增加。这时可以用内部组织来代替市场交换以减少交易成本。与市场交易相比，内部组织有三个特性可以降低交易成本。这三个特性是：激励、控制和内在的结构优势。企业拥有比市场更为多样的奖励、控制和惩罚工具，又能够以较低的成本获得必要的数据。这一方面可以减轻机会主义的影响；另一方面可以以一种适应性的连续性的方式对变化着的市场环境做出调整，这就减轻了有限理性的不利影响。同时，企业通过员工间的共同训练与共同经验、反复的人际交往及在企业内部有可能发展起来的简洁代码，还可以实现信息交换的成本节约。威廉姆森强调指出，内部组织仅仅是减少了机会主义和有限理性的问题，但没有消除其中任何一个。与市场失效一样，内部组织也存在失效。是否进行一体化，取决于市场失效与组织失效二者程度上的比较。

从交易对象本身的性质来看，市场对私人物品和公共物品的有效程度完全不同，在这方面的经典例子是知识的转移。知识是一种公共物品，一旦知识生产出来，某人对知识的使用不排斥和妨碍他人同时使用，也不会因此减少其他人消费知识的数量或质量。私人物品可以在市场上定价，而公共物品不能。实际上，公共物品的价格为零。如果按照市场定价，将没有企业愿意投入资金生产知识。然而，知识也是一种中间产品，在国际市场上，至少有两种方式可以解决知识的供给问题：对外直接投资和特许专营。从理论上讲，这两种方式可以相互替代，企业选择何种方式取决于交易成本的高低。然而，企业生产的知识大多具有某种专用性，这能够给企业带来竞争优势；知识的价值通常难以精确衡量，存在不确定性，签订契约的成本相对较高，这对于技术更新速度快需要经常重新签订契约的企业来说尤其如此；由于知识和声誉的公共物品性质，特许经营将使得企业面临知识和声誉消散的风险（Horstmann and Markusen，1987）；规模经济使得特许经营无法取代对外直接投资。这些因素使得特许经营只有在特定条件下才能替代对外直接投资。

因此，市场不完善使得企业有可能采取国际多元化战略，而不是出口或特许经营。然而，科斯（1937）指出，在企业内部组织交易也会存在显著的成本，从而构成了对企业规模的限制。由于国家之间在政治、经济、社会、制度、文化等方面的差异，管理国际多元化企业的复杂性要高于国内企业，这形成了对企业国际多元化水平的限制。因此，从根本上讲，企业国际多元化的原因在于市场的不完善。在这一点上，科斯的理论是适用的[①]。

二 企业资源理论

如果国际多元化企业与当地企业完全相同，那么企业采取国际多元化战略进入国外市场并不有利可图。因为，企业在其他国家经营会面临着比国内经营更高的控制和协调成本；与当地企业相比，

---

① 关于科斯理论在解释企业国际多元化方面的扩展运用，参见 Buckley 和 Casson（2009）。

国际多元化企业在语言、文化、关系网络等方面会面临更高的壁垒。国际多元化企业必须拥有某种内在的企业专用性优势，如技术、专利、营销和管理技能等。这种优势与东道国当地的情况相适应，才能使国际多元化战略在经济上可行。这种内在的优势通常来自于企业所拥有的资源。

企业是资源的集合。企业必须有必要的资源才能使国际多元化战略可行。长期以来，企业资源就被视为是解释多元化的关键要素之一，尤其是解释国际多元化。Chatterjee 和 Wernerfelt（1991）把企业资源分为三类：（a）物质资源；（b）财务资源；以及（c）无形资源。物质资源指企业的厂房和设备等；财务资源是所有资源中流动性最强的资源，能够用于购买其他所有生产性要素；无形资源包括商标名称、知识、创新能力和管理技能等。

物质资源既缺乏弹性，又容易被耗尽；同无形资源和财务资源相比，物质资源跨国转移成本较高。因此，拥有过剩物质资源的企业更可能选择相关多元化，而不是国际多元化。

财务资源也有助于企业的国际多元化扩张。拥有大量财务资源的企业往往是一些成熟企业。这些企业由于国内市场趋于饱和，或者由于反托拉斯政策等原因，在国内的发展面临一个瓶颈。而对于许多发展中国家来说，资本匮乏是制约其经济发展的一个重要因素。因此，发展中国家往往制定各种优惠政策来吸引外国投资。然而，这并不必然意味着需要采取国际多元化战略。如果国际资本市场是完善的，企业可以通过证券投资的方式提供资本给资本匮乏的国家。资本市场的不完善使得拥有大量财务资源的企业可能会选择国际多元化战略。

无形资源是三种资源当中最容易受市场不完善影响的资源。国际多元化企业可以提供知识、营销经验和管理技能等无形资源给外国的当地企业。然而，如果市场是完善的，当地企业可以购买这些资源。这样，当地企业并没有处于不利的地位，企业也没有特殊的激励进行国际多元化。然而，市场不完善使得通过市场购买无形资源面临很高的成本。在这种情况下，通过国际多元化，在企业内部转移无形资源就成为合理的选择。无形资源能够以较低的成本跨区域来回转移；同物质资源相比，无形资源具有公共物品的性质，能够以较低的成本在企业各单位同时使用；无形资源也会给国际多元化企业带来竞争优势。这与经验事实是一致的：国际多元化在某些行业是重要的，这些行业的典型特征是较高水平的研发和营销支出、在企业中专业人员和技术人员占有更高的比例、产品更新速度快并且较为复杂、产品差异化程度较高（Markusen，1995）。Gómez et al.（2004）利用西班牙企业作为样本发现，无形资源显著影响企业进行国际多元化扩张的可能性，并且这种影响是正的。Gaur，Kumar 和 Singh（2014）的实证研究也表明，企业的技术和市场资源有助于其采取国际多元化战略。因此，在这三类资源当中，无形资源所占比例较高的企业更可能采取国际多元化战略。

三　企业外部激励理论

外部激励主要包括寻求更便宜、质量更高的资源，寻求更广阔的市场，以及利用国家间税收方面的差异。

由于每个国家要素禀赋的不同，其资源的质量和价格也不同。企业可以通过国际多元化从其他国家获得更便宜、质量更高的资源。生产是不同但又连续的一系列过程。企业可以通过评估各个国家的生产要素的成本来为生产的每个阶段选择最优的位置，从而实现生产的平均总成本最低。Dunning 和 Lundan（2008）把寻求资源的企业分为三类。第一类企业寻求某种类型的物质资源，如原材料、工业原料、农产品等。近些年来，中国企业在非洲的相当一部分投资属于这种类型。这种类型的国际多元化战略的特点是它通常涉及大量的资本支出。第二种类型的资源寻求指企业寻找大量的廉价劳动力。劳动力的成本通常与经济发展程度正相关，因此，这种类型的企业通常来自发达国家。这些企业为降低成本而把生产转向劳动力成本低的国家来生产劳动密集型产品。这种类型的投资经常会随着各国劳动力成本的相对变动发生转移。早先这些投资的目的地为墨西哥、中国台湾，以及中东欧的一些国家和地区。随着这些国家和地区劳动力成本的上升，投资又转向中国、印度等一些国家。近年来，中国的劳动力成本上升相对迅速，一些投资又开始撤出中国，转向劳动力成本更低的一些国家，如越南。第三种类型的资源寻求指企业希望获得先进的技术能力、管理或营销技能和组织经验。这主要包括一些来自新兴市场经济国家的企业在发达国家进行投资，通过在工业发达、技术先进的国家或地区收购企业或与当地企业合资建立企业，直接经营或参与经营管理，可以学习它们的先进技术和有效的管理经验，提高企业经营的效率。

一些国家为了保护本国产业，通常对进口商品设置很高的贸易壁垒，因此通过出口进入这些国家的市场往往不可行。但同时这些国家为促进经济的发展采取各种优惠措施，鼓励外国企业来本国直接投资。这样，企业可以通过国际多元化在当地建立工厂生产产品，从而能够绕开贸易壁垒，寻求更大的市场。同时，当地生产也可以对产品进行修改以更适应当地的偏好。Dunning 和 Lundan（2008）指出了另一种类型的市场寻求投资：这种企业越来越多地把市场寻求投资看成是它的全球生产和营销战略的一个必要组成部分。这种类型的投资可能是被动的，也可能是主动的。追随行业领导者属于前者。中国市场潜在的巨大规模吸引了大量的直接投资，其中一些是追随行业领导者的投资，还有一些是追随关键客户的投资，关键客户在中国的投资使得企业为了维护它们的业务关系也在中国进行投资。

由于各国在经济发展水平、政治法律制度等方面存在显著差异，国家之间在税收制度方面也存在明显的不同。因此，企业可以利用各国在税收上的不同而在各国间重新配置资源，从而获得比国内企业更高的绩效（Errunza and Senbet，1981）。另外，税收的不同使企业可以通过确定企业内各个分部的转移价格来增加收益。

四　企业内部激励理论

1. 寻求较高资本收益

国家之间在资本收益率方面存在很大差异，逐利的资本会流向资本收益率较高的国家。由于国际多元化涉及对其他国家的直接投资，因此早先的一些研究从资本流动的角度解释国际多元化行为，认为资本收益率的差异导致企业采取国际多元化战略来寻求更高的资本收益。根据该观点，发达国家资本丰富，资本收益率较低；发展中国家资本贫乏，资本收益率较高。因此，资本主要是从发达国家流向发展中国家。该观点至少存在四个限制。首先，很多直接投资并不涉及资本的跨国转移，实际上，很多企业在国外购买资产、建立工厂或办公场所，其资本并非来自母国，而是来自于东道国的贷款或者利润再投资。其次，资本在国家间的流动是双向的，在同一时间，同一个国家既对外输出资本，也输入资本；并且资本的流动主要发生在发达国家内部。理论与事实的不一致是资本流动理论的致命缺陷。再次，寻求较高收益并不必然需要采取国际多元化战略，在国际资本市场上通过购买和销售证券的方式会更加容易和方便。因此，资本流动理论实际上混淆了企业的直接投资和间接投资。最后，国际多元化不仅涉及金融资本的流动，还包括技术、管理和营销技能、企业家精神等一系列资源的转移。企业采取国际多元化战略是希望能够对它们所拥有的整体资源挣得比国内更高的收益率，而不仅是资本收益率。

2. 风险降低

风险降低是最常被提到的企业采取国际多元化战略的原因之一。通过多元化降低风险的观念来源于资产组合理论。在一定程度上，不同国家的经济行为并不是完全相关的。这样，国际多元化能够降低企业的风险。Rugman（1976）和 Wan（1998）的实证研究表明，国际多元化显著降低了企业风险[1]。

从理论上讲，国际多元化通过降低企业的经营风险可以降低企业破产的风险，这对企业的债权人有益。同时，破产风险的降低可以增大企业的负债能力。由于企业利息支付具有税盾效应，这也对企业的股东有益（Lewellen，1971）。然而，管理者也可能是出于降低自己就业风险的动机而选择国际多元化。

Errunza 和 Senbet（1981）指出，如果降低风险是企业国际多元化的一个动机的话，在国际金融市场完善的条件下，这种动机也可以通过投资者个人的投资组合国际多元化来满足。具体地说，如果国际金融市场是一体化的和完全竞争的，企业水平的国际多元化可以被投资者在个人水平上无成本的复制。这样，投资者对是通过持有离岸股票还是持有国际多元化公司的股票来实现他们期望的国际多元化水平变得无差异。

现实中，由于交易成本和税收差异、汇率风险以及各国对资本流动的控制，更为重要的是投资者的有限理性和关于外国证券的信息成本，国际金融市场高度不完善。在这种情况下，国际多元化能否给股东带来收益还要看破产成本、税收和资本结构的变化（Higgins 和 Schall，1975）。如果不考虑税收和破产成本，国际多元化并不会改变企业的总价值[2]。然而，风险的降低会使得债权价值上升，股权价值会相应下降。利息支付具有抵税的好处，如果国际多元化企业和国内企业的杠杆率没有差异，甚至更低，那么这种益处就没有利用。如果国际多元化企业能够拥有更大的借债能力，那么共同

---

[1]　Rugman（1976）和 Wan（1998）用收益波动的方差来衡量风险，发现国际多元化显著降低了企业风险，但不考虑收益的绝对水平，仅仅用收益波动的方差来衡量风险是不合适的。

[2]　企业总价值包括股权价值和债权价值。如果债权价值上升，即使股权价值下降，企业总价值也可能保持不变。

保险效应通过两种途径影响股权价值：（1）充分利用借债能力，增大企业价值；（2）如前所述，共同保险效应由股东支付，给股东带来成本。因此，股权价值怎样变化要看哪种效应占支配地位。如果破产成本包括在内，国际多元化对企业总价值的影响依赖于破产成本的性质、它们发生的频率和投资者评估风险的方式。即使在这种条件下，国际多元化并不必然增加企业股权价值，更可能减少它。

实际上，国际多元化能够给企业带来更大的借债能力并不是不证自明的。国际多元化能否增加债务比率取决于债务的破产成本、代理成本和交易成本。如果国际多元化使得企业的破产成本下降，这会使得国际多元化企业可以增加债务比率；然而，由于国际市场不完善和国际运营的复杂性等原因，国际多元化企业的债务的代理成本比国内企业要高，这导致国际多元化企业的债务比率更低。理论上讲，企业可以从一个国家借款而在另一个国家投资从而获得更高的利润。然而，有限理性和机会主义使得贷款人无法区分好的借款人和差的借款人。在这种情况下，贷款人或者贷款给他们熟悉的借款人及熟悉的项目，或者要求抵押品。这将阻止许多好的项目获得贷款，尤其是借款人和贷款人处于不同的国家。借款人和贷款人之间的信息不对称程度在国际市场上比国内市场上要高得多；同时，很多好的项目只有很少的抵押品，即使抵押品很多，在国家间执行抵押品的成本也比国内要高。因此，在国际市场上借贷的交易成本要高于国内市场。这使得很多跨国项目不得不以股权的方法来融资。这就意味着借款（通过银行贷款或公司债券）在国内公司比国际公司更为重要。最终，国际多元化能否使企业获得更大的借债能力是一个实证问题，目前这方面的研究还很少。Lee 和 Kwok（1988）发现，与国内企业相比，国际多元化企业并没有更低的破产成本，而且其债务比率也更低；Chen et al.（1997）也发现国际多元化企业的债务—股权比率更低。因此，目前的实证研究并不支持国际多元化企业有更低的破产成本和更高的债务比率的观点。

因此，虽然实证研究表明国际多元化可以降低企业的风险，但这并不一定有利于股东。Michel 和 Shaked（1986）就发现，平均而言，与国内公司相比，国际多元化公司有更低的总风险和系统性风险，而回报也更低，从而表现出更低的风险调整的基于市场的绩效。而 Doukas 和 Kan（2006）也发现，不断增加的国际多元化提高了债权价值，同时降低了股权价值，总体来说，国际多元化不破坏企业价值。因此，以风险降低为目的的国际多元化有可能是增加了管理者的利益。这样的国际多元化通过降低管理者的就业风险而增加了其企业专用性人力资本的价值。相应地，其后果应该被视为一种代理成本。同时，风险降低动机无法说明国际多元化所具有的明显的行业特征。因此，以风险降低为目的的国际多元化究竟是基于企业利益还是管理者动机，需要进一步的实证研究。

3. 规模经济

在这里需要区分技术规模经济和管理规模经济。技术规模经济指在大工厂里大规模生产所带来的生产成本的节约；而管理规模经济指一个大企业能够雇佣更多的管理资源、采用更有效的管理技术来提高运营效率，从而能以更低的成本获得更多的产出。从广义上讲，管理规模经济包括营销经济、融资经济和研发经济[1]。

技术规模经济很少能导致企业选择国际多元化战略，因为这种类型的规模经济意味着大规模的集中生产比区域分散生产更具有成本效率。企业可以通过国际多元化获得管理上的规模经济，尤其是研发经济。通常而言，国际多元化企业规模比国内企业要大。大企业能够获得强大的销售能力，获得销售上的规模经济。国际多元化企业的风险也更低，从而能够以更低的成本获得大量的资金，获得融资经济。最为重要的是，由于知识的公共物品特性，在一个拥有多个工厂的企业生产知识的成本比多个独立的工厂生产知识的成本

---

① 关于管理经济的详细论述，参见 Penrose（1959）。

要低，国际多元化潜在地能够为企业带来更高的革新回报，能够降低研发投资的风险，这对于技术更新快的行业尤其重要。同时，国际多元化也能够为大规模的研发投资提供必要的资源。这样，国际多元化使企业有动力也有资源进行更多的研发投资行为，获得研发支出上的规模经济。

4. 范围经济

范围经济一般指联合生产 n 个产品的成本比分别生产这 n 个产品的成本之和要少。范围经济不但可用于指产品的生产，还可用于企业的行为。具体来说，企业可以拥有多个分部，其中一些分部集中于一种行为，如生产；另一些分部集中于另一种行为，如研发。不同的分部可以位于不同的国家，以充分利用各国的比较优势。举例来说，A 国是发达国家，科技力量雄厚；B 国是发展中国家，劳动力资源丰富。这样，企业可以选择在 A 国和 B 国各设立一个分部，在 A 国的分部集中于从事研发；在 B 国的分部集中于从事生产。这样，行为的范围经济就表现为：

$$C（研发_A，生产_B）p = C（研发_A）+ C（生产_B）$$

国际多元化企业可以充分利用行为的范围经济所带来的益处，并且行为的范围经济比产品的范围经济更容易使企业获得 Markides 和 Williamson（1996）所称的战略性资产[①]，从而使企业获得超额收益。

当然，正如 Teece（1982）指出的，在企业内部利用范围经济必然来源于市场不完善；否则，范围经济也可以在市场上通过契约的方式实现。然而，前面我们已表明，市场不完善确实存在，尤其

---

① 根据 Markides 和 Williamson（1996）的定义，战略性资产指有价值的、稀少的、不完全交易、很难模仿的资产，它能给企业带来长期竞争优势。

对于像研发这样的无形资产。

5. 学习效应

人类很大一部分知识来自于干中学。学习效应观点指由于不同的国家有不同的环境，国际多元化企业可以从这多样化的环境中学习，这能提高它们的能力，从而有助于增加企业的利润。随着全球知识经济的出现，企业竞争优势主要基于知识，这样通过把全球各地区分散的知识整合起来企业能够建立新的整体竞争优势。如果这个观点正确，那么企业直接投资所在的国家数量越多、越多样化，企业的学习能力就越强，赢利能力也就越高。

然而，Hennart（2007）指出，学习效应观点是基于三个暗含的假设。首先，它假设国际多元化企业所需要的知识既是分散的又是当地的，这并不必然是正确的。企业在当地所获得的知识很大一部分是专用于当地的，与其他分部分享这种知识并无价值；企业所需要的知识也经常并不是分散的。其次，通过拥有附属机构是获得当地知识的主要途径，这未必是成本最低的途径，利用供应商或顾客这些关系网络可能是成本更低的方法。最后，企业的国外附属机构确实能从当地进行学习，并能把这些知识转移给企业的其他单位，这要求每个单位既能够探索知识又能够利用知识，同时要求知识的转移在企业内部是多向的。然而，探索和利用知识需要不同的结构、过程、战略、能力和文化，探索知识和利用知识在不同的单位来进行可能更好，可以实现范围经济。就知识的分享而言，从理论上讲，国际多元化企业可以从全球各个地区获取知识，并努力实现在整个企业内部转移与分享。然而，国际多元化企业的组织结构使得各单位享有很大的自主权，各单位很少有动机与企业内的其他单位分享知识；同时，假设企业所需要的知识分散在各个地区，有些知识，如默示知识，也是无法很容易地转移的。因此，知识在企业内的转移远非完善。Monteiro et al.（2008）发现，某些单位是孤立于企业内部的知识转移活动的。Hennart（2007）在总结大量经验证据的基础上得出结论，认为国际多元化企业的海外附属机构主要是利用知识，而不是探索知识。因此，学习效应很可能并不是企业采取国际多元化战略的主要动因。然而，对于发展中国家的某些企业而言，其在发达国家的附属机构可能承担着学习当地先进的组织技能、管理和营销经验的任务，因此学习效应对这些企业可能更为重要。Clercq，Sapienza Yavuz et al.（2012）尤其强调了在企业早期国际多元化过程中学习的重要性。Ibeh 和 Kasem（2014）以叙利亚企业作为样本的实证研究就发现，企业的国际多元化程度正向影响企业对市场知识的学习。

五 代理理论

企业内外部激励理论基于企业的角度，而代理理论基于管理者的视角来解释企业的国际多元化行为。通常认为股东的目标是股权价值最大化，然而管理者的目标与股东的目标并不一致。现代大企业的普遍特征是所有权高度分散，并且所有权和经营权分离。企业越复杂，股东监控管理者决策就越困难。契约的不完善使得股东难以通过契约的方式约束管理者的行为。在这种情况下，管理者有可能以股东利益为代价来追求自己的利益。

1. 增长最大化

关于管理者的效用函数，一个较为一致的观点是，管理者的效用函数包括收入、权力、地位和安全感。虽然关于收入和规模之间的关系存在争论①，权力、地位和安全感却直接与企业的规模和增长相关。给定高层管理者的相对高收入和财富地位，很可能非金钱因素（权力、地位和安全感）在管理者的效用函数中占有较高的比重（Mueller，1972）。因此，可以认为，管理者的主要目标是扩大

---

① 研究表明，管理者收入对利润增长的反应比对销售额增长的反应更为敏感，然而，利润增长对管理者收入的影响具有暂时性，而销售额对收入的影响具有棘轮效应。这使得销售的增长更为重要。

企业规模，而不是股东价值最大化。而多元化增长，尤其是通过并购，是迅速扩大企业规模的便利工具。

增长是否破坏企业价值与企业的生命周期相关。在大的成熟企业里，成长机会匮乏，却拥有大量的自由现金流。然而，这些企业的管理者不是通过股利或股票回购的方式把现金返还给股东，反而大量从事破坏企业价值的并购活动。因为对股东的支付减少了管理者控制的资源，从而减少了管理者的权力。Jensen（1986）认为国际多元化也可以归入此类。因此，若国际并购降低了企业价值，则国际多元化很可能是基于管理者的代理动机。

2. 管理者专用性投资

管理者以股东利益为代价追求自己的利益会面临很多压力，如董事会的监督、经理劳动力市场、产品市场的竞争、接管的威胁等。然而，这些约束性措施并非完全有效。管理者可以通过采取行动来抵消这些约束力量。Shleifer 和 Vishny（1989）指出，管理者有动机进行只有在他的控制下才最有价值的投资，即使从事前来看这个投资并不是价值最大化的。他们称这种投资为管理者专用性投资。这种投资的结果使得取代现任管理者成本高昂，从而使得现任管理者能够获得更高的收入或更大的自主权。Tihanyi et al.（2000），Herrmann 和 Datta（2005）及 Sahaym 和 Nam（2013）的研究表明，高层管理团队的特征影响企业国际多元化战略的选择。反过来，一旦企业采取了国际多元化战略，将会增加企业对这些管理者的需求，从而有利于满足其个人利益。因此，管理者可以通过影响国际多元化扩张的方向来增加企业对其特殊技能的需求，从而能够获得更高的补偿。

综上所述，市场不完善理论认为，国际多元化的基础在于市场失效。然而，必须认识到，仅仅市场的不完善本身并不是企业采取国际多元化战略的充分条件。企业在国外经营通常面临更高的成本，企业自身必须拥有某种特有的资源和竞争优势，使其能够与东

道国企业有效竞争，国际多元化才能给企业带来价值。因此，基于
市场不完善和企业资源做出的国际多元化战略，将有可能改善企业
绩效。企业采取国际多元化战略也可能是由于企业所面临的内外部
激励和代理问题，两者的预测完全不同。企业激励理论预测，国际
多元化或者有助于改善企业绩效，或者有助于降低风险。代理理论
认为，国际多元化主要是为了满足管理者的个人动机；因此，该理
论预测国际多元化将会降低企业绩效。不同的理论会得出不同的结
论，实践中不可能一种理论可以解释所有的国际多元化现象。哪种
理论占优势，是一个实证问题。

第 三 章

国际多元化、行业多元化与公司价值

本章以中国上市公司为样本探讨国际多元化对公司价值的影响。同时，世界经济一体化的发展会改变国际多元化和行业多元化的相对收益和成本。新市场的开放会增加国际多元化的可行性，而激烈的国际竞争使得企业集中于核心业务。因此，国际多元化和行业多元化可能存在此消彼长的关系，从而对公司价值具有不同的含义。本章也对国际多元化和行业多元化的价值效应进行比较分析。

本章以下部分是这样安排的：第一部分是对国际多元化、行业多元化与公司价值之间关系的研究进行回顾；第二部分从理论上分析了国际多元化和行业多元化对公司价值存在不同的影响；第三部分对本章及以后各章将会用到的国际多元化变量的度量方法和本书的选择进行了详细的说明，对公司价值的度量方法进行了说明，并对本书的样本选择和数据来源进行了说明；第四部分是实证分析结果；最后一部分是本章的小结。

第一节 文献回顾

一 国际多元化与公司价值研究综述

实证研究中普遍使用的衡量公司价值的指标是 *Tobin's q* 以及

Berger 和 Ofek（1995）提出的超额价值法。Errunza 和 Senbet（1981）使用美国的跨国企业为样本，发现企业的超额价值与国际多元化程度正相关；并且，在资本流动壁垒更大的时期，这种关系更强。Morck 和 Yeung（1991）发现国际多元化程度与 *Tobin's q* 正相关。而 Denis et al.（2002）发现，国际多元化会显著降低企业的超额价值，平均而言，降低的幅度与行业多元化大体一致；同时，国际多元化程度的降低会增加超额价值。Kim 和 Mathur（2008）利用更大的样本，得出了与 Denis et al. 一致的结论。Christophe 和 Pleiffer（2002）发现，国际多元化对公司价值有负面影响，但统计上不显著。Fauver et al.（2004）发现，对美国企业来说，国际多元化会导致显著的折价，而对德国和英国的企业来说，却不存在这种现象。他们认为，这表明国际多元化的收益对美国企业来说相对更小，或者美国企业国际扩张的代理成本和协调成本更大。Daukas 和 Kan（2006）的研究表明国际多元化会降低股权价值，但会增加债权价值，总的来看，国际多元化不会破坏公司价值。Santos et al.（2008）利用 1990—2000 年间美国企业跨国并购的样本研究了公司跨国并购的价值效应，结果表明，总的来说，尽管大量研究表明国内行业并购导致折价，而国际并购并不破坏价值。Gande et al.（2009）利用 1994—2002 年间的 4358 家企业作为样本，发现 *Tobin's q* 随国际多元化程度的增加而增加。利用 1990—2006 年间德国企业观测值，Eckert et al.（2010）发现国际多元化与 *Tobin's q* 正相关。Lee，Hooy 和 Hooy（2012）以马来西亚企业作为样本发现，国际多元化显著降低了企业的超额价值。

总体上看，目前关于国际多元化价值效应的经验证据并不一致。然而，我们注意到，得出国际多元化与公司价值负相关结论的研究中，研究者所使用的衡量绩效的指标是 Berger 和 Ofek（1995）超额价值法。Berger 和 Ofek（1995）超额价值法的计算方法为把企业的实际价值与估计价值相比并取对数得到企业的超额价值。如果超额价值大于 0，则表明多元化溢价；如果超额价值小于 0，则表明多元化折价。他们使用股权的市场价值和债权的账面价值来计算企业实际价值。多元化收益的一个来源是可以降低企业风险。风险降低有益于债权人。如果多元化可以降低风险，那么债务的账面价值和市场价值必然不一致。因此，Mansi 和 Reeb（2002）认为，使用债务的账面价值来计算超额价值会导致对多元化企业超额价值的低估，他们发现，如果使用债务的市场价值，那么企业就没有表现出多元化折价。Daukas 和 Kan（2006）利用 Mansi 和 Reeb（2002）的方法也发现，如果使用债务的账面价值，国际多元化与公司价值负相关；而如果使用债务的市场价值，国际多元化并不破坏公司价值。相对于 Berger 和 Ofek（1995）超额价值法，Tobin's q 的计算对采用市场价值还是账面价值相对而言不太敏感。

二　行业多元化与公司价值研究综述

关于行业多元化与公司价值之间关系的国外研究可参考 Martin 和 Sayrak（2003）的文献综述，整体上看，多数西方学者的实证研究表明，企业多元化会导致公司价值损失。国外研究结论均是基于成熟资本市场的研究所得出的，外部市场环境是影响多元化与公司价值关系的重要因素。我国是新兴市场经济国家，正处于经济转轨过程中，市场不发达、制度不健全、环境具有不确定性，这都会影响到行业多元化对公司价值的影响。国内许多学者也探讨了在中国这样的政治经济环境下行业多元化与公司价值的关系，下面我们仅对相关研究进行回顾。

大多数研究表明，我国上市公司存在行业多元化折价现象。李善民和朱滔（2006）发现行业多元化并购使得股东在并购后 1—3 年内财富损失达到 6.5%—9.6%。他们的研究得到了洪道麟、刘力和熊德华（2006）研究的支持，他们发现并购会在 1—3 年内给收购方公司股东造成 7.2% 的损失；相对于同业并购，行业多元化并购的股东价值损失为 11%。韩忠雪、朱荣林和王宁（2006）发现我国上市公司存在行业多元化折价现象，他们认为折价产生的原因在于所有者和管理者之间的代理问题。黄海波（2007）研究了房地产类上市公司行业多元化水平与公司价值之间的关系，结果发现行业多元化水平与用 $Tobin's\ q$ 衡量的公司价值之间不存在统计上显著的关系；而廖淑贞（2014）则发现行业多元化显著降低了 $Tobin's\ q$。魏锋（2007）发现行业多元化经营会降低公司价值，折价比例为 5%—21%。鲁海帆（2009）发现，我国上市公司存在行业多元化折价，一个原因在于政府干预，政府较高的干预程度使得多元化折价更为严重。柳剑华（2009）运用多元化投资的流量来度量行业多元化，结果发现行业多元化投资降低了公司价值。秦彬和肖坤（2013）也认为在我国存在行业多元化折价现象。王辉（2013）发现，无论是对国有企业还是非国有企业，行业多元化都降低了公司价值。

目前仅有两项研究表明行业多元化与公司价值正相关。苏冬蔚（2005）发现我国上市公司存在显著的行业多元化溢价现象，多元化溢价位于 0.09—0.16 之间。姜付秀、刘志彪和陆正飞（2006）也发现行业多元化经营可以提高企业的价值，并能够降低企业收益的波动。

综上所述，国内外研究的结论表明，行业多元化与公司价值负相关。

第二节　理论分析

之所以会存在行业多元化折价现象，一个重要原因在于，企业采取行业多元化战略是基于所有者和管理者之间的代理问题。在所有权和经营权分离及所有权高度分散的条件下，管理者有可能追求自己个人效用最大化。海和莫瑞斯（1991）指出，管理者的效用函数包括收入、权力、地位、声誉和安全感，这都直接或间接与企业规模相关。行业多元化是迅速提高企业规模的手段。因此，所有者和管理者之间的代理成本导致了行业多元化折价。同样的论断也适用于国际多元化。然而，基于如下几点理由，国际多元化的价值效应显著不同于行业多元化。

首先，国际多元化和行业多元化对企业创新的影响不同。战略控制有助于管理者采取风险承担行为，而财务控制会抑制管理者的风险承担行为。在专业化企业里，高层管理者对业务的熟悉及与分部管理者之间的广泛交流使得企业可以采取战略控制的手段。然而，当企业不断进行多元化时，由于控制幅度的增加、有限理性和信息不对称等问题，高层管理者不得不越来越多地使用财务控制。这会导致分部管理者的风险规避倾向，从而会抑制企业的创新活动。国内外的实证研究也表明，行业多元化会降低企业的研发支出，如 Baysinger 和 Hoskisson（1989）、李捷瑜（2012）等。而国际多元化战略能够为企业提供更大、更多的具有不同需求特征的市场，这样国际多元化潜在地能够为企业带来更高的创新回报，从而降低了 R&D 投资的风险。因此，国际多元化使企业有动力进行创新活动。尤其是现代经济的技术进步越来越迅速，这就需要企业能够迅速利用研发的成果获取收益。相对于跨国企业，国内企业需要更长的时间在技术过时之前收回初始研发投资，这样仅在国内市场经营的企业很可能缺少动力进行创新活动。同时，全球知识经济使得企业的长期竞争优势主要在于知识，国际多元化也能使企业从更为多样化的环境中进行学习，把全球各地区分散的知识整合起来，建立新的整体竞争优势。基于这些理由，国际多元化会促进企业创新，Hitt, Hoskisson 和 Kim（1997）的实证研究证明了这一点。考虑到创新对公司价值具有显著的促进作用[1]，国际多元化和行业多元化对企业创新的不同影响使得其对公司价值的影响也不同。

其次，国际多元化和行业多元化对企业风险的影响也不同。风险降低是最常被提到的企业采取（国际或行业）多元化战略的原因之一。然而，现有研究表明，国际多元化和行业多元化对企业风险有不同的影响。Rugman（1976）和 Wan（1998）发现，国际多元化能够降低企业的经营风险，Kim，Hwang 和 Burgers（1993）及 Goldberg 和 Heflin（1995）发现国际多元化程度的增加会降低企业的系统性风险。目前国内并没有学者考察国际多元化战略对公司风险的影响，仅个别学者研究了行业多元化对企业风险的影响，魏锋和孙晓铎（2008）及胡成根和李刚（2010）都发现行业多元化与企业系统性风险正相关，与企业经营风险负相关。行业多元化的风险降低效应和国际多元化的风险降低效应具有不同的含义。以市场风险为例，即使行业多元化能够降低市场风险，这也未必有益于投资者，因为这种风险可以通过投资者个人的投资组合多元化分散出去，投资者在各个行业配置投资资金并不会受到限制。然而，在国际市场上，投资者在国家之间配置投资资金却会面临很大的壁垒。由于交易成本、税收差异、汇率风险以及各国对资本流动的控制，更为重要的是投资者的有限理性和关于外国证券的信息成本，国际金融市场高度不完善。在这种情况下，国际多元化的风险降低效应无法通过投资者个人的投资组合国际多元化来替代，从而可能有益于投资者。因此，从风险的角度看，国际多元化和行业多元化的价值效应也不同。

最后，国际多元化和行业多元化对公司增长的影响不同。企业增长率也是股票价格的影响因素之一。Hitt，Hoskisson 和 Ireland（1994）发现，缩小行业范围的趋势与朝向国际多元化的趋势相伴

---

[1]　关于创新与公司价值关系的研究可参考 Hall（2000）的文献综述。

而行。就我们的样本来说，我们也发现这一趋势。这样，国际多元化和行业多元化对企业增长的影响也不同①。

基于上述理由，我们推测，国际多元化战略和行业多元化战略对公司价值有不同的影响：国际多元化与公司价值正相关，而行业多元化与公司价值负相关。

第三节　变量说明与数据来源

一　变量说明

1. 公司价值的度量

企业国际多元化是一个多学科的研究议题，涉及产业组织学、公司金融理论和战略管理理论等学科。不同学科的研究目的、研究方法和关注点存在很大差别，因此，不同学科度量国际多元化和企业绩效的方法存在显著的区别。例如，战略管理学者主要关注国际多元化战略能否改善企业绩效，因此在研究中他们采用企业财务绩效；而金融学者更关注企业的国际多元化行为对公司价值的影响（国际多元化是提高还是降低公司价值），因此他们通常采用企业市场绩效。本章首先考虑国际多元化对企业市场绩效的影响。

在国际多元化的实证研究中普遍使用的衡量市场绩效的指标是 *Tobin's q* 法以及 Berger 和 Ofek（1995）提出的超额价值法。

Tobin's q 被定义为企业的市场价值与企业资产的重置成本之比。计算 *Tobin's q* 的一个主要困难在于资产的重置成本的估计。由于通货膨胀的原因，企业的固定资产和存货的重置成本会经常发生

---

① 在后面国际多元化对企业增长影响的章节中，我们发现国际多元化与企业增长显著正相关，而行业多元化与企业增长不存在统计上显著的关系。

变化，因此估计企业资产的重置成本需要对企业的固定资产和存货等进行通货膨胀调整，这就需要大量的数据和复杂的计算。对此，Lindenberg 和 Ross（1981）（以下简称 L－R）给出了一个计算程序。然而，Chung 和 Pruitt（1994）（以下简称 C－P）认为 L－R 方法太复杂，并且所需数据在很多情况下无法满足。他们提出了用来衡量 $Tobin's\ q$ 的简单公式：

$$Approximate\ q = （MVE + PS + DEBT）/TA \qquad (3.1)$$

其中，MVE 为企业的普通股的价值；PS 为企业优先股的清算价值；$DEBT$ 为企业债务的账面价值①；TA 为企业总资产的账面价值。他们表明，用 L－R 方法计算的 $Tobin's\ q$ 的变动有 96.6% 可以被近似 q 解释。由于该公式仅需要基本的财务和会计信息，并且计算简单，因此（3.1）式得到了大量的应用，尤其在中国，数据的缺乏使得使用 L－R 方法几乎不可能。

超额价值（excess value）法是 Berger 和 Ofek（1995）首先提出的一种衡量行业多元化绩效的方法，后来不但被学者广泛应用于行业多元化—公司价值关系的研究，还被学者用来研究国际多元化—公司价值之间的关系。在国际多元化—公司价值的研究中，通常使用国内专业化企业作为计算超额价值的基础，其计算公式如下：

$$EV_i = \log（MV_i / Imputed\ Value_i）$$
$$Imputed\ Value_i = \sum（Ssale_i \cdot Multiplier）$$

---

① 从理论上讲，在计算 $Tobin's\ q$ 时应该采用债务的市场价值。然而，由于获得债务的市场价值所遇到的信息问题，在金融文献中通常使用债务的账面价值。

这里，EV_i为企业 i 的超额价值；MV_i为企业 i 的市场价值，通常用普通股的市场价值加债务的账面价值计算。$Imputed\ Value_i$为企业 i 的估算价值，用企业的某个会计项目（如收入、资产或利润）乘以一个乘子（$Multiplier$）计算。乘子用某个行业国内企业市场价值与某个会计项目之比的中位数来衡量。若 $EV>0$，则超额价值为正，存在多元化溢价；若 $EV<0$，则超额价值为负，存在多元化折价。在行业多元化的研究中，会计项目通常用收入、资产或利润，三者得出的结果基本一致；在国际多元化的研究中，由于数据的缺乏，通常仅使用收入。

本章选择 $Tobin's\ q$ 作为市场绩效度量指标。原因在于，我们注意到，得出国际多元化与企业价值负相关结论的研究中，研究者所使用的衡量绩效的指标是 Berger 和 Ofek（1995）超额价值法。Berger 和 Ofek（1995）超额价值法的计算方法为把企业的实际价值与估计价值相比并取对数得到企业的超额价值。如果超额价值大于 0，则表明多元化溢价；如果超额价值小于 0，则表明多元化折价。他们使用股权的市场价值和债权的账面价值来计算企业实际价值。多元化收益的一个来源是可以降低企业风险。风险降低有益于债权人。如果多元化可以降低风险，那么债务的账面价值和市场价值必然不一致。因此，Mansi 和 Reeb（2002）认为，使用债务的账面价值来计算超额价值会导致对多元化企业超额价值的低估。他们发现，如果使用债务的市场价值，那么企业就没有表现出多元化折价。Daukas 和 Kan（2006）利用 Mansi 和 Reeb（2002）的方法也发现，如果使用债务的账面价值，国际多元化与企业价值负相关；而如果使用债务的市场价值，国际多元化并不破坏企业价值。相对于 Berger 和 Ofek（1995）超额价值法，$Tobin's\ q$ 的分子和分母中都包含债务，$Tobin's\ q$ 的计算对采用市场价值还是账面价值相对而言不太敏感①。

2. 国际多元化的度量方法

研究企业国际多元化的经济后果，选择合适的指标度量企业的国际多元化程度（DOI）非常重要。行业多元化的度量通常可以分为两大类：数量（客观）方法和战略（主观）方法。与之相比，国际多元化的度量甚少采用战略方法，而主要采用数量方法。文献中经常采用的度量国际多元化的方法可分为计数法、会计比例、赫芬达尔指数和熵指数、国际多元化虚拟变量四类。

计数法

简单地说，计数法是指用企业所拥有的国外附属机构数量或者国外附属机构所在国家数量作为国际多元化的度量指标。企业在国际上经营，会面临国家间在税收、文化、政治经济制度、法律环境等各方面的差别，与之相比，一国内部的运营环境的差别要小得多。因此，作为国际多元化的度量指标，国外附属机构所在国家数量比国外附属机构数量更好。该方法的优点在于计算简单，对数据的要求低；其主要缺陷在于，它不能区别出附属单位的规模分布。

会计比例

国际多元化的会计比例度量方法指用国外销售收入（资产）所占企业总销售收入（资产）的比例作为企业国际多元化程度的度量指标。该方法的优点在于对数据的要求低，精确的信息相对容易收集。该方法的一个重要缺点在于它无法区分国外销售收入的区域分布。举例来说，如果两个企业国外销售收入所占企业总收入的比例

---

① 然而，在中国，在计算 Tobin's q 时，还存在另一个显著的困难，那就是由于股权分置所带来的估计 MVE 的困难。股权分置是中国股票市场的特殊制度现象，它使上市公司的普通股分成流通股和非流通股两种。两种股票除流通权利外，其他权利都相同，从而导致两类股票具有不同的价值。但股权分置改革使得流通股比例大大提高，这减轻了非流通股所造成的影响。我们发现当在回归分析中包括流通股比例作为控制变量时，回归结果并没有显著改变，同时流通股比例的影响统计上非常不显著。

都为50%，但其中一个企业的国外销售收入仅来自于一个国家，而另一个企业的国外销售收入来自于多个国家，很显然，两者的国际多元化程度是不同的。

赫芬达尔指数和熵指数

该方法可以表示为下述形式：

$$DOI = \sum_{i=1}^{n} p_i w_i \tag{3.2}$$

其中，n 为企业经营所在的区域数量；p_i 为企业在第 i 个区域的销售收入（资产）占企业总收入（资产）的比重；$\sum_{i=1}^{n} p_i = 1$，w_i 为权重。若 $w_i = p_i$，则 $DOI = \sum_{i=1}^{n} p_i^2$，此即为衡量国际多元化程度的赫芬达尔指数；若 $w_i = \ln 1/p_i$，则变成了熵指数（entropy index）：$DOI = \sum_{i=1}^{n} p_i \ln 1/p_i$。

赫芬达尔指数和熵指数既考虑到了企业经营的区域范围，又考虑到了区域规模分布，因此，该方法在文献中应用最多。可是，Lee 和 and Kwok（1988）指出，国外销售收入既包括母公司在外国的附属单位的收入，也包括母公司通过出口获得的收入。仅有少数研究采用国外附属单位销售收入来计算该指标（如 Geringer，1989；Lu and Beamish，2004）。使用国外销售收入所占比例及用区域销售额比例计算的熵指数会混淆国际贸易和国际投资。在这种情况下，使用资产而不是销售收入是一个更好的选择。然而，相对于销售收入来说，获得关于资产的详细数据较为困难。对于发达国家的企业来说，出口可能在国外销售收入中占相对较小的比例。因此，对于以发达国家为样本的研究来说，这个问题可能不太重要。例如，Hitt et al.（1997）就发现，用区域销售额比例计算的熵指数与用区域资产比例计算的熵指数高度正相关。而对于新兴市场经济国家的企业来说，很多企业在国外的销售收入可能仅仅是通过出口得到的，而这并不是一种国际多元化战略。这样，在这些国家，用区域销售额比例计算的熵指数与用区域资产比例计算的熵指数所得出的结果可能截然不同。而在新兴市场经济国家，相对于销售收入，获得有关国外资产的详细数据更为困难。

国际多元化虚拟变量

国际多元化虚拟变量法指在回归分析中，企业采取国际多元化战略就取值为 1，否则取值为 0。该方法的优点是简单，对数据的要求低，主要缺点是无法区分企业国际多元化的程度。

指标的选择

实践中，研究者如何选择国际多元化的度量指标呢？通常来讲，研究者选择哪个指标需要考虑两个问题。

第一个问题是国际多元化和其他变量之间假设的关系及研究问题所涉及的范围。如果假设国际多元化和其他变量之间存在线性关系，那么采用连续变量（如会计比例、赫芬达尔指数和熵指数）将会误导研究者得出两者没有关系的结论，因为正的曲线和负的曲线有可能会相互抵消（Pitts and Hopkins，1982）。在这种情况下，使用国际多元化虚拟变量是一种可行的选择。选择指标时需要考虑的最重要的问题是研究问题所涉及的范围。如果研究者的研究目的和范围在于考察国际多元化企业和非国际多元化企业的差异，那么国际多元化虚拟变量和计数法是合适的；而如果研究者的研究目的在于考察国际多元化企业内存在的差异，那么一个连续变量的度量指标是必要的。

在选择度量指标时研究者需要考虑的第二个问题是数据的可得性和可靠性。度量国际多元化程度的这四种方法对数据的要求是不一样的。计数法和国际多元化虚拟变量对数据的要求低，赫芬达尔指数和熵指数对数据的要求高，会计比例居于两者之间。这对于以新兴市场经济国家企业为样本的研究形成了很大的限制。这可能也是目前关于国际多元化的研究很少以新兴市场经济国家企业为对象的一个原因。

本书的研究对象是中国的上市公司。由于上市公司年报中并没有披露国外附属单位的资产、收入等方面的详细情况，因此本书无法采用赫芬达尔指数和熵指数来度量企业的国际多元化程度。虽然部分上市公司公布了国外的销售收入，但这部分收入无法同出口区别开来，因此本书不拟采用会计比例来度量国际多元化程度。因此，本书主要采用国际多元化虚拟变量来度量公司的国际多元化程度，同时辅之以计数法。由于本书的主要研究目的在于探讨国际多元化是否能够提高公司价值，并与行业多元化进行对比分析，因此采用国际多元化虚拟变量和计数法能够满足本书的研究目的。本书按照上市公司是否拥有合并财务报表的国外（不包括中国港澳台地区）子公司作为公司是否采取国际多元化战略的判断依据。

本书也采用虚拟变量来度量行业多元化，采取行业多元化战略的公司取值为1；否则，取值为0。本书按照中国证监会《上市公司行业分类指引》的两位数行业分类作为判断标准，如果企业经营涉及两个或两个以上两位数行业，则视为行业多元化公司；否则，为专业化公司。同时采用计数法来度量行业多元化程度，按照企业跨两位数行业的行业数计算。

3. 控制变量

现有的研究表明，企业规模、创新、资本结构、公司治理等变量都会对公司价值产生影响。因此，在多元回归分析中，我们包括了这些变量作为控制变量。本章采用企业总资产的自然对数作为企业规模的度量指标[①]。产业组织经济学文献表明，创新是公司价值的重要决定因素，本章用研发支出与销售额之比作为创新的代理变

---

① 在相关研究中，通常采用总资产、销售收入、员工人数的自然对数作为企业规模的度量指标。作为稳健性检验，本文也采用销售收入以及员工总人数的自然对数作为企业规模的度量指标，但结果与文中并没有显著差异。

量。同样的，资本结构也会对公司价值产生影响，我们用债务总额/总资产来衡量资本结构。在同一行业中的企业所面临的投资机会也可能非常不同，一般而言，投资机会高的公司，其价值也更大。本章用资本支出与销售额之比来控制在企业水平上的投资机会。来自公司治理方面的文献表明，股权结构和管理者持股会对公司价值产生影响，也会对企业战略的制定产生影响，本章在分析中也包括了第一大股东持股比例和管理层持股比例作为控制变量。很显然，企业的赢利能力与公司价值直接相关，本章把销售回报率作为赢利能力的度量指标包括在回归分析中，其计算方法为息税前收益/销售收入。很显然，企业所处的行业会影响到投资者对公司股票的评价，本章利用行业虚拟变量来控制可能存在的行业效应。

二　数据来源

本章选取 2009—2011 年沪深两市制造业上市公司作为初始研究样本，并根据以下原则进行剔除：（1）由于新上市公司的财务数据不够准确，并且股票价格非正常波动，我们选择 2007 年年底前上市的公司；（2）剔除同时发行 B 股或 H 股及在此期间退市的公司；（3）剔除销售收入低于 1 亿元的公司；（4）由于第五章中企业风险的计算需要连续三年的数据，因此剔除了这三年中任意一年数据缺失的公司。经过上述剔除后，我们最后获得 622 家上市公司 2009—2011 年共计 1866 个观测值的平衡面板数据。其中 2009 年采用国际多元化战略的公司有 92 家；2010 年有 102 家；2011 年有 121 家。2009 年采取行业多元化战略的公司有 192 家；2010 年有 179 家；2011 年有 181 家。本章及后续各章节关于国际多元化、行业多元化和研发支出的数据来自于上市公司年报的财务报表附注，其他数据来自于国泰安 CSMAR 数据库。

第四节　实证结果

一　描述性统计分析

表 3.1 是对样本企业的一个描述性统计分析。在表 3.1 中，我们按照企业是否采取国际多元化战略把全部企业分为国内公司和跨国公司；按照企业是否采取行业多元化战略把样本分为行业多元化公司和专业化公司。从表 3.1 可以看出，无论是国际多元化还是行业多元化，多元化公司的 Tobin's q 要低于非多元化公司，并且对国际多元化统计上显著。但跨国公司的规模要显著大于国内公司。由于规模通常与公司价值负相关，因此跨国公司更低的 Tobin's q 很可能来自于跨国公司更大的规模。跨国公司的研发强度要显著高于国内公司，而行业多元化公司的研发强度显著低于专业化公司，这与我们的理论分析是一致的。国际多元化公司的负债经营比率与国内公司没有统计上显著的差异，而行业多元化显著提高了企业的负债经营比率。资本支出比在文献中有时也用来度量企业增长，我们发现跨国公司的资本支出比要显著高于国内公司，行业多元化公司的资本支出比要显著低于专业化公司。我们发现，尽管跨国公司的规模更大，但跨国公司的管理层持股比例要显著高于国内公司，而行业多元化公司的管理层持股比例要显著低于专业化公司。这可能导致国际多元化战略更少受代理问题的影响，从而有利于公司价值。最大股东持股比例也有助于缓解所有者和管理者之间的代理问题，但会带来大股东和小股东之间的代理冲突，从而其对公司价值具有正反两方面影响。在最大股东持股比例方面，跨国公司和国内公司没有差别，而专业化公司的最大股东持股比例要显著高于行业多元化公司。多元化公司的销售回报率要高于非多元化公司，但仅对国际多元化统计上显著。从这些可以看出，国际多元化战略和行业多

元化战略对企业的各方面都有不同的影响，其对公司价值的影响也会存在差异。

表 3.1　　　　　　　　　样本企业的描述性统计分析

	全部公司	国内公司	跨国公司	p 值	专业化公司	行业多元化公司	p 值
Tobin's q	2.721 (3.713)	2.767 (3.988)	2.493 (2.305)	0.006	2.758 (3.063)	2.634 (5.258)	0.254
规模	21.701 (1.203)	21.562 (1.014)	22.384 (1.578)	0.000	21.689 (1.272)	21.73 (1.04)	0.446
研发强度	0.011 (0.0003)	0.01 (0.0003)	0.014 (0.0003)	0.0006	0.012 (0.0003)	0.008 (0.0002)	0.000
资本结构	0.508 (0.047)	0.507 (0.05)	0.515 (0.035)	0.516	0.502 (0.047)	0.523 (0.048)	0.066
资本支出比	0.062 (0.003)	0.06 (0.003)	0.068 (0.002)	0.013	0.064 (0.003)	0.057 (0.003)	0.009
最大股东持股比例	33.955 (202.88)	33.99 (203.12)	33.77 (202.32)	0.803	34.529 (206.46)	32.588 (192.07)	0.006
管理层持股比例	0.028 (0.008)	0.027 (0.008)	0.036 (0.009)	0.10	0.033 (0.01)	0.017 (0.05)	0.0001
销售回报率	0.082 (0.08)	0.076 (0.094)	0.109 (0.009)	0.0006	0.077 (0.082)	0.094 (0.075)	0.231
观测值	1866	1551	315		1314	552	

注：表中数字为均值；括号内为方差；p 值为双尾检验。

二　回归分析

本章采用如下模型来探讨多元化与公司价值之间的关系：

$$q = \beta_0 + \beta_1 int + \beta_2 div + \beta_3 rd + \beta_4 TD + \beta_5 size + \beta_6 first$$

$$+ \beta_7 mange + \beta_8 capex + \beta_9 ROS + \beta_{10} year + \sum_{i=1}^{8} \alpha_i Dum + u$$

$$(3.3)$$

其中，q 为 Tobin's q，用来度量公司价值。int 为国际多元化变量，分别选择虚拟变量和计数法表示，$Dint$ 表示国际多元化虚拟变量，国际多元化公司取值为 1，其他公司取值为 0；DOI 表示企业经营所在的国家数。div 为行业多元化变量；$Dind$ 表示行业多元化虚拟变量；ind 表示企业经营所跨行业数。rd 为研发强度，TD 为资本结构；$size$ 为企业规模；$first$ 和 $mange$ 分别为第一大股东持股比例和管理层持股比例；$capex$ 为企业资本支出比；ROS 为销售回报率。$year$ 为年度虚拟变量，分别设 2009、2010 和 2011 为 0、1 和 2。Dum 为行业虚拟变量，我们的样本由 9 个行业组成，由于在模型中设定了常数项，因此设定了 8 个行业虚拟变量，作为基组的行业为电子。u 为随机扰动项。表 3.2 是回归结果。

表3.2　　　　　　　　　多元化与公司价值回归结果：全样本分析

解释变量	OLS 法		固定效应法		随机效应法	
	模型 1	模型 2	模型 1	模型 2	模型 1	模型 2
常数项	17.399*** (0.882)	17.572*** (0.881)	17.399*** (2.149)	17.572*** (2.137)	17.399*** (2.148)	17.572*** (2.137)
$Dint$	0.259** (0.113)		0.259*** (0.106)		0.259*** (0.106)	
$Dind$	-0.096 (0.088)		-0.096 (0.088)		-0.096 (0.088)	
DOI		0.091*** (0.033)		0.091*** (0.024)		0.091*** (0.024)

续表

解释变量	OLS 法		固定效应法		随机效应法	
	模型 1	模型 2	模型 1	模型 2	模型 1	模型 2
ind		-0.079*		-0.079***		-0.079***
		(0.042)		(0.028)		(0.028)
rd	5.616**	5.792**	5.616	5.792	5.616	5.792
	(2.568)	(2.559)	(3.787)	(3.73)	(3.786)	(3.73)
TD	-0.756***	-0.775***	-0.756	-0.775	-0.756	-0.775
	(0.201)	(0.201)	(0.584)	(0.583)	(0.584)	(0.583)
size	-0.662***	-0.67***	-0.662***	-0.67***	-0.662***	-0.67***
	(0.04)	(0.043)	(0.113)	(0.113)	(0.113)	(0.113)
first	0.008***	0.008***	0.008***	0.008***	0.008***	0.008***
	(0.003)	(0.003)	(0.003)	(0.003)	(0.003)	(0.003)
mange	0.031	-0.007	0.031	-0.007	0.031	-0.007
	(0.449)	(0.449)	(0.397)	(0.401)	(0.397)	(0.401)
capex	0.178	0.174	0.178	0.174	0.178	0.174
	(0.731)	(0.73)	(0.612)	(0.603)	(0.612)	(0.603)
ROS	0.053	0.054	0.053	0.054	0.053	0.054
	(0.148)	(0.148)	(0.878)	(0.879)	(0.878)	(0.879)
year	-0.329***	-0.331***	-0.369	-0.331***	-0.329	-0.331***
	(0.049)	(0.049)	(0.04)	(0.04)	(0.04)	(0.04)
R^2	0.232	0.234	0.232	0.234	0.232	0.234
Adj-R^2	0.225	0.227	0.232	0.234	0.232	0.234
F-statistic	31.08	31.41	549.89	555.68	19531	19737

注：括号内为标准差，＊＊＊表示在百分之一的水平上显著；＊＊表示在百分之五的水平上显著；＊表示在百分之十的水平上显著。所有模型都控制了行业变量，以下同。

在表 3.2 中，本章分别采用 OLS 法、面板数据的固定效应法和随机效应法进行分析。从中可以看到，三种方法得出的结果是一致的。这里我们以 OLS 法得出的结果进行说明。模型 1 采用虚拟变量法度量多元化水平，结果表明，国际多元化与公司价值显著正相关，而行业多元化与公司价值负相关，尽管统计上不显著。模型 2 采用计数法度量多元化水平，结果进一步确证了模型 1 的结论，并且行业多元化与公司价值之间的负相关关系由统计上不显著变为显著。这证实了我们的推测。

就控制变量来说，研究强度与公司价值显著正相关；而规模和资本结构与公司价值显著负相关。最大股东持股比例对公司价值有显著的正影响；而管理层持股比例与公司价值不存在统计上显著的关系，这可能是中国上市公司管理层持股比例较低的缘故。资本支出比和销售回报率虽然与公司价值正相关，但统计上都不显著。

综上所述，尽管描述性统计分析表明国际多元化、行业多元化与公司价值负相关，并且对国际多元化统计上非常显著，但加入控制变量后，国际多元化与公司价值显著的负相关关系变为显著的正相关关系，而行业多元化与公司价值不显著的负相关关系变为统计上显著。这说明国际多元化和行业多元化对公司价值有不同的影响。

三　国际多元化与公司价值：行业多元化的调节作用

许多企业同时采取国际多元化和行业多元化战略，这样行业多元化将可能影响国际多元化与公司价值的关系。在国际多元化的初始阶段，由于对外国市场、政治、文化等各方面环境的不熟悉，企业面临很高的学习成本；与此同时，企业国际多元化的程度较低难以发挥企业的优势。尤其对专业化企业来说，其管理者没有管理内部多样性的经验，也不能发展出合适的技能来管理信息处理过程，专业化企业现有的组织结构也与国际多元化战略不相适应。而行业多元化能够使企业获得多元化经营的经验和教训，这些企业的组织结构和内部激励机制也更能适应推行国际多元化战略的需要。因此，相对于专业化企业，国际多元化与公司价值之间显著的正相关关系在行业多元化企业里更强。当然，随着国际扩张的继续进行，管理和组织的学习将会发生，专业化企业的管理者会获得必要的技能，并建立合适的组织结构来有效管理国际多元化企业。

为探讨行业多元化对国际多元化与公司价值之间关系的调节作用，我们按照企业是否采取行业多元化战略把样本分为行业多元化企业和专业化企业，然后分别进行回归分析。在 552 家行业多元化企业中，国际多元化企业有 80 家；在 1314 家专业化企业中，国际多元化企业有 235 家。

表 3.3   行业多元化对国际多元化与公司价值关系的调节作用

解释变量	行业多元化企业				专业化企业			
	模型 1		模型 2		模型 1		模型 2	
	系数	标准差	系数	标准差	系数	标准差	系数	标准差
常数项	26.768***	2.068	26.299***	2.061	14.067***	0.900	14.378***	0.899
$Dint$	0.831***	0.264			0.061	0.115		
DOI			0.208***	0.081			0.057*	0.033
rd	0.419	7.056	3.639	6.972	7.105***	2.492	7.045***	2.489
TD	1.07***	0.431	1.018***	0.432	-1.475***	0.212	-1.494***	0.212
$size$	-1.137***	0.097	-1.133***	0.099	-0.49***	0.044	-0.508***	0.044
$first$	0.003	0.007	0.003	0.007	0.008***	0.003	0.008***	0.003
$mange$	-1.409	1.317	-1.349	1.32	0.349	0.429	0.338	0.429
$capex$	0.795	1.704	1.003	1.713	0.264	0.738	0.257	0.737
ROS	1.913***	0.334	1.91***	0.335	-0.712***	0.152	-0.713***	0.152

续表

解释变量	行业多元化企业				专业化企业			
	模型 1		模型 2		模型 1		模型 2	
	系数	标准差	系数	标准差	系数	标准差	系数	标准差
$year$	-0.281^{***}	0.105	-0.277^{***}	0.106	-0.332^{***}	0.051	-0.332^{***}	0.051
R^2	0.267		0.263		0.30		0.301	
$Adj-R^2$	0.244		0.239		0.291		0.292	
$F-statistic$	11.44		11.19		32.66		32.88	

　　表 3.3 是回归结果。表 3.3 的模型 1 采用虚拟变量来度量国际多元化,从中可以看到,国际多元化与公司价值之间显著的正相关关系仅存在行业多元化企业里;在专业化企业里,国际多元化与公司价值也正相关,但统计上很不显著,并且其系数也小得多。表 3.3 的模型 2 采用计数法来度量国际多元化程度,结果表明,无论是在行业多元化企业里还是在专业化企业里,国际多元化与公司价值显著正相关;但从经济意义上看,相对于专业化企业,国际多元化系数的值在行业多元化企业里要大得多。这些结果表明,行业多元化会正向调节国际多元化与公司价值之间的正相关关系。

第五节　小结

　　本章的主要目的是比较分析中国企业国际多元化和行业多元化对公司价值的不同影响①。从理论上看,国际多元化和行业多元化

---

　　① 本章也利用 315 家国际多元化企业作为样本考察了国际多元化程度与公司价值的关心,发现二者正相关,但统计上不显著。

对公司价值都有正反两方面影响。但国际多元化和行业多元化在诸
多方面存在差异，使得二者对公司价值的影响也不同。利用2009—
2011年中国制造业上市公司作为样本，我们发现，国际多元化与公
司价值显著正相关，而行业多元化与公司价值显著负相关。我们进
一步发现，行业多元化会正向调节国际多元化与公司价值之间的正
相关关系。原因可能在于，企业在实施国际多元化战略的初始阶段
会面临各种障碍，企业在采取行业多元化战略时所积累的经验和教
训有助于企业克服这些障碍。随着中国企业"走出去"战略的进一
步实施，越来越多的企业将会采取国际多元化战略，中国企业国际
多元化的程度也将会有显著提高。就我们的样本来说，采取国际多
元化战略的企业也逐年增加。在这种情况下，探讨国际多元化和行
业多元化对企业价值的不同影响具有重要意义。但对企业管理者和
投资者来说，国际多元化通过何种途径影响公司价值具有更为重要
的作用。这是本书接下来要探讨的问题。

第四章

国际多元化战略影响公司
价值的直接机制

上一章的研究表明，国际多元化显著提高了公司价值，这与行业多元化折价形成了鲜明的对比。很显然，国际多元化并不会自动提高公司价值，接下来的问题就是，国际多元化战略为何能够提高公司价值，或者说国际多元化战略影响公司价值的机制有哪些？

公司价值由股权价值和债权价值构成，在计算时，债权价值通常取债务的账目价值，变动不大。因此公司价值的变动主要取决于股权价值，而股权价值的变动又取决于股票价格。根据基本的股票价格决定公式，股票价格与每股收益和公司增长率成正比，与贴现率成反比。每股收益直接取决于公司的财务绩效，而贴现率与资本成本直接相关。因此，本章把国际多元化战略对公司财务绩效、增长和资本成本的影响看作国际多元化战略影响公司价值的直接机制。

第一节　国际多元化对企业财务绩效的影响

理论观点表明，国际多元化既能够提高企业财务绩效，也可能降低企业财务绩效（以下简称企业绩效）。然而，迄今为止，关于国际多元化绩效后果的经验证据是有限的，结论也不一致。并且，目前关于国际多元化的研究主要是利用发达国家（尤其是美国）企业的样本。Wan（2005）的研究表明，国家环境差异会对企业能力的发展，进而对多元化战略的选择产生影响。同时，经济发展程度也会影响国际多元化与企业绩效之间的关系。新兴市场经济国家的企业与发达国家的企业在所有权模式、投资规模、市场战略、融资来源等诸多方面存在显著差异。新兴市场经济国家为企业的国际多元化战略提供了一个不同的经济和制度环境。可以预料，国际多元化对发达国家的企业和新兴市场经济国家的企业影响不同。首先，新兴市场经济国家自身经济发展非常迅速，企业能够享有经济快速增长所带来的机会和高回报；其次，与发达国家的企业相比，绝大多数新兴市场经济国家企业的管理技能和技术知识较为落后，在处理国际商务时普遍缺乏经验。而国际市场上的竞争更为激烈，新兴市场经济国家的企业在进入国际市场时将会比发达国家的竞争对手面临更大的不确定性，承担更高的成本。因此，利用新兴市场经济国家企业的数据，将可能得出与利用发达国家企业的数据完全不同的结论。国内市场规模也会影响国际多元化与企业绩效之间的关系。国内市场规模小会限制企业的发展，此时国际多元化可能会提高企业绩效。与美国相比，英国和德国的国内市场要小得多，研究也发现国际多元化对美国的企业和英、德两国的企业影响并不一样。与其他新兴市场经济国家相比，中国的国内市场规模要广阔得多。中国企业的国际多元化战略对绩效的影响与其他新兴市场经济国家也可能存在明显的不同。因此，本节以中国上市公司为样本探讨国际多元化对中国企业绩效的影响。

一　文献回顾

1. 理论渊源回顾

存在大量的理论观点解释国际多元化与企业绩效之间的关系。

总的来说，这些观点表明，国际多元化既有收益，也存在显著的成本。

Buckley 和 Casson（2009）指出，国际多元化的价值在于内部化的收益。根据内部化理论，内部化的收益来自于企业内某种无形资产的存在。这些无形资产包括商标名称、知识、专利、创新能力和管理技能等。产品和要素市场的不完善，以及这些无形资产具有某种公共物品的性质，使得在市场上交易这些无形资产的成本很高，甚至不可能。企业可以通过采取国际多元化战略的方式克服这些交易困难。根据这种观点，在有大量无形资产的企业中，国际多元化能够增加企业绩效。Gómez，Aleson 和 Escure（2004）就发现无形资产显著影响企业进行国际多元化扩张的可能性。

Marris（1963）把增长作为企业的一个目标，指出成功的多元化是实现更快增长的手段。他主要指的是行业多元化。然而，在促进企业增长方面，国际多元化可以替代行业多元化。与行业多元化巨大的机会成本相比，在新的市场上使用核心技术的机会成本接近于零。来自产业经济学的证据也表明，更可能采取国际多元化战略的企业来自于技术密集度高的行业（Markusen，1995）。

国际多元化也能通过利用国家间相对价格差异、更广阔的市场及国家间税收方面的差异来增加绩效。例如，由于每个国家要素禀赋的不同，其资源的质量和价格也不同。企业可以通过国际多元化从其他国家获得更便宜、质量更高的资源。生产是不同但又连续的一系列过程。企业可以通过评估各个国家的生产要素的成本来为生产的每个阶段选择最优的位置，从而实现生产的平均总成本最低（Dunning and Lundan，2008）。国际多元化也能使企业绕过贸易壁垒进入其他国家的市场。国家间税收制度的差异使得国际多元化企业可以采取更为多样的方法达到避税的目的（Errunza and Senbet，1981）。

同样有很多理由使我们相信国际多元化会降低企业绩效。内部化的收益仅仅在一定限度内，随着内部化程度的提高，内部化的成本也会上升，在某一点上，内部化的成本将会超过收益。Rugman和Verbeke（2003）强调了企业内部化的成本。由于国家之间在政治、经济、社会、制度、文化等方面的差异，管理国际多元化企业的复杂性要高于国内企业，这形成了对企业国际多元化程度的限制。同时，在复杂的国际多元化企业里，对管理者决策制定的监控更为困难。制度和文化因素对竞争优势的跨国转移建立了可怕的壁垒。区域差异以及递增的协调成本将会降低国际多元化的收益，甚至使之为负。

与行业多元化类似，国际多元化也可能导致无效的交叉补贴。Rajan，Servaes和Zingales（2000）指出，内部资本市场并不总是有效的，多元化企业内各个分部之间对资源分配的权力斗争会带来扭曲。他们的模型表明，如果分部在资源和机会的水平上是相似的，那么资金将从机会较差的部门转移到机会较好的部门，这时内部资本市场是有效的。当资源和机会的多样性增加时，资源会流向最无效率的分部，导致更无效的投资和更低的企业绩效。

企业采取国际多元化战略也可能是由于管理者的代理问题。所有权和经营权的分离、监控成本的存在以及契约的不完善使得管理者有可能以股东利益为代价来追求自己的利益。管理国际多元化企业通常能给管理者带来更大的收入、权力、地位和安全感（Mueller，1972）。管理者可以通过影响国际多元化扩张的方向来增加企业对其特殊技能的需求，从而降低他们被解雇的风险，并能够获得更大的经营自主权（Shleifer and Vishny，1989）。Tihanyi et al.（2000）以及 Herrmann 和 Datta（2005）的研究表明，高层管理团队的特征影响企业国际多元化战略的选择。反过来，一旦企业采取了国际多元化战略，将会增加企业对这些管理者的需求，从而有利于满足其个人利益。因此，管理者可以通过影响国际多元化扩张的方向来增加企业对其特殊技能的需求，从而能够获得更高的补偿。

代理理论预测，国际多元化将会降低企业绩效。

2. 实证研究综述

企业绩效主要使用资产回报率（ROA）和销售回报率（ROS），两者得出的结论基本一致。早先的学者认为国际多元化与企业绩效正相关，如 Bühner（1987）与 Tallman 和 Li（1996），但最近 15 年来，大部分学者认为两者的关系并不是线性的，而是存在更为复杂的关系。目前关于国际多元化和企业绩效之间的非线性假设有三种：倒 U 型、U 型及 S 型关系。

倒 U 型假设是指，在达到一个门槛之前，国际多元化程度显著正向影响企业绩效；而超过这个门槛，国际多元化程度的进一步提高会降低企业绩效。Geringer，Beamish 和 Dacosta（1989）首先发现了这一关系。Hitt，Hoskisson 和 Kim（1997）对此提供了一个坚实的理论基础。他们认为，国际多元化能够给企业带来几个优势，如广阔的市场，更大的增长机会，规模经济和范围经济的利用，以及学习效应等。然而，国际多元化也有成本，如内部治理成本和信息处理成本，这些成本随着国际多元化水平的增加而迅速上升。如果国际多元化处于较低水平，国际多元化的收益超过成本，这时国际多元化能够增强企业绩效；当国际多元化水平上升到较高阶段，国际多元化的成本会超过其收益，这时，国际多元化水平的继续提高会降低企业绩效。Gomes 和 Ramaswamy（1999）的研究也支持倒 U 型关系。他们发现，由于更高的国际多元化会增加治理成本，国际多元化对企业绩效的正效应只会达到一定的水平，然后开始下降。

U 型假设则认为，在初始阶段，企业在国外进行直接投资会面临许多挑战，例如购买和安装设备、招募和培训新员工、建立内部管理体制和外部关系网络。这使得国际多元化会带来很高的初始进入成本，管理者也缺乏管理复杂的多元化企业的经验，国际多元化会降低企业绩效；随着国际多元化水平的不断提高，企业的很多运营将变得常规化,新的知识和能力在不断发展,. 企业绩效也随之提高。Capar 和 Kotabe(2003)发现在国际多元化和企业绩效之间存在 U 型关系,这表明企业在国际多元化过程中会经历初始亏损,然后经过不断学习,绩效会不断改善。Thomas(2006)以墨西哥企业为样本的实证研究也支持 U 型假设。

而 Contractor, Kundu 和 Hsu(2003)不赞同倒 U 型和 U 型关系。他们提出了国际扩张的三阶段理论来解释国际多元化和企业绩效之间的关系。在国际多元化的初始阶段,由于对外国市场、文化和环境不熟悉,企业面临很高的学习成本,同时企业国际多元化的程度较低,难以发挥企业的优势,因此这时国际多元化和企业绩效的关系为负;随着国际扩张的继续进行,学习效应开始发挥作用,企业对运作国外业务越来越熟练,规模经济和范围经济得到充分利用,企业优势得以发挥,国际多元化的收益开始实现,两者的关系为正;当国际多元化达到很高的程度,超过其最优点时,协调和分配成本使得管理国际多元化非常复杂,进入边缘市场的收益也很小,这时国际扩张的继续进行将会降低企业绩效。他们利用服务行业企业的数据实证确证了这一理论。Lu 和 Beamish(2004)在此基础上把国际多元化与企业绩效之间的关系描述为 S 型关系,并利用 1489 家日本企业 1986—1997 年的数据进行了实证检验,结果支持 S 型假设。S 型假设也得到了 Bobillo, Iturriaga 和 Gaite(2010)研究的支持。

综上所述,目前关于国际多元化与企业绩效的研究主要以发达国家企业作为样本。尽管如此,这些研究的结论也是模糊的。然而,从这些研究中我们可以看到,国际多元化既有成本也有收益,这些成本和收益随着国际多元化程度的变动而变动,这使得企业绩效也随之变动。尽管有一些不同的观点,但总体来看,国际多元化与企业绩效至少在某段区域内是正相关的。

二　变量说明

1. 企业绩效的度量

在国际多元化的研究中通常采用的财务绩效指标为销售回报率（ROS）和资产回报率（ROA），其计算公式为 ROS（ROA）＝息税前收益/总收入（总资产）。本章选择 ROS 作为主要的财务绩效度量指标。原因在于，资产通常在一段较长的时期内获得，以账面价值计价；同时，各国之间在折旧方法、税收制度、通货膨胀、汇率变动等方面存在很大差异，从而使得"ROA 比 ROS 带来更大的扭曲，难以实现公司之间绩效的客观比较"（Geringer，Beamish and Dacosta，1989）。本章在分析中也采用 ROA 作为辅助指标。

2. 国际多元化的度量

同第三章一致，本节也主要采用国际多元化虚拟变量作为公司国际多元化的度量指标，同时辅之以计数法。

3. 控制变量

现有的研究表明，企业规模、创新和资本结构都会对企业绩效产生影响。因此，在多元回归分析中，我们包括了这些变量作为控制变量。企业规模，通常用企业资产、销售额或员工人数的自然对数来度量企业规模，用来控制在企业水平的规模经济和不经济。由于本章采用 ROS 和 ROA 作为被解释变量，为避免回归分析中存在虚假的关系，本章采用企业员工人数的自然对数作为企业规模的度量指标①。产业组织经济学文献表明，创新是企业赢利能力的重要决定因素，本章用研发支出与销售额之比作为创新的代理变量。同样的，资本结构也会对企业绩效产生影响，我们用债务总额/总资产来衡量资本结构。本在同一行业中的企业所面临的投资机会也可

---

① 尽管如此，采用总资产或总收入的自然对数来度量企业规模得出的结果与文中的结果是一致的。

能非常不同，本章用资本支出与销售额之比来控制在企业水平上的
投资机会。来自公司治理方面的文献表明，股权结构和管理者持股
会对企业绩效产生影响，也会对企业战略的制定产生影响，本章在
分析中也包括了第一大股东持股比例和管理层持股比例作为控制变
量。本章利用行业虚拟变量来控制可能存在的行业效应。

三　国际多元化与企业绩效：实证结果

1. 描述性统计分析

　　表 4.1 是对国内公司和国际多元化公司的一个描述性统计分
析。从表 4.1 可以看出，无论采用 ROS 还是 ROA 来度量企业绩效，
国际多元化公司的绩效都要显著优于国内公司。从企业规模上来
看，国际多元化公司的规模要显著大于国内公司。国际多元化公司
的研发强度也要显著高于国内公司。国际多元化公司的负债经营比
率要大于国内公司，但统计上不显著。就投资机会而言，国际多元
化公司的资本支出比要显著大于国内公司，这表明在现阶段国际多
元化战略能够给中国企业带来更多的发展机会。两类公司的最大股
东持股比例没有显著差别。令人感到意外的是，尽管国际多元化公
司的规模要显著大于国内公司，但国际多元化公司的管理层持股比
例要显著高于国内公司，这可能使得国际多元化战略较少受所有者
和管理者之间代理问题的影响，从而进一步使得国际多元化战略能
够提高企业绩效。

表 4.1   样本企业的描述性统计分析

	全部公司		国内公司		跨国公司		p 值
	均值	方差	均值	方差	均值	方差	
销售回报率	0.082	0.08	0.076	0.094	0.109	0.009	0.0006
资产回报率	0.065	0.009	0.061	0.01	0.085	0.004	0.000

续表

	全部公司		国内公司		跨国公司		p 值
	均值	方差	均值	方差	均值	方差	
规模	7.815	1.224	7.695	1.118	8.406	1.331	0.000
研发强度	0.011	0.0003	0.01	0.0003	0.014	0.0003	0.0006
资本结构	0.508	0.047	0.507	0.05	0.515	0.035	0.516
资本支出比	0.062	0.003	0.06	0.003	0.068	0.002	0.013
最大股东持股比例	33.955	202.88	33.99	203.12	33.77	202.32	0.803
管理层持股比例	0.028	0.008	0.027	0.008	0.036	0.009	0.10
观测值	1866	1866	1551	1551	315	315	

注：表中数字为均值，p 值为国内公司和跨国公司样本均值差异的统计显著性，这里采用双尾检验。

2. 回归分析

本节采用如下模型来探讨国际多元化与企业绩效之间的关系：

$$Performance_{it} = \beta_0 + \beta_1 Dint + \beta_2 rd + \beta_3 TD + \beta_4 capex +$$
$$\beta_5 first + \beta_6 mange + \beta_7 size + \beta_8 year + \sum_{i=1}^{8} \alpha_i Dum + u \qquad (4.1)$$

这里，$Performance$ 为企业绩效，用 ROS 和 ROA 衡量。$Dint$ 为国际多元化虚拟变量，国际多元化公司取值为 1，国内公司取值为 0[①]。rd 为研发强度，作为创新的代理变量。TD 为资本结构。$capex$ 为企业资本支出与收入之比，用来度量企业的投资机会。$first$ 和 $mange$ 分别为第一大股东持股比例和管理层持股比例。$size$ 为企业

---

① 采用计数法度量国际多元化得到了类似的结果。

规模，用企业员工人数的自然对数度量。

　　表 4.2 是回归结果。我们首先看单变量回归分析，见模型 1。模型 1 表明，国际多元化与企业绩效显著正相关。平均而言，国际多元化公司的 ROS 和 ROA 分别比国内公司高 3.2% 和 2.3%。考虑到国内公司的 ROS 和 ROA 平均仅为 7.6% 和 6.1%，可以认为国际多元化战略使公司绩效大大增加。然而，模型 1 没有考虑行业效应，也可能是国际多元化公司恰好处于绩效较高的行业，从而使得国际多元化与企业绩效之间存在显著的正相关关系。然而，当我们在模型 2 中控制了行业效应后，发现行业效应没有改变国际多元化变量的经济和统计显著性，对 ROS 而言，行业效应还使得国际多元化对企业绩效影响的经济和统计显著性更强。增加了行业效应后，模型的解释能力大大增加。

表 4.2　　　　　　　　　　　　　回归结果

解释变量	被解释变量：ROS			被解释变量：ROA		
	模型 1	模型 2	模型 3	模型 1	模型 2	模型 3
常数项	0.076***	−0.015	−0.017	0.061***	0.039***	0.01
	(0.007)	(0.021)	(0.053)	(0.002)	(0.007)	(0.017)
$Dint$	0.032*	0.035**	0.029*	0.023***	0.023***	0.017***
	(0.017)	(0.018)	(0.018)	(0.006)	(0.006)	(0.006)
rd			0.946***			0.272**
			(0.406)			(0.13)
TD			−0.325***			−0.15***
			(0.031)			(0.01)
$capex$			0.284***			0.129***
			(0.115)			(0.037)
$first$			0.001***			0.001***
			(0.0004)			(0.0001)

解释变量	被解释变量：ROS			被解释变量：ROA		
	模型 1	模型 2	模型 3	模型 1	模型 2	模型 3
mange			0.099			0.046 **
			(0.071)			(0.023)
size			0.007			0.007 ***
			(0.006)			(0.002)
year			0.009			0.006 ***
			(0.008)			(0.002)
行业效应	未控制	控制	控制	未控制	控制	控制
R^2	0.002	0.025	0.102	0.008	0.042	0.181
$Adj - R^2$	0.001	0.021	0.094	0.008	0.038	0.174
$F - statistic$	3.459	5.34	13.14	15.89	9.11	25.58

注：括号内为标准差。

　　模型 3 是多变量回归分析。从模型 3 可以看到，加入其他控制变量并没有显著改变单变量回归分析的结论：国际多元化与企业绩效显著正相关。平均而言，国际多元化公司的 ROS 和 ROA 分别比国内公司高 2.9% 和 1.7%，从经济意义上看，这仍然是较大的。

　　就控制变量来说，研发强度与企业绩效显著正相关，这与先前的研究是一致的。负债比率与企业绩效显著负相关，原因可能在于中国上市公司的负债比率过高。现代公司的典型特征是所有权和经营权分离以及所有权的高度分散，这使得管理者有可能追求自己的利益，从而降低企业绩效。第一大股东有动力也有能力充分监控管理者，因此第一大股东的存在能够缓解所有者和管理者之间的代理问题，但如果第一大股东持股比例过高也可能带来大股东和小股东的代理问题。因此，第一大股东持股比例对企业绩效有正反两方面影响，就我们的样本来说，我们发现，第一大股东持股比例与企业绩效显著正相关。管理层持股也能使所有者和管理者的利益更为一致，回归结果也表明管理层持股有助于促进企业绩效。企业规模有助于促进企业绩效，原因可能在于，大企业的经营环境更为稳定，同时也具有某种垄断力量。

四　国际多元化与企业绩效：内生性检验

上一部分我们所得出的国际多元化与企业绩效正相关的结论可能并不代表因果关系。由于国际多元化决策可能与那些影响企业绩效的观察不到的因素相关，所以战略选择可能是内生的，并且可能导致 OLS 估计量存在样本选择偏误。Hitt，Hoskisson 和 Ireland（1994）指出，在国内市场获得成功的企业，有动机进行全球扩张，以把这种成功扩展到国际市场上。很可能并不是国际多元化带来绩效的提高，而是高绩效导致企业采取国际多元化战略。由于这些企业的绩效在采取国际多元化战略之前就高于其他企业，即使国际多元化降低了企业绩效，仍可能使得国际多元化企业表现出优于国内企业的绩效。Campa 和 Kedia（2002）以及 Villalonga（2004）关于行业多元化与企业绩效的研究表明，一旦控制住多元化的内生性，多元化折价转变为溢价。同样地，一旦考虑到国际多元化的内生性，结果可能会不同。

具体来说，考虑企业的一个二项选择：$D_i = \{0,1\}$，如果企业采取国际多元化战略，取值为 1；否则为 0。我们所感兴趣的结果——企业绩效，用 P_i 表示。对任何企业来讲，有两个可能的潜在结果变量：如果 $D_i = 1$，则 $P_i = P_{1i}$；如果 $D_i = 0$，则 $P_i = P_{0i}$。这样，$E(P_{1i}|D_i = 1)$ 表示国际多元化企业的平均绩效，$E(P_{0i}|D_i = 0)$ 是国内企业的平均绩效。问题是 P_i 是否能够被国际多元化战略所影响。我们用 $A|_{D=1}$ 表示国际多元化对企业绩效的真实影响，我们希望估计的是：

$$A\big|_{D=1} = E(P_{1i}|D_i = 1) - E(P_{0i}|D_i = 1) \qquad (4.2)$$

然而，$E(P_{0i}|D_i = 1)$ 是无法观察的，我们能够观察到的是下式：

$$T = E(P_{1i}|D_i = 1) - E(P_{0i}|D_i = 0) \qquad (4.3)$$

文献中通常估计的是（4.3）式。一个简单的代数运算可以得到：

$$
\begin{aligned}
T &= E(P_{1i}|D_i = 1) - E(P_{0i}|D_i = 0) \\
&= E(P_{1i}|D_i = 1) - E(P_{0i}|D_i = 0) + \\
&\quad E(P_{0i}|D_i = 1) - E(P_{0i}|D_i = 0) \qquad (4.4) \\
&= A\big|_{D=1} + SE
\end{aligned}
$$

其中，$SE = E(P_{0i}|D_i = 1) - E(P_{0i}|D_i = 0)$，为选择性偏误。如果绩效高的企业更可能采取国际多元化战略，那么选择性偏误就为正，（4.3）式会高估国际多元化对企业绩效的影响。如果选择性偏误很大，得出的结论很可能与真实情况完全相反。

然而，目前关于国际多元化与企业绩效的研究并没有考虑国际多元化的内生性问题。在解释变量内生性的情况下使用 OLS 估计量是有偏的且不一致。解决解释变量内生性的一个方法是采用 2SLS。然而，2SLS 估计值有非常大的标准误。如果解释变量是外生的，或者内生性程度不严重，2SLS 估计量不如 OLS 有效。因此，检验一个解释变量的内生性是必要的。

我们采用两种方法来考察国际多元化内生性所带来的影响。第一个方法是利用面板数据的固定效应或随机效应估计方法来探讨国际多元化与企业绩效的关系。内生性问题本质上仍是一个遗漏变量问题，如果我们在模型中加入一系列控制变量，那么选择性偏误将可能消失，从而内生性问题得以解决。固定效应和随机效应能够缓解国际多元化内生性对结果所带来的影响。第二个方法是，直接利用豪斯曼检验来考察在方程（4.1）中是否存在国际多元化的内生性问题。

1. 固定效应和随机效应回归结果

表4.3是采用固定效应和随机效应所得到的结果。从中可以看到，采用固定效应和随机效应得到的结果完全一致，并且与OLS回归结果高度一致。就我们所关注的国际多元化变量来说，其系数的大小与表4.2完全一致，在表4.3中统计上更为显著。这说明我们前面所得到结果的稳健性。

表4.3　　　　　　　　　**固定效应和随机效应回归结果**

解释变量	被解释变量: ROS				被解释变量: ROA			
	固定效应		随机效应		固定效应		随机效应	
	系数	标准差	系数	标准差	系数	标准差	系数	标准差
常数项	−0.017	0.157	−0.016	0.157	0.01	0.035	0.01	0.035
$Dint$	0.029***	0.009	0.029***	0.009	0.017***	0.005	0.017***	0.005
rd	0.946*	0.525	0.946*	0.525	0.272**	0.139	0.272**	0.139
TD	−0.325***	0.052	−0.325***	0.052	−0.15***	0.023	−0.15***	0.023
$capex$	0.284***	0.118	0.284***	0.118	0.129***	0.032	0.129***	0.032
$first$	0.001***	0.0005	0.001***	0.0004	0.001***	0.0001	0.001***	0.0001
$mange$	0.099***	0.041	0.099***	0.041	0.046***	0.017	0.046***	0.017
$size$	0.007	0.014	0.007	0.014	0.007	0.005	0.007	0.005
$year$	0.009	0.009	0.009	0.009	0.006***	0.002	0.006***	0.002
R^2	0.102		0.102		0.181		0.181	
$Adj - R^2$	0.102		0.102		0.181		0.181	
$F - statistic$	207.14		8251		403.11		16057	

2. 豪斯曼检验

豪斯曼检验是基于比较 OLS 和 2SLS 估计值，判断其差异是否在统计上显著。首先，我们以国际多元化为被解释变量，估计以下模型：

$$Dint = \beta_0 + \beta_1 size + \beta_2 rd + \beta_3 TD + \beta_4 capex + \beta_5 first$$
$$+ \beta_6 mange + \beta_7 year + \gamma_1 owner + \gamma_2 region + \sum_{i=1}^{8} \alpha_i Dum + v$$

$$(4.5)$$

这里，$owner$ 为国有控股虚拟变量，如果公司第一大股东为国有股，则取值为 1；否则，取值为 0。$region$ 为地区变量，如果公司注册所在地为西部则取值为 1；中部取值为 2；东北取值为 3；东部取值为 4[①]。之所以引入国有控股虚拟变量，是由于国有控股可能会影响企业国际多元化战略的选择，同时对企业绩效没有显著影响。之所以引入地区变量，是由于经济发展程度和开放程度的不同，不同地区采取国际多元化战略的可能性也不同。对方程（4.5）的估计见表 4.4 的模型 1。

从对方程（4.5）的估计中我们获得残差 $\hat{v}$，然后把残差 $\hat{v}$ 添加到结构方程中（方程 4.1），用 OLS 回归检验 $\hat{v}$ 的统计显著性。从表 4.4 的模型 2 可以看出，$\hat{v}$ 在统计上非常不显著，其 p 值为 0.616，我们不能拒绝国际多元化是外生变量这一假设。

---

① 东部包括 10 个省级单位：北京、天津、河北、上海、江苏、浙江、福建、山东、广东和海南；东北包括辽宁、吉林和黑龙江 3 个省份；中部包括 6 个省级单位：山西、安徽、江西、河南、湖北和湖南；西部包括 12 个省级单位：重庆、四川、贵州、云南、西藏、陕西、甘肃、宁夏、青海、新疆、广西和内蒙古。

表 4.4   豪斯曼检验

解释变量	被解释变量: Dint（模型 1)		被解释变量: ROS（模型 2)		被解释变量: u（模型 3)	
	系数	标准差	系数	标准差	系数	标准差
常数项	-0.599^{***}	0.071	-0.053	0.089	-0.001	0.054
Dint			-0.039	0.137		
size	0.092^{***}	0.008	0.013	0.014	-0.0004	0.006
rd	1.23^{**}	0.535	1.045^{**}	0.451	-0.009	0.408
TD	-0.011	0.04	-0.326^{***}	0.031	-0.0003	0.031
capex	0.245^{*}	0.151	0.297^{***}	0.118	-0.004	0.115
first	-0.001^{**}	0.0006	0.001^{***}	0.0004	-0.000	0.0004
mange	-0.002	0.094	0.105	0.072	0.007	0.072
year	0.011	0.01	0.01	0.008	0.001	0.008
owner	-0.072^{***}	0.021			0.015	0.016
region	0.028^{***}	0.007			0.0008	0.005
$\hat{v}$			0.069	0.138		
R^2	0.12		0.102		0.0004	
$Adj - R^2$	0.112		0.094		-0.009	
$F - statistic$	14.82		12.38		0.05	

五 国际多元化程度与企业绩效：线性与非线性考察

近来的研究表明，国际多元化的成本和收益会随着国际多元化水平的变动而变动，因此国际多元化与企业绩效的关系可能并不是线性的。我们以 315 家国际多元化公司为样本，探讨国际多元化程度与企业绩效之间是否存在非线性关系。我们构建以下模型来检验二者的非线性关系：

$$Performance = \beta_0 + \beta_1 DOI + \beta_2 DOI^2 + \beta_3 DOI^3 + \beta_4 rd +$$

$$\beta_5 TD + \beta_6 capex + \beta_7 first + \beta_8 mange + \beta_9 size + \beta_{10} year$$

$$+ \sum_{i=1}^{8} \alpha_i Dum + u \tag{4.6}$$

其中，DOI 为企业国外附属机构所在国家数量，用来度量国际多元化程度。DOI 的平方项用来检验国际多元化与企业绩效之间是否存在 U 型或倒 U 型关系，DOI 的三次方用来检验二者是否存在 S 型关系。实证研究结果见表 4.5 的模型 1—3。

表 4.5 的模型 1 表明，企业绩效随国际多元化程度的增加而上升，但仅对 ROA 统计上显著。模型 2 考察了国际多元化程度与企业绩效之间的 U 型和倒 U 型关系，结果表明，无论是用 ROS 还是 ROA 来度量企业绩效，国际多元化程度都与企业绩效之间存在显著的倒 U 型关系。模型 3 表明国际多元化程度与企业绩效之间并不存在 S 型关系。

可以认为，目前中国企业国际多元化程度与企业绩效之间存在倒 U 型关系。这可能是中国企业在采取国际多元化战略时较为谨慎，避免了初始的损失；而随着中国企业国际多元化的程度的逐渐增加，管理、控制和协调成本也会迅速提高，从而使国际多元化的成本超过其收益。

六 国际多元化、行业多元化与企业绩效：交叉效应考察

Hitt, Hoskisson 和 Kim（1997）指出，国际多元化与企业绩效之间的关系会受到行业多元化的影响，行业多元化作为调节因子会影响国际多元化与企业绩效之间的关系。专业化企业的管理者通常缺乏实施国际多元化战略的经验和能力，而实施行业多元化战略所发展起来的组织结构和管理能力有助于国际多元化战略的实施。从

这个角度看，行业多元化有助于增强国际多元化与企业绩效之间的正相关关系。然而，行业多元化和国际多元化所带来的管理复杂性也可能降低企业绩效。因此，关于国际多元化与行业多元化交叉效应的经验证据不一致。Kim，Hwang 和 Burgers（1989）的研究表明，行业多元化和国际多元化对绩效有交叉影响。Hitt，Hoskisson和 Kim（1997）也发现，行业多元化能够使企业在国际市场上更好的竞争。然而，Geringer，Beamish 和 Dacosta（1989）以及 Tallman和 Li（1996）都没有发现国际多元化和行业多元化的交叉影响；Wan（1998）以中国香港地区跨国公司为样本也没有发现国际多元化和行业多元化对绩效有显著的交叉影响。

表4.5　　　国际多元化程度与企业绩效：形状与交叉效应考察

解释变量	被解释变量：ROS				被解释变量：ROA			
	模型1	模型2	模型3	模型4	模型1	模型2	模型3	模型4
常数项	0.095*	0.092*	0.084	−0.03	0.022	0.02	0.029	0.008
	(0.049)	(0.049)	(0.055)	(0.053)	(0.032)	(0.031)	(0.035)	(0.017)
DOI	0.003	0.018***	0.023	0.012**	0.003**	0.014***	0.009	0.007***
	(0.002)	(0.007)	(0.016)	(0.006)	(0.002)	(0.004)	(0.01)	(0.002)
DOI^2		−0.001***	−0.002			−0.0007**	0.0001	
		(0.000)	(0.002)			(0.000)	(0.001)	
DOI^3			0.000				−0.000	
			(0.000)				(0.000)	
rd	1.094***	1.014***	1.02***	1.008***	0.449**	0.392**	0.385*	0.285**
	(0.317)	(0.316)	(0.317)	(0.405)	(0.203)	(0.202)	(0.203)	(0.13)
TD	−0.12***	−0.129***	−0.129***	−0.331***	−0.113***	−0.119***	−0.119***	−0.152***
	(0.029)	(0.029)	(0.029)	(0.031)	(0.019)	(0.019)	(0.019)	(0.01)
$capex$	−0.014	0.009	0.008	0.291***	−0.076	−0.059	−0.058	0.13***
	(0.109)	(0.108)	(0.109)	(0.115)	(0.07)	(0.069)	(0.069)	(0.04)

续表

解释变量	被解释变量：ROS				被解释变量：ROA			
	模型1	模型2	模型3	模型4	模型1	模型2	模型3	模型4
$first$	0.000	-0.0001	-0.0001	0.001***	0.0004*	0.0003	0.0003	0.001***
	(0.000)	(0.000)	(0.000)	(0.000)	(0.000)	(0.0002)	(0.000)	(0.000)
$mange$	0.03	0.032	0.031	0.107	0.008	0.009	0.01	0.047**
	(0.058)	(0.057)	(0.057)	(0.071)	(0.037)	(0.037)	(0.037)	(0.023)
$size$	0.003	0.001	0.001	0.006***	0.009***	0.008**	0.008**	0.006***
	(0.006)	(0.006)	(0.006)	(0.006)	(0.004)	(0.004)	(0.004)	(0.002)
$Dind$				0.028				0.005
				(0.02)				(0.007)
$Dind \cdot DOI$				-0.001				-0.003
				(0.01)				(0.006)
$year$	-0.009	-0.009	-0.009	0.009	-0.001	-0.002	-0.002	0.006***
	(0.006)	(0.006)	(0.006)	(0.008)	(0.004)	(0.004)	(0.004)	(0.002)
R^2	0.183	0.199	0.199	0.105	0.208	0.228	0.228	0.184
$Adj - R^2$	0.136	0.15	0.148	0.096	0.163	0.181	0.179	0.177
$F - statistic$	3.91	4.09	3.86	12.04	4.6	4.84	4.6	23.17
观测值	315	315	315	1866	315	315	315	1866

注：括号内为标准差。

本节采用如下模型来检验国际多元化和行业多元化的交叉效应：

$$
\begin{aligned}
Performance = & \beta_0 + \beta_1 DOI + \beta_2 Dind + \beta_3 DOI \cdot Dind \\
& + \beta_4 rd + \beta_5 TD + \beta_6 capex + \beta_7 first + \beta_8 mange \\
& + \beta_9 size + \beta_{10} year + \sum_{i=1}^{8} \alpha_i Dum_d + u \qquad (4.7)
\end{aligned}
$$

其中，*Dind* 为行业多元化虚拟变量。实证结果见表 4.5 的模型 4。

结果表明，国际多元化与行业多元化的交叉效应为负，回归系数很小，而且统计上也很不显著。这表明国际多元化和行业多元化对中国企业的绩效没有交叉影响。作为稳健性检验，我们用虚拟变量作为国际多元化的度量指标，发现结论没有显著改变；同时，与一些研究仅采用国际多元化企业作为样本一样，当我们把样本仅限于国际多元化企业时，仍没有发现存在显著的交叉效应。

七   小结

本节的主要目的是以中国上市公司为样本检验中国企业国际多元化与企业绩效之间的关系。我们发现，无论采用 *ROS* 还是 *ROA* 来度量企业绩效，国际多元化战略都与企业绩效之间存在显著的正相关关系。内生性检验表明，不能拒绝国际多元化变量是外生变量的假设。因此，可以得出结论：国际多元化战略对中国企业绩效有正的影响。关于企业绩效与国际多元化程度之间的形状分析表明，企业绩效与国际多元化程度之间存在显著的倒 U 型关系。这表明，尽管作为新兴市场经济国家，中国企业在进行国际扩张时会面临诸多挑战，但绩效并没有因大量的初始投入成本而下降，U 型假设不成立，这可能是因为中国企业在采取国际多元化战略时相当谨慎。同时，对于国际多元化程度过高的企业来说，国际多元化已经开始对企业绩效产生负面影响。这些结果表明，在理解国内公司和跨国公司的绩效差异时，国际多元化是一个重要的维度。同时，国际多元化程度与绩效之间的关系表明，在研究跨国公司的绩效时，国际多元化程度变量不应该被抛弃。我们的研究没有发现国际多元化和行业多元化对企业绩效的交叉效应，原因可能在于我们的样本较小的缘故，在样本中仅 80 家企业既采取国际多元化战略也采取行业多元化战略。

第二节 国际多元化、控股股东与公司增长

在现代经济中，企业是生产的基本单元，企业成长构成了一国经济长期发展和繁荣的基础。但在彭罗斯（Penrose）于1959年出版《企业成长理论》之前，没有一位经济学家系统研究过企业成长问题。可以说，彭罗斯的《企业成长理论》奠定了企业成长理论的基础。在该书中，彭罗斯主要从企业资源的角度对企业成长问题进行了系统性分析，强调管理能力对企业成长的限制作用。

彭罗斯点燃了学者们对企业成长问题研究的兴趣。自此之后，学者们从不同的角度对企业成长问题进行了深入分析。其中，Marris（1963）假设企业处于管理者控制之下，其目标是增长最大化，分析了多元化对企业增长的影响。海和莫瑞斯（1991）把彭罗斯的企业资源成长理论和 Marris 的企业增长最大化理论结合起来，深入分析了多元化、企业增长与企业价值之间的关系。从这些理论研究中，我们可以看到，多元化战略对企业增长具有重要影响[1]。

实际上，不论是从多元化战略的动机考虑，还是从多元化的经济后果考虑，企业成长都是一个不应该被忽略的因素。首先，多元化经营是企业成长的主要动力。其次，企业成长也是影响企业绩效的重要因素。探讨多元化战略对企业成长的影响，有助于我们更为深入地了解多元化战略与企业绩效之间的关系。随着中国政府"走出去"战略的逐步实施，中国企业对外直接投资的步伐大大加快；同时，对中国企业来说，相对于行业多元化战略，国际多元化战略

---

[1] 实际上，彭罗斯的《企业成长理论》第七章专门分析了多元化与企业成长之间的关系。

是一种较为新颖的战略。因此，现阶段，国际多元化战略可能会对企业增长产生更为重要的影响。基于此，本节试图探讨国际多元化战略对企业增长的影响，同时与行业多元化战略进行比较分析。

一　多元化与公司增长相关文献综述

Marris（1963）指出，为了比自身赖以生存的市场增长得更快，企业必须进行成功的多元化经营。然而，关于多元化对公司增长影响的实证研究却较少。Berry（1971）以美国最大的 500 家工业企业作为样本，研究了多元化与公司增长之间的关系，研究期间为 1960—1965 年。他采用了一个 Herfindanl 指数来测量多元化。他认为，传统的以行业个数来计算多元化程度的方法大大高估了企业的多元化水平。在回归分析中，在控制了总资产、收益、计划增长等变量后，4 位数多元化与公司增长统计上显著地正相关，2 位数多元化与公司增长为负相关关系，但统计上不显著。Palepu（1985）采用 Jacqumin - Berry 熵指数来测度多元化。该指数可以把总多元化分解为相关多元化和不相关多元化的和。Palepu 的研究基于食品行业的 20 家企业的数据，研究期间为 1973—1979 年。他的研究表明，随着时间的推移，相关多元化企业的赢利增长率显著高于不相关企业，而这在较长时期内将转化为更好的绩效。Geringer，Tallman 和 Olsen（2000）利用日本跨国企业的数据检验了产品和国际多元化的绩效后果，结果发现国际多元化对利润有负面影响，对企业增长有正向影响。杜晓君和刘赫（2010）利用海外上市的中国企业的 47 起跨国并购事件作为研究样本，考察了跨国并购战略类型对企业增长的影响。结果表明，相对于无关多元化并购，相关多元化跨国并购更有利于企业增长；同时，并购战略类型与企业增长的关系受到组织结构和组织经验的正向调节。

二　国际多元化与公司增长：理论分析

1963 年，马里斯发表了一个关于管理者控制的增长最大化的企业理论。该理论对于我们理解我国企业多元化经营与公司增长的关系，具有较强的理论意义①。

马里斯考察的是单个企业的增长。这样，他就把兼并与收购的作用排除在外。马里斯首先考察了管理者的效用函数，他认为管理者的效用函数包括收入、地位、权力和安全感，而这四个变量直接与规模正相关。规模的扩大意味着增长。因此，他假设管理者的目标是增长最大化。然后，马里斯分别考察了需求的增长和供给的增长，最后把二者结合起来以考察企业的长期增长趋势。就需求的增长而言，为了比自身赖以生存的市场增长得更快，企业必须进行成功的多元化经营。成功的多元化水平是多元化水平与成功概率的乘积。给定成功的概率保持不变，那么多元化水平与企业增长正相关。就中国企业的国际多元化和行业多元化而言，国际多元化是一种相对较新的企业战略，得到了中国政府的大力支持，近年来发展迅速，其对企业增长的影响应比行业多元化更大。基于此，我们提出如下假设：

假设1：国际多元化对企业增长有显著的正的影响，并且这种影响无论从经济意义上还是统计意义上都比行业多元化更大。

同为多元化战略，国际多元化和行业多元化之间存在替代关系还是互补关系？这要依研究的问题而定。就企业财务绩效来说，二者可能存在互补关系。原因在于，专业化企业的管理者没有管理内部多样性的经验，因此，他们也不可能发展出合适的技能来管理国际多元化企业。而且这些企业也没有合适的组织结构来管理信息处理过程。因此，专业化企业通常不能获得国际多元化的收益，在这些企业里，国际多元化与绩效呈负相关关系。当然，随着时间的推移，管理和组织的学习将会发生。专业化企业的管理者会获得必要

----

① 关于马里斯模型的详细阐述，可参考海和莫瑞斯的《产业经济学与组织》第十章。

的技能，或建立合适的结构来有效管理国际多元化。这样，持续不断的国际多元化最终将给专业化企业带来正的回报。Hitt，Hoskisson 和 Kim（1997）的实证研究也发现，在适度的行业多元化企业里，国际多元化与绩效之间的倒 U 型关系最为明显。而在高度行业多元化企业里，国际多元化与绩效的关系在很大程度上是正的，仅在很高的国际多元化水平上，才开始变得平坦。这样，看来行业多元化能够使企业在国际市场上更好地竞争。但就对企业增长的影响而言，国际多元化和行业多元化可能存在替代关系。原因有二：首先，企业的资源是有限的，在给定的时间内，企业用于实施国际多元化战略的投资增加，必然减少用于行业多元化的投资。其次，Hitt，Hoskisson 和 Ireland（1994）表明，缩小行业范围的趋势与朝向国际多元化的趋势相伴而行。这一现象也符合现阶段中国企业的实际。就我们的样本来说，2009 年采用国际多元化战略的公司有92 家，2010 年有 102 家，2011 年有 121 家；与之相比，2009 年采用行业多元化战略的公司有 192 家，2010 年有 179 家，2011 年有181 家。因此，我们提出如下假设：

假设 2：就对增长的影响而言，国际多元化与行业多元化存在替代关系，行业多元化会降低国际多元化与企业增长之间的正向关系。

马里斯的增长最大化模型有一个前提，即管理者有能力以所有者的利益为代价追求自己的效用最大化。这是一种典型的所有者与管理者之间的委托代理问题。Shleifer 和 Vishny（1997）指出，控股股东的存在有助于缓解所有者与管理者之间的委托代理问题。据此而推之，如果企业存在控股股东，则管理者的行为会受到较大约束，其采取的政策更可能符合所有者的利益，而非增长最大化；反之，如果企业不存在控股股东，则管理者更可能通过国际多元化来实现企业的增长最大化。基于此，我们提出如下假设：

假设 3：如果企业不存在控股股东，则国际多元化与企业增长显著正相关；否则，二者不存在统计上显著的关系。

最后一个需要探讨的问题是，企业国际多元化程度与企业增长之间关系的形状，即二者的关系是线性的还是非线性的。一般而言，当企业通过对外直接投资进行国际多元化经营时，首先选择市场条件、文化背景等与母国相同的国家，并且企业往往通过出口业务活动对这些国家有较为深入的了解。即使这样，在企业刚开始采取国际多元化战略时，因为企业现有的组织结构、管理体制、激励机制等各方面往往不能适应国际经营的需要。而这些方面的改革与创新需要一个过程。因此，在国际多元化的初始阶段，国际多元化程度与企业增长负相关。一旦企业跨过这一阶段，企业会获得国际运营方面更多的经验，从而企业会获得更为迅速的增长。这样，在国际多元化程度的更高水平，国际多元化程度与企业增长正相关。这一增长趋势是否会一直持续下去呢？情况并非如此。首先，马里斯模型指出，更高程度的多元化往往导致更低水平的利润率，而更低的利润率会增加企业被兼并的风险。这会对管理者的行为形成约束。其次，企业的国际经营总是先从最容易的地方开始进入，当企业国际多元化程度很高时，企业再新进入一个国家对增长率的影响往往很小，而进入的边际成本却很高，这也会对企业的增长形成约束，这样国际多元化最终会限制企业增长。因此，我们提出如下假设：

假设4：在跨国公司内部，国际多元化程度与企业增长之间存在先下降后上升然后再下降的水平的S型过程。

三　变量说明

1. 被解释变量——公司增长率

尽管兼并与收购可以使企业在短期内迅速获得增长，对一些企业而言也具有重要作用，但投资仍是企业增长最基本、最常用的方式。因此，我们采用投资来度量企业增长，其计算方法为企业的净投资与上一年固定资产净值之比，这里净投资为资本支出减去折旧。

2. 解释变量——国际多元化

本节采用计数法作为公司国际多元化的度量指标，其计算方法为企业跨国经营所在国家的数量。

3. 控制变量

综合国内外的相关研究，公司增长的一般性决定因素主要包括：公司规模、公司治理、资本结构、现金流、行业多元化战略、行业因素等。本节把这些变量作为控制变量包括在回归分析中。

（1）公司规模。公司规模对增长的影响得到了较多的研究，根据这些研究结论，我们预测公司规模与增长负相关。本章采用总资产的自然对数作为公司规模的代理变量。

（2）公司治理。本节采用两个公司治理变量作为控制变量包括在回归分析中。第一个变量是第一大股东持股比例。如果第一大股东持股比例较高，其更有能力和动机来约束管理者的行为，促使管理者采取所有者权益最大化而非增长最大化的行为。这样，我们预测第一大股东持股比例与公司增长负相关。第二个变量是管理层持股比例。如果管理层持股比例较高，那么管理层的利益与所有者的利益会更为一致，这时管理者会追求所有者权益最大化。因此，我们预测管理层持股比例与公司增长负相关。

（3）资本结构。即使项目的净现值为正，过高的负债比率会阻止企业从外部获得资金，从而限制企业的增长。因此，负债比率应与公司增长负相关。我们采用债务总额与总资产之比来衡量资本结构。

（4）增长前景。很显然，增长前景好的公司，其增长率也较高。大量的实证研究也表明，增长前景对公司增长具有显著的促进作用。因此，我们把增长前景包括在回归分析中，用 *Tobin's q* 来度量增长前景，其计算方法为股权的市场价值加债务的账面价值除以总资产。

（5）现金流。连玉君和程建（2007）、吴宗法和张英丽（2011）及屈文洲、谢雅璐和叶玉妹（2011）的研究都表明，投资对企业现金流非常敏感。因此，我们也把现金流作为控制变量，用经营活动现金流量净额与总资产之比度量。我们预测现金流与公司增长正相关。

（6）行业多元化。国际多元化与行业多元化是可以相互替代的战略，追求增长最大化的企业也可以采取行业多元化战略。因此本节也把行业多元化作为控制变量包括在回归分析中，同时与国际多元化进行比较分析。本节采用计数法来度量行业多元化，按照企业经营所在行业的数量计算。

（7）行业因素。公司的增长率较高也可能仅仅因为其处于增长较为迅速的行业。我们采用行业虚拟变量来控制可能存在的行业效应。

四　国际多元化与公司增长：实证分析

1. 描述性统计分析

表4.6是描述性统计分析。从中可以看到，跨国公司的公司增长率显著高于国内公司，规模也显著大于国内公司，但 *Tobin's q* 显著低于国内公司。就其他变量而言，跨国公司和国内公司没有统计上显著的差异。从文献综述部分可以看到，先前的研究大多表明规模与公司增长负相关，而增长前景与公司增长正相关。进而，我们可以推测，跨国公司的增长率应低于国内公司。但实际情况与预测相反，那么是什么因素使得跨国公司的增长率更高呢？答案可能就在于国际多元化战略对公司增长的影响效应。

表4.6　　　　　　　　　　　　描述性统计分析

	全部公司（1）		国内公司（2）		跨国公司（3）		（2）与（3）均值之差的统计显著性，p值
	均值	方差	均值	方差	均值	方差	
公司增长率	0.257	0.432	0.241	0.451	0.347	0.319	0.019
规模	21.625	1.160	21.501	0.994	22.296	1.537	0.000
资本结构	0.505	0.045	0.504	0.046	0.508	0.035	0.764
行业多元化	0.298	0.210	0.303	0.211	0.273	0.199	0.398
行业数	1.526	0.976	1.535	1.000	1.474	0.852	0.405
Tobin's q	3.044	4.410	3.083	4.746	2.838	2.564	0.068
最大股东持股比例	34.228	200.93	34.223	201.07	34.256	201.22	0.976
管理层持股比例	0.029	0.009	0.028	0.009	0.032	0.008	0.619
现金流	0.057	0.007	0.057	0.007	0.056	0.006	0.97
观测值	1244		1050		194		

2. 国际多元化与公司增长：回归分析

我们采用如下回归方程来分析国际多元化战略对公司增长的影响：

$$growth_t = \beta_0 + \beta_1 DOI_{t-1} + \beta_2 ind_{t-1} + \beta_3 size_{t-1} + \beta_4 TD_{t-1}$$
$$+ \beta_5 first_{t-1} + \beta_6 Tobin's\ q_{t-1} + \beta_7 mang_{t-1} + \beta_8 FA_{t-1}$$
$$+ \beta_9 year + \sum_{i=1}^{8} \alpha_i Dum + u_{t-1} \qquad (4.8)$$

这里，growth 为公司增长；DOI 为国际多元化程度；ind 为行业多元化变量；TD 为资本结构；first 为第一大股东持股比例；Tobin's q 为增长前景；mang 为管理层持股比例；FA 为现金流。

year 为年度虚拟变量，这里我们设 2009 年和 2010 年分别为 0 和 1。

表 4.7 是回归结果。我们首先看单变量回归，见表 4.7 的模型 1。从中可以看到，国际多元化与企业增长显著正相关。然而，模型 1 没有考虑行业效应，也可能是国际多元化公司恰好处于增长较快的行业，从而使得国际多元化与公司增长之间存在显著的正相关关系。然而，当我们在模型 2 中控制了行业效应后，发现加入行业变量并不会改变国际多元化变量系数的大小和统计显著性。模型 3 是多变量回归分析。从模型 3 可以看到，加入其他控制变量并没有显著改变单变量回归分析的结论：国际多元化与公司增长显著正相关，尽管国际多元化变量的系数有所变小。与此同时，行业多元化与公司增长负相关，尽管统计上不显著。这就与国际多元化形成了鲜明对比，假设 1 得到了证实。这些结果表明，经过改革开放以来 30 多年的发展，国内市场日趋饱和，竞争越来越激烈。从企业的角度来看，要获得进一步的发展，应该把目光瞄准国际市场，采取国际多元化战略。这不但能够给企业带来更大的发展机会，而且在国际市场上竞争还有助于增强企业的核心竞争力。

就其他控制变量而言，财务杠杆与公司增长显著负相关，增长前景与公司增长显著正相关，这与理论预测一致。而规模与公司增长显著正相关，这与国外的实证研究结论相反，与施平（2010）的研究存在一致性。管理层持股比例、第一大股东持股比例与现金流对公司增长没有统计上显著的影响。

表 4.7　　　　　　　国际多元化与公司增长的回归分析结果

	模型 1		模型 2		模型 3	
	系数	标准差	系数	标准差	系数	标准差
常数项	0.167***	0.027	0.294***	0.066	−0.619	0.466
DOI	0.067***	0.015	0.06***	0.015	0.054***	0.016

续表

	模型 1		模型 2		模型 3	
	系数	标准差	系数	标准差	系数	标准差
ind					-0.027	0.019
size					0.044 **	0.022
TD					-0.159 *	0.097
mang					0.033	0.202
first					0.0002	0.001
Tobin's q					0.023 *	0.013
FA					0.005	0.244
year					0.012	0.037
行业效应	未控制		控制		控制	
R^2	0.016		0.03		0.04	
$Adj - R^2$	0.015		0.023		0.027	
F - statistic	20.2		4.22		3.01	

五 国际多元化与公司增长：行业多元化的替代作用

我们首先通过在方程（4.8）中引入国际多元化与行业多元化的交互项来考察二者存在替代效应还是互补效应。为便于清楚解释，我们采用虚拟变量法来度量行业多元化，对采取行业多元化战略的公司取值为 1；否则，取值为 0。行业多元化虚拟变量用 *Dind* 表示。回归结果见表 4.8 的模型 1。我们发现，国际多元化与行业多元化交互项的系数显著为负，同时其他变量的系数大小、方向和统计显著性与表 4.7 基本一致。这表明，就对增长的促进作用而言，国际多元化与行业多元化存在替代关系。由此可以推测，国际多元化对企业增长的促进作用在专业化企业里比在行业多元化企业里更大。为进一步探讨该问题，我们把样本按照是否采取行业多元化战略分为两部分：行业多元化企业（共 371 家）和专业化企业（共 873 家）。然后按照方程（4.8）分别进行回归分析，结果见表 4.8 的模型 2 和模型 3。表 4.8 的模型 2 是对行业多元化企业为样本的回归结果，结果显示，国际多元化与公司增长不存在统计上显著的关系。表 4.8 的模型 3 是对专业化企业作为样本的回归结果，结果表明，在诸多解释变量中，仅国际多元化变量对公司增长有统计上显著的影响，这种影响是正的。这说明国际多元化战略对公司增长的促进作用仅对专业化企业有效。这进一步说明了国际多元化和行业多元化在对公司增长的影响方面存在替代关系，假设 2 得到了证实。

表 4.8　　国际多元化与公司增长：行业多元化的替代作用考察

	模型 1		模型 2		模型 3	
	系数	标准差	系数	标准差	系数	标准差
常数项	-0.688	0.466	-1.416^{**}	0.711	-0.539	0.593
DOI	0.07^{***}	0.019	0.016	0.021	0.071^{***}	0.022
Dind	0.036	0.059				
size	0.045^{**}	0.022	0.073^{**}	0.032	0.04	0.028
TD	-0.167^{*}	0.097	-0.059	0.115	-0.196	0.132
mang	0.053	0.202	0.014	0.367	0.04	0.243
first	0.0002	0.001	-0.002	0.002	0.001	0.001
Tobin's q	0.024^{*}	0.013	0.033	0.021	0.021	0.016
FA	0.001	0.245	0.101	0.328	-0.007	0.323
year	0.013	0.037	0.063	0.049	-0.006	0.05

续表

	模型 1		模型 2		模型 3	
	系数	标准差	系数	标准差	系数	标准差
$DOI \cdot Dind$	-0.052^*	0.032				
行业效应	控制		控制		控制	
R^2	0.041		0.062		0.042	
$Adj - R^2$	0.027		0.019		0.023	
$F - statistic$	2.91		1.45		2.22	

六　国际多元化与公司增长：控股股东效应考察

我们首先通过引入国际多元化与第一大股东持股比例的交叉项来考察控股股东对国际多元化与公司增长之间关系影响，见表 4.9 的模型 1。结果表明，二者交叉项的系数显著为负。这说明随着第一大股东持股比例的提高，国际多元化战略对公司增长的影响作用越来越小。一个自然而然的推论是，如果企业存在控股股东，国际多元化战略对公司增长的促进作用比不存在控股股东的企业要小。为进一步分析该问题，我们按照企业是否存在控股股东把样本划分为两部分，划分标准为第一大股东的持股比例是否超过 30%。如果第一大股东的持股比例超过 30%（包括 30%），则认为企业存在控股股东，在我们的样本中共有 699 家企业存在控股股东；如果第一大股东的持股比例小于 30%，则认为企业不存在控股股东，在我们的样本中共有 545 家企业不存在控股股东。表 4.9 的模型 2 是对存在控股股东企业的回归结果。我们发现，对存在控股股东的企业来说，国际多元化战略对公司增长没有统计上显著的影响；同时，模型的解释能力较差，模型没有通过整体显著性检验。表 4.9 的模型 3 是对不存在控股股东企业的回归结果，结果表明，国际多元化战略对公司增长有显著的促进作用，并且国际多元化的作用无论从经济意义上还是统计意义上都更大。R^2 值表明模型对不存在控股股东的企业解释能力较好。假设 3 得到了证实。

表 4.9　　　　　　国际多元化与公司增长：控股股东效应考察

	模型 1		模型 2		模型 3	
	系数	标准差	系数	标准差	系数	标准差
常数项	− 0.808 *	0.469	− 0.078	0.727	− 1.477 ***	0.51
DOI	0.134 ***	0.031	0.016	0.028	0.085 ***	0.015
ind	− 0.032 *	0.019	− 0.063 *	0.035	0.001	0.017
size	0.047 **	0.022	0.038	0.035	0.076 ***	0.023
TD	− 0.169 *	0.097	− 0.15	0.161	− 0.178 **	0.094
mang	0.034	0.201	− 0.387	0.346	0.402 **	0.188
first	0.004 **	0.002	− 0.005	0.003	− 0.003	0.003
Tobin's q	0.024 *	0.013	0.044 **	0.022	0.015	0.012
FA	0.03	0.244	0.005	0.386	0.003	0.249
year	0.013	0.037	− 0.044	0.059	0.087 **	0.037
DOI · first	− 0.003 ***	0.001				
行业效应	控制		控制		控制	
R^2	0.047		0.034		0.17	
$Adj - R^2$	0.033		0.01		0.143	
$F - statistic$	3.38		1.4		6.34	

七　国际多元化程度与公司增长：形状考察

本部分我们以 194 家跨国公司作为样本来探讨国际多元化程度与公司增长之间关系的形状。表 4.10 的模型 1 表明，从整体上看，公司增长随着国际多元化程度的提高而上升。加入行业效应只会使国际多元化对公司增长的促进作用更加明显，见表4.10的模型2。表4.10的模型3考察了国际多元化程度与公司增长之间关系的形状，结果表明，国际多元化程度与公司增长之间存在先下降后上升然后再下降的水平的S型关系，假设4得到了证实。

表 4.10   国际多元化程度与公司增长：形状考察

	模型 1		模型 2		模型 3	
	系数	标准差	系数	标准差	系数	标准差
常数项	0.091	0.063	0.043	0.146	-0.872	0.928
DOI	0.081***	0.016	0.084***	0.017	-0.241**	0.126
ind					-0.058	0.046
$size$					0.074*	0.041
TD					-0.227	0.243
$mang$					-0.047	0.455
$first$					-0.001	0.003
$Tobin's\ q$					0.045	0.029
FA					-0.469	0.547
$year$					0.017	0.076
DOI^2					0.037**	0.018
DOI^3					-0.001*	0.0006
行业效应	未控制		控制		控制	
R^2	0.117		0.169		0.251	
$Adj-R^2$	0.113		0.128		0.169	
$F-statistic$	25.47		4.15		3.06	

八　小结

本节实证研究了国际多元化战略与公司增长之间的关系。结果发现，国际多元化与公司增长之间存在统计上显著的正相关关系。但进一步分析表明，就对公司增长的促进作用而言，国际多元化战略和行业多元化战略存在替代关系；国际多元化与公司增长之间显著的正相关关系仅存在专业化企业中。控股股东有能力也有动力来约束管理者的行为，使其符合所有者权益最大化，而非增长最大化。这样，控股股东的存在与否会影响国际多元化战略与公司增长之间的关系。我们的研究发现，国际多元化与公司增长之间的正相关关系仅在不存在控股股东的企业里统计上显著。对不存在控股股东的企业来说，通过国际多元化战略来追求企业增长可能是管理者采取国际多元化战略的一个重要原因。

应该讲，保持适度的增长水平是有益于所有者权益最大化的。从投资者的角度看，危险的企业是停滞不前的企业。但马里斯模型告诉我们，过快的增长也会损害公司价值。本节还发现，在跨国公司内部，国际多元化程度与公司增长之间存在先下降后上升然后再下降的水平的 S 型关系。这一方面说明在国际多元化的初始阶段，企业会面临较大的困难和挑战，企业应做好充分的准备；另一方面告诉我们，试图通过国际多元化来促进公司增长最终会面临一个限制，企业应把国际多元化程度控制在一定限度之内。

本节的研究表明，国际多元化战略对公司增长的促进作用是国际多元化正向影响公司价值的一个原因。但应该注意的是，过快的增长是不利于公司价值的提高的。上一节的研究表明，在跨国公司内部，国际多元化程度与公司财务绩效之间存在倒 U 型关系，而本节则发现国际多元化程度与公司增长之间存在水平的 S 型关系。因此，过快的增长很可能会降低企业的财务绩效，从而最终损害公司价值。这很可能是在跨国公司内部国际多元化程度与公司价值之间的正相关关系统计上不显著的原因。

第三节　国际多元化与资本成本

资本成本是公司一系列决策的基础。从决定投资项目的基准收益率到影响企业资本结构的构成，资本成本影响了企业运营的各方面以及赢利性。给定资本成本的重要性，什么因素影响了资本成本的高低就是一个值得研究的问题。

在新古典经济理论中，一个企业的资本成本由无风险回报和一个风险升水构成，风险升水则完全由系统性风险决定。在研究者当中一个传统的观点是，多元化不会影响企业的资本成本，因为尽管多元化可以降低企业的非系统性风险，但不会影响企业的系统性风险。然而，现有研究表明，国际多元化显著降低了企业的系统性风险，而行业多元化显著提高了企业的系统性风险。这样，多元化战略可能通过对系统性风险的影响而影响企业的资本成本。

姜付秀和陆正飞（2006）指出，不管是从多元化的动机，还是从多元化的经济效应来考虑，资本成本都是一个不应被忽略的因素。原因有两点：首先，资本成本直接影响公司价值；其次，资本成本与资本使用效率相连，通过考察资本成本可以间接了解不同经营战略下公司资本的使用效率情况。但多元化对资本成本的影响并没有引起国内外学者的关注。姜付秀和陆正飞（2006）以 2001—2004 年中国上市公司为样本，Hann，Ogneva 和 Ozbas（2013）以美国企业为样本考察了行业多元化对资本成本的影响，结果都表明行业多元化企业的资本成本更低。杨照江和蔡正毅（2011）则发现多元化公司的资本成本高于专业化公司。而林钟高、郑军和卜继栓（2015）发现资本成本随着行业多元化程度的增加呈现先降后升的趋势。同时，Singh 和 Nejadmalayeri（2004）以法国公司作为样本考察了国际多元化对资本成本的影响，结果发现，国际多元化降低了资本成本。Aoun 和 Heshmati（2008）以来自美国信息和通讯产业的企业作为样本发现，国际多元化与总债务比率和长期债务比率负相关，国际多元化降低了总资本成本。

一　理论分析

多元化通过如下几种机制对资本成本产生不同的影响：

1. 多元化和风险降低

与资本成本直接相关的是企业的系统性风险，系统性风险的降低有助于降低企业的资本成本。从理论上讲，国际多元化和行业多元化都可以通过经营协同效应和财务协同效应来降低企业的风险。但现有的实证研究却发现，对中国上市公司来说，行业多元化提高了企业的系统性风险，如魏锋和孙晓铎（2008），张敏和黄继承（2009）以及胡成根和李刚（2010）等；国际多元化降低了企业的系统性风险，如孙维峰（2013）。这样，国际多元化通过降低系统性风险而可能降低股权成本和总资本成本，而行业多元化通过提高系统性风险而可能增加股权成本和总资本成本。

2. 多元化和代理成本

一般而言，多元化企业的规模更大，在多个市场的经营也更复杂，这样对多元化企业管理者的监督更困难，从而导致多元化企业比专业化企业有更大的代理成本。与专业化企业相比，多元化企业有更多的实物期权，这些期权的价值依赖于未来的投资。Myers（1984）指出，拥有更多实物期权的企业会面临更大的潜在投资不足的问题。在一个实物期权到期后，当债务也要到期时，这种投资不足问题就会发生。这时，股东就会拒绝具有正的净现值的项目，因为从这些项目所得到的收益主要归于债权人。结果，债务的代理成本就会上升。

债务的代理成本也可能来自于资产替代。资产替代由更大的监督困难所引致。Jensen 和 Meckling（1976）区分了股权的代理成本和债务的代理成本。他们指出，股东有动力从债权人那里掠夺财富。股权持有者更偏好高回报、高风险的项目，而债权人则更偏好低风险、回报更稳定的项目。为了最小化这个潜在的财富掠夺问题，债权人会要求签订详细的债务契约以便利监督企业的投资。但是，多元化程度增加了设计和监督这些契约的困难，从而多元化企业可能有更大的债务代理成本。

与行业多元化企业相比，国际多元化企业将会面临各国之间在政治经济制度、文化差异、法律体制、语言等方面的差别，从而使得国际多元化比行业多元化可能带来更大的债务代理成本，进而影响到股权成本和总资本成本。

3. 多元化和资本结构

总资本成本由债务成本和股权成本加权而得。资本结构不但会影响到总资本成本，还会影响到股权成本。由于债务成本要低于股权成本，并且利息支付具有税盾效应，因此，在一定范围内，负债经营比率的提高能够降低总资本成本；但负债经营比率过高时，破产风险的增大会提高股权成本，进而提高总资本成本。因此，多元化可以通过对资本结构的影响而影响资本成本。

多元化能否增加企业的负债经营比率取决于债务的破产成本、代理成本和交易成本。多元化会对这三种成本产生不同的影响。以国际多元化为例，如果国际多元化使企业的破产成本降低，这会使国际多元化企业可以增加负债经营比率；然而，由于国际运营的复杂性和国际市场不完善等原因，国际多元化企业的债务的代理成本可能比国内企业高，这会导致国际多元化企业的负债经营比率更低。理论上讲，国际多元化企业可以从一个国家借款而在另一个国家投资从而获得更高的利润。但信息不对称使得在国际市场上进行借贷的交易成本要高于国内市场。这就意味着借款在国内公司比国际多元化公司更为重要。因此，多元化对资本结构的影响是一个实证问题。关于这个问题，现有的实证研究结论比较一致：国际多元化显著降低了负债经营比率，如 Burgman（1996），Singh，Davidson 和 Suchard（2003），Aoun 和 Heshmati、（2008）及孙维峰和孙华平（2014）等；而行业多元化则与负债经营比率显著正相关，如顾乃康和宁宇（2004），洪道麟、熊德华和刘力（2007）以及章细贞（2009）等。

　　然而，尽管可以明确国际多元化和行业多元化能够通过对资本结构的影响而影响资本成本，但影响方向却无法确定。因为影响方向依赖于资本结构对资本成本的影响。而资本结构与资本成本之间关系的形状虽历经半个世纪的理论和实证研究，仍难以达成一致结论。在我们的样本中，我们发现，负债经营比率显著降低了资本成本。这样，国际多元化因更低的负债经营比率而可能提高资本成本，行业多元化因更高的负债经营比率而可能降低资本成本。

　　4. 多元化和信息不对称

　　信息不对称会影响到管理者的逆向选择和道德风险行为。近年来，国内外的学者都考察了信息不对称对资本成本的影响，结论一致地表明，信息不对称程度越大，资本成本越高，如 Easley 和 O'Hara（2004）及李明毅和惠晓峰（2008）等。与专业化企业相比，由于多元化企业的经营范围更广，多元化企业面临更大的信息不对称问题。因此，多元化也可能通过增加信息不对称来提高股权成本和总资本成本。

　　通过上述分析可以看到，国际多元化和行业多元化对股权成本和总资本成本都有正反两方面影响，但影响的机制并不相同。最终，这是一个实证问题。

二　变量和数据说明

1. 变量说明

（1）被解释变量。本节的被解释变量是股权成本和总资本成本。关于股权成本的计算有多种方法，目前应用最广泛的是资本资产定价模型。根据 CAPM 模型所计算出的股权成本，代表了调整风险因素之后的股东权益资本的机会成本。本节也采用资本资产定价模型来计算中国上市公司的股权资本成本，计算公式为：

$$股权资本成本率 = 无风险收益率 + \beta \times$$
$$（市场年收益率 - 无风险收益率）\qquad (4.9)$$

其中，β 为上市公司的系统性风险系数；本节用 2002—2015 年这 14 年的考虑现金股利再投资的综合年度市场收益率的均值来度量市场年收益率。

关于总资本成本的计算，通常采用加权平均资本成本法，本节也采用这一方法。我们采用含息负债来确定公司的负债额。含息负债包括短期借款、长期借款、1 年内到期的非流动负债和应付债券。同时，短期负债和长期负债存在利率上的差异，因此我们也区分了短期负债和长期负债。短期负债为短期借款，长期负债包括长期借款、1 年内到期的非流动负债和应付债券。总资本成本的计算公式如下：

$$WACC = \frac{D_S}{D_S + D_L + E}K_{DS}(1 - t) + \frac{D_L}{D_S + D_L + E}K_{DL}(1 - t)$$
$$+ \frac{E}{D_S + D_L + E}K_E \qquad (4.10)$$

这里，D_S 为短期负债；D_L 为长期负债；E 为股权资本；K_{DS} 为短期债务成本；K_{DL} 为长期债务成本；K_E 为股权成本；t 为公司实际所得税税率。短期债务成本按照当年银行 6 个月到 1 年的贷款利率计算，长期债务成本按照当年银行 3—5 年的中长期贷款利率计算。

（2）解释变量。本节的解释变量为国际多元化和行业多元化，采用两种方法度量：虚拟变量法和计数法，计算方法见第三章。

（3）控制变量。根据以往的研究，本节把如下变量作为控制变量包括在回归分析中：

①企业规模（size）。国外研究的结论一般是资本成本与企业规模负相关（肖珉，2007），但中国的研究却证明两者之间正相关，如汪炜和蒋高峰（2004）、王雪梅（2013）等。原因可能在于，大企业更为复杂，信息不对称问题更严重。本节用总资产的自然对数来度量企业规模。

②资本结构（TD）。资本结构对资本成本的影响得到了最多的研究，本节用负债总额与总资产之比来度量资本结构。

③财务杠杆系数（lev）。财务杠杆系数越大，财务风险越大，资本成本就可能越大。本节用息税前利润/（息税前利润－财务费用）来度量财务杠杆。

④总资产周转率（turn）。资产周转速度越快表明企业资产的利用效率越高，企业的管理行为就比较高效，这在一定程度上表明股东和管理者之间的代理冲突比较小，股东要求的回报率就会降低，因此总资产周转率应该与资本成本负相关。本节用营业收入与总资产之比来度量总资产周转率。

⑤股利支付（payout）。在完美的资本市场上，股利支付不影响公司价值，也不会影响股东要求的回报率。但现实中资本市场很不完善，因此投资者可能认为"一鸟在手，胜过两鸟在林"，分配股利得到的收入比资本利得更加稳定。这样，股利支付应该与公司价值正相关，支付股利能够降低股权成本。本节用虚拟变量法来度量股利支付，对支付股利的公司取值为1；否则，取值为0。

⑥破产风险（bankr）。理论上，企业的破产风险越大，股东要求的回报率就越高，从而资本成本越高。本节用"Z记分法"来计

算破产风险，计算公式如下[①]：

$$Z = 1.2 \times X_1 + 1.4 \times X_2 + 3.3 \times X_3 + 0.6 \times X_4 + 1.0 \times X_5$$

$$(4.11)$$

其中，X_1 = 营运资金/总资产；X_2 = 留存收益/总资产；X_3 = 息税前利润/总资产；X_4 = 资本市值/债务账面价值；X_5 = 销售额/总资产。需要说明的是，Z 值越高，说明破产风险越低。一般认为，企业的 Z 值低于 3.0 为存在财务危机或破产风险较高的企业，Z 值高于 3.0 则为较安全的企业。

⑦股权集中度（concen）。股权越集中，大股东越有动力和能力来监督和控制管理者的行为，从而所有者和管理者之间的代理冲突可能越小，资本成本可能越低。但股权集中也可能引起大股东侵害中小股东的利益，这会提高资本成本。因此，股权集中度对资本成本的影响是不确定的。本节用前 10 个大股东持股的赫芬达尔指数来度量股权集中度。

⑧国有控股（own）。国有控股企业往往存在所有者缺位现象，所有者和管理者的代理冲突就比较严重，从而可能提高资本成本。本节对国有控股企业取值为 1；否则，取值为 0。

⑨企业增长率（growth）。公司增长率越高，股东未来获得的回报也将越高，这样的股票也更容易受到投资者的追捧，这样公司股权融资的成本可能越低。但对债权人来讲，增长率高的企业未来发展的不确定性也比较高，债权人必然要求提供风险补偿，这样债权融资的成本较高。如果股权成本的降低效应超过债权成本的提高效应，那么总资本成本也可能下降。本节用营业收入的增长率作为

---

① "Z 记分法"最初由美国学者奥特曼于 1968 年提出，该方法主要适用于上市公司，关于"Z 记分法"的详细说明，请参考向德伟（2002）。

企业增长率的代理指标。

2. 样本说明

本节的样本期间为 2009—2015 年，但每年所包含的样本企业不变，这样 7 年的总观测值为 4354 个。在样本中，2009 年到 2015 年采取国际多元化战略的公司分别为 92 家、102 家、121 家、136 家、159 家、171 家和 189 家；采取行业多元化战略的公司分别有 192 家、179 家、181 家、193 家、211 家、200 家和 209 家。国际多元化、行业多元化的数据直接来自于上市公司年报，其他数据则来自于国泰安 CSMAR 数据库。

三　国际多元化与资本成本之间关系的实证检验

1. 回归结果

本节采用如下模型来考察国际多元化和行业多元化对公司股权成本和总资本成本的影响：

$$cost = \beta_0 + \beta_1 int + \beta_2 div + \beta_3 size + \beta_4 TD + \beta_5 lev$$
$$+ \beta_6 turn + \beta_7 payout + \beta_8 bankr + \beta_9 concen + \beta_{10} own$$
$$+ \beta_{11} growth + \beta_{12} year + \sum_{i=1}^{8} \alpha_i DUM + u \qquad (4.12)$$

这里，$cost$ 为资本成本，本节分别考察股权成本和总资本成本；int 和 div 分别为国际多元化和行业多元化变量，用虚拟变量法和计数法度量。对方程（4.12）的回归结果见表 4.11。

我们首先看一下国际多元化和行业多元化对股权成本的影响，见表 4.11 的模型 1 和模型 2。无论是采用虚拟变量法还是计数法来度量多元化，结论是一致的：国际多元化显著降低了企业的股权成本，而行业多元化显著提高了企业的股权成本。表 4.11 的模型 3 和模型 4 则考察了国际多元化和行业多元化对总资本成本的影响，结果表明，国际多元化降低了总资本成本，但统计上不显著；而行业多元化则显著提高了总资本成本。这就表明，国际多元化和行业多元化对企业的资本成本存在截然相反的影响。

表 4.11　　　　　　　　　　　多元化与资本成本回归结果

解释变量	被解释变量：股权成本				被解释变量：总资本成本			
	模型 1		模型 2		模型 3		模型 4	
	系数	标准差	系数	标准差	系数	标准差	系数	标准差
常数项	11.381***	1.576	11.106***	1.587	21.274***	1.501	21.099***	1.509
Dint	-0.41**	0.202			-0.23	0.192		
doi			-0.132**	0.06			-0.078	0.057
Dind	0.582***	0.156			0.247*	0.148		
ind			0.22***	0.074			0.11*	0.061
size	0.42***	0.077	0.43***	0.078	-0.035	0.073	-0.027	0.075
TD	-0.951***	0.399	-0.917**	0.399	-11.69***	0.38	-11.685***	0.38
lev	0.003	0.007	0.003	0.007	0.099***	0.007	0.099***	0.007
turn	-0.478***	0.132	-0.481***	0.132	0.228*	0.129	0.229*	0.129
payout	-0.089	0.152	-0.094	0.152	0.154	0.144	0.151	0.144
bankr	-0.022	0.005	-0.022***	0.005	-0.023***	0.005	-0.023***	0.005
concen	-2.126***	0.694	-2.157***	0.697	-1.369**	0.659	-1.377**	0.661
own	0.262	0.178	0.28	0.178	0.659***	0.17	0.668***	0.169
growth	-0.068***	0.027	-0.068***	0.027	-0.066***	0.026	-0.066***	0.026
R^2	0.231		0.229		0.478		0.478	
$Adj - R^2$	0.223		0.221		0.472		0.472	
$F - statistic$	27.59		27.27		83.83		83.82	

注：所有模型都控制了年度效应和行业效应。

就控制变量而言，规模显著提高了股权成本，对总资本成本没有统计上显著的影响，这与现有的研究结论是一致的。负债经营比率显著降低了股权成本和总资本成本。财务杠杆系数主要对总资本成本有影响，其显著提高了总资本成本。总资产周转率显著降低了股权成本，但提高了总资本成本。股利支付对资本成本没有统计上显著的影响。破产风险与股权成本和总资本成本都显著负相关，由于"Z 记分值"越小表示破产风险越大，因此破产风险和资本成本的负相关关系就表明破产风险越大，资产成本越高。股权集中度显著降低了股权成本和总资本成本，这体现了大股东的监督作用。国有控股对总资本成本有显著的正的影响，企业增长率则显著降低了股权成本和总资本成本，这都与预测是一致的。

2. 规模效应考察

前面我们已说明，信息不对称是资本成本的重要影响因素。那么又有哪些因素影响信息不对称呢？一方面，与小企业相比，大企业的经营更为复杂，企业规模越大，信息不对称可能越严重，从而资本成本越高，表 4.11 也表明了企业规模与股权成本显著正相关；另一方面，在同等规模下，多元化企业的业务范围要多于专业化企业，这使得多元化企业的信息不对称程度要高于专业化企业。基于这两点考虑，企业规模可能会影响到多元化战略和资本成本之间的关系，在大企业里，国际多元化对资本成本的降低作用要小于小企业，而行业多元化对资本成本的提高作用要高于小企业。因此，我们按照企业规模的均值把全部企业划分为小企业和大企业分别进行考察，小企业共有 2458 家，大企业共有 1896 家。回归结果见表 4.12。

表 4.12　　　　　企业规模对多元化与资本成本之间关系的调节作用

解释变量	被解释变量：股权成本				被解释变量：总资本成本			
	模型 1		模型 2		模型 3		模型 4	
	系数	标准差	系数	标准差	系数	标准差	系数	标准差
常数项	0.221	3.538	11.106***	1.587	14.73***	3.835	24.03***	2.656
Dint	−0.944***	0.306	0.201	0.258	−0.838***	0.33	−0.007	0.214
Dind	0.187	0.196	0.644***	0.233	0.17	0.212	0.22*	0.124
size	0.966***	0.17	−0.349**	0.149	0.239	0.185	0.005	0.124
TD	−2.653***	0.437	1.536*	0.823	−10.02***	0.472	−17.32***	0.681
lev	0.024	0.028	−0.001	0.008	−0.048	0.03	0.107***	0.006
turn	0.209	0.162	−0.857***	0.207	0.285	0.184	0.367**	0.172
payout	−0.317*	0.19	0.132	0.227	0.146	0.205	0.117	0.188
bankr	−0.023***	0.005	−0.115***	0.027	−0.015***	0.006	−0.164***	0.022
concen	0.621	0.981	−2.339***	0.954	−0.771	1.056	−1.71**	0.789
own	0.135	0.25	0.494**	0.239	0.933***	0.27	0.498***	0.198
growth	−0.727***	0.231	−0.049*	0.028	−0.62***	0.249	−0.047**	0.023
R^2	0.236		0.33		0.415		0.623	
$Adj-R^2$	0.221		0.314		0.403		0.614	
$F-statistic$	15.19		20.4		34.8		68.63	
观测值	2458		1896		2458		1896	

表 4.12 的模型 1 和模型 3 是对小企业进行回归得到的结果，表 4.12 的模型 2 和模型 4 是对大企业进行回归得到的结果①。从中可以看到，国际多元化对股权成本和总资本成本的降低作用仅在小企业里统计上显著；并且从经济意义上看，国际多元化对资本成本的影响在小企业里比在大企业里要大得多。行业多元化对股权成本和总资本成本的提高作用则只在大企业里统计上显著。这些结果说明，国际多元化和行业多元化对资本成本的影响受企业规模的调节。

四　国际多元化程度与资本成本：非线性关系考察

多元化程度与资本成本是否存在非线性关系呢？为考察该问题，我们在方程（4.12）的基础上加入多元化程度的二次项来考察在多元化公司里多元化程度与资本成本之间关系的形状。在我们的样本中，国际多元化公司共有 970 家，行业多元化公司共有 1365 家。多元回归结果见表 4.13。

表 4.13 的模型 1 和模型 3 是对国际多元化公司进行回归得到的结果，表 4.13 的模型 2 和模型 4 是对行业多元化公司进行回归得到的结果。从表 4.13 可以看到，在国际多元化公司里，国际多元化程度与股权成本存在显著的先上升后下降的倒 U 型关系，但国际多元化程度与总资本成本不存在非线性关系；在行业多元化公司里，行业多元化程度与股权成本、总资本成本都不存在显著的非线性关系。从表 4.13 还可发现一个有趣的现象：在行业多元化公司里，实施国际多元化战略能够显著降低股权成本，见表 4.13 的模型 2。

---

① 使用虚拟变量法和计数法度量多元化变量得到的结果是一致的，因此表 4.12 仅报告了多元化虚拟变量得到的结果。

表4.13　　　　　　　　多元化程度与资本成本非线性关系考察

解释变量	被解释变量：股权成本				被解释变量：总资本成本			
	模型1		模型2		模型3		模型4	
	系数	标准差	系数	标准差	系数	标准差	系数	标准差
常数项	21.511 ***	4.047	1.005	3.51	16.49 ***	3.141	20.303 ***	3.516
doi	0.402 *	0.24	− 0.423 ***	0.125	0.035	0.186	− 0.104	0.125
doi^2	− 0.029 **	0.014			− 0.013	0.011		
ind	− 0.12	0.213	0.173	0.578	− 0.018	0.165	0.348	0.579
ind^2			− 0.033	0.078			− 0.047	0.078
$size$	− 0.061	0.201	0.981 ***	0.161	0.319 **	0.156	− 0.031	0.161
TD	0.387	1.536	− 1.35 *	0.79	− 15.478 ***	1.189	− 10.354	0.804
lev	− 0.047	0.089	− 0.017	0.059	− 0.069	0.069	0.103 *	0.059
$turn$	− 1.486 ***	0.479	− 0.796 ***	0.301	0.784 **	0.371	0.646 *	0.341
$payout$	− 0.206	0.406	− 0.133	0.286	− 0.535 *	0.314	0.099	0.286
$bankr$	− 0.141	0.034	− 0.048 **	0.028	− 0.16 ***	0.026	0.006	0.029
$concen$	− 2.998 *	1.845	− 2.985 **	1.422	− 3.182 **	1.429	− 0.781	1.425
own	1.563 ***	0.547	− 0.128	0.355	0.698 *	0.423	0.893 ***	0.356
$growth$	0.451	0.0287	− 0.521	0.328	0.097	0.222	− 0.258	0.331
R^2	0.387		0.292		0.494		0.398	
$Adj - R^2$	0.342		0.263		0.458		0.374	
$F - statistic$	8.71		10.33		13.49		16.59	
观测值	970		1365		970		1365	

五　小结

本节以中国制造业上市公司作为样本比较分析了国际多元化和行业多元化对企业的股权成本和总资本成本的影响。结果表明，国际多元化降低了股权成本和总资本成本，对股权成本统计上显著；行业多元化显著提高了股权成本和总资本成本。但进一步分析表明，国际多元化和行业多元化对资本成本的影响受企业规模的影响，国际多元化对资本成本的降低作用主要发生在小企业里，而行业多元化对资本成本的提高作用主要发生在大企业里。本节还考察了在多元化公司里多元化程度与资本成本是否存在非线性关系，结果发现，在国际多元化公司里，国际多元化程度与股权成本呈显著的倒 U 型关系。

第五章

国际多元化的过程效应

第四章探讨了国际多元化战略影响公司价值的直接机制。本章和第六章探讨国际多元化战略影响公司价值的间接机制。本章首先从创新、资本结构、企业风险和现金持有水平四个方面探讨国际多元化的过程效应，下一章探讨国际多元化的治理效应。

第一节　国际多元化、行业多元化与企业创新

熊彼特（1934）首先讨论了创新在经济发展中的作用，指出创新是一种创造性毁灭的过程，创新是经济发展的本质规定，而企业是创新的主体。然而熊彼特的思想长期受到忽视。在新古典经济增长理论中，技术进步被假设为经济增长的外生因素，从而无法解释经济的长期增长。以罗默为代表的新经济增长理论把技术进步内生化，把当今世界的经济增长归因为知识和人力资本的增长，认为技术进步是经济增长的决定因素，并且大部分技术进步是出于激励而导致的有意识行为的结果。在这种情况下，探讨创新的影响因素具有重要意义。

熊彼特在《经济发展理论》（1934）中认为，小企业有弹性克服组织惰性，能够获得技术的突破。而熊彼特在《资本主义、社会主义和民主》（1942）中则认为具有垄断力量的大企业是创新的一

个主要推动力量。因此，熊彼特自己也提出了关于企业规模和创新之间的关系相反的观点：第一种观点认为规模和创新负相关，而第二种观点则认为二者正相关。自熊彼特以来，企业规模、市场结构与创新之间的关系一直是经济学家们关注的热点问题。这些研究主要集中在20世纪60年代至80年代，90年代以后的研究相对较少。原因可能在于，无论是理论研究还是实证检验都难以得出关于企业规模、市场结构与创新之间明确的结果。

伴随着对企业规模与创新之间关系研究兴趣的减退，从20世纪90年代开始，从公司治理和融资的角度解释企业的创新行为成为了主流。然而，研发决策和其他企业战略决策存在交互影响，因此其他企业战略也可能影响企业的研发支出。目前得到较多研究的是行业多元化战略对企业研发支出的影响。整体上看，这些研究表明，行业多元化的总体水平与研发支出负相关。

目前探讨国际多元化与创新关系的文献非常少。仅 Hitt，Hoskisson 和 Ireland（1994）从理论上分析了国际多元化对企业创新和绩效的影响，以及 Hitt，Hoskisson 和 Kim（1997）从实证上检验了国际多元化对企业创新的影响，结果发现，国际多元化有助于更高水平的创新。考虑到创新对企业竞争优势的建立和经济发展所具有的关键作用，以及国际多元化战略对企业所具有的越来越重要的作用，显然需要深入探讨国际多元化战略对企业创新的影响。本节的研究目的有二：第一，探讨国际多元化战略对企业创新的影响，并与行业多元化战略进行比较；第二，探讨国际多元化和行业多元化对企业创新的交互影响。

一　文献综述与研究假设

Porter（1990）指出，国家竞争优势建立在产业持续创新和升级的基础上；企业建立竞争优势，最重要的行动是创新；企业维持竞争优势的唯一途径是技术升级。国际多元化战略能够为企业提供更大、更多的具有不同需求特征的市场，这样国际多元化潜在地能够为企业带来更高的革新回报，从而降低了 R&D 投资的风险。结果，国际多元化使企业有动力进行创新活动。尤其是现代经济的技术进步越来越迅速，这就需要企业能够迅速利用研发的成果获取收益。相对于跨国企业，国内企业需要更长的时间在技术过时之前收回初始研发投资，这样仅在国内市场经营的公司很可能缺少动力进行创新活动。国际多元化提高了企业从创新中获取收益的能力。

国际多元化有助于企业利用其他国家的相对优势，创新能够帮助企业克服与东道国企业竞争时的不利之处。同样，创新能够帮助企业在国际市场上获得竞争优势（Porter，1990）。激烈的国际竞争使得创新作为建立和维持竞争优势的手段越来越重要。然而，不断增加的国际竞争也缩短了产品的生命周期，增加了获得显著的技术进步所需要的投资，这导致创新的产生需要大量的资源投入。国际多元化能够创造必要的资源来维持大规模的创新活动。创新不但需要资金的投入，还需要人员、知识等方面的投入。国际多元化使企业可以从多个国家学习新的多样化知识，这意味着国际多元化企业比国内企业有更大的机会去学习（Hitt，Hoskisson and Ireland，1994）。新知识会导致创新。从长期来看，投入更多资源用于创新的企业必将发展出更高的创新能力。

跨国企业能够在全球的基础上统一安排生产、创新、营销等活动，从而实现资源的最优配置。与国内企业只能利用本国的资源进行创新活动相比，跨国企业可以利用各个国家的比较优势，在某些国家从事创新活动，而在另一些国家从事生产活动，从而获得范围经济，给企业带来更高的绩效。举例来说，企业可以拥有多个分部，其中一些分部集中于一种行为，如生产；另一些分部集中于另一种行为，如创新。不同的分部可以位于不同的国家，以充分利用各国的比较优势。国际多元化企业可以充分利用行为的范围经济所带来的益处，从而使企业获得超额收益。

综上所述，国际多元化使企业有动力从事创新活动，能够给企业提供更多的资源用于创新活动。因此，国际多元化应该对企业创新有正的影响。基于此，本节提出如下假设：

假设 1：国际多元化对企业创新有显著的正效应。

创新活动的结果和方向经常是不可预测的，并且创新活动的失败率较高。因此，不确定性是创新的固有特征。Nelson（1959）假设，由于这种不确定性，行业多元化将是基础研究的必要条件。然而实证研究却表明行业多元化对研发强度有负面影响。

Hoskisson 和 Hitt（1988）假设财务控制使得多元化企业采取更短期、低风险的政策，从而降低了在研发方面的投资。利用 124 个美国大企业的数据，他们发现更少多元化的 U 型企业在研发方面的投资要大大高于多元化水平更高的 M 型企业。主导事业型企业的研发投资要高于相关或不相关多元化企业。Baysinger 和 Hoskisson（1989）假设，行业多元化战略可分为相关多元化和不相关多元化，不同的多元化战略（相关或不相关）会采取不同的内部控制体制。一般而言，相关多元化企业更多采取战略控制，而不相关多元化企业多采用财务控制。因此，不相关多元化企业的分部经理比相关多元化企业的分部经理的行为更具有短期性，从而使得不相关多元化企业的研发支出更少。他们使用美国财富 1000 强中 971 家企业 1982—1984 年的数据实证检验了多元化战略与 R&D 强度的关系，结果发现总体多元化水平与 R&D 强度负相关，原因主要在于不相关多元化与 R&D 强度负相关。Hoskisson，Hitt 和 Hill（1993）指出战略控制能够鼓励分部管理者的风险承担行为，而财务控制与风险承担负相关。战略控制需要高层管理者对企业每一项不同的业务有充分的了解，也需要总部和各业务分部经理之间大量的协调和面对面交流。创新活动具有风险性，当企业使用财务控制手段时，分部管理者会面临更多的风险，降低风险的一种手段是降低研发支出。他们使用来自 184 家美国财富 1000 强企业的问卷调查数据得出，基于短期分部财务绩效的激励机制与企业 R&D 强度负相关。而如果使用基于长期财务绩效的激励机制，会减轻激励机制与 R&D 强度的负相关关系，但不会促进风险承担。他们的结果表明战略控制相对于财务控制的重要性。然而，当企业不断进行多元化时，由于控制幅度的增加、有限理性和信息不对称等问题，高层管理者不得不越来越多地使用财务控制。这会导致分部管理者的风险规避倾向，从而对企业的创新活动有重要的含义。

国内研究方面，魏锋和石淦（2008）以 2002—2005 年披露研发投入信息的上市公司作为样本，考察了行业多元化经营与研发投入的关系，结果发现，行业多元化与研发投入负相关，但统计上不显著。张子峰、周杰和薛有志（2010）以 2008 年我国 258 家制造业上市公司作为样本，研究了行业多元化经营对企业研发投入的影响。结果发现，非相关多元化战略对公司的技术创新有显著的抑制作用，相关多元化战略能够显著促进公司的技术创新。李捷瑜（2012）利用世界银行 2004 年对中国企业的调查数据，考察了行业多元化对研发投资的影响。结果发现，行业多元化程度与研发强度之间存在先上升后下降的倒 U 型关系。

基于上述文献，我们提出如下假设：

假设 2：行业多元化对企业创新有负面影响。

很多企业同时采取国际多元化和行业多元化战略，随之而来的一个问题是，二者对企业创新是否存在交互影响呢？举例来说，在跨国公司里，国际多元化对企业创新的正效应是否能够部分抵消行业多元化对企业创新的负效应？进入国际市场会降低企业在每个业务上创新的风险，从而使研发投资更具有吸引力。在很多情况下创新活动的结果不同于企业最初采取创新活动的目的，国际多元化能够增加企业利用这些意外发现创新的可能性。因此，国际多元化有可能克服行业多元化和企业创新的负向关系。基于此，我们提出如下假设：

假设3：相对于国内企业，跨国企业采取的行业多元化战略对企业创新的负面影响更小。

Hitt，Hoskisson 和 Kim（1997）发现，在行业多元化公司里，行业多元化程度与 R&D 强度负相关。更重要的是，行业多元化程度对创新的负效应最终减轻了国际多元化的正效应。高度的行业多元化使得企业更多地依赖财务控制手段，使分部管理者承担了更高的风险。这最终会降低国际多元化对企业创新的正面影响。这样，在行业多元化公司里，国际多元化对企业创新的正面影响会随着行业多元化程度的提高而下降。因此，我们提出如下假设：

假设4：在行业多元化公司里，行业多元化程度负向调节国际多元化和企业创新之间的关系。

二　变量与数据说明

1. 变量说明

（1）被解释变量——创新。本节的被解释变量为创新。目前理论界对创新的度量大致可分为对创新投入的衡量和对创新产出的衡量。对创新产出的度量通常用专利总数来代表，然而，创新包括产品创新和过程创新，而过程创新通常无法申请专利，并且不同的专利其价值差别很大，用专利来度量创新存在很大偏差。由于创新产出的可比性较差，受外生因素影响较大，并且较少受管理层控制，因此在实证研究中，对创新产出进行直接衡量是最少见的（科恩和莱文，2009）。对创新投入的度量通常采用研发支出与销售额之比，由于数据的可得性和客观性，该方法得到了广泛应用。本节也采用研发支出与销售额之比作为创新的代理变量。

（2）解释变量——国际多元化和行业多元化。本节对国际多元化和行业多元变量的度量方法同第三章。

（3）控制变量。综合国内外的相关研究，企业研发支出的一般性决定因素主要包括：公司规模、公司治理、资本结构、赢利能力、行业因素等。本节把这些变量作为控制变量包括在回归分析中。

公司规模。自熊彼特（1934，1942）提出企业规模对创新的影响以来，有大量的理论和实证研究探讨规模和创新的关系。吴延兵（2007）在对国外大量文献进行总结的基础上得出结论，认为半个世纪以来对规模和创新关系的理论和实证研究结论莫衷一是。实际上，从前文可看到，熊彼特自身的观点也是完全相反的。因此，虽然企业规模会影响企业的研发支出，但却难以预测这种影响是正还是负，这要依赖于样本的选择和研究的期间。本节采用总资产的自然对数作为企业规模的度量指标。

公司治理。近20年来，有大量的文献从公司治理的角度探讨企业研发支出的影响因素[①]。本节采用三个公司治理变量作为控制变量包括在回归分析中。第一个变量是第一大股东持股比例。根据委托代理理论，分散的所有权使管理者可以追求自己的目标，如财富、地位和权力，从而负向影响企业的研发活动。实际上，小的分散的股东没有动力去监督管理者的行为。而集中的所有权能够更有效地监控管理者，降低代理成本，从而有助于提高研发投资。我们预测第一大股东持股比例与研发支出正相关。第二个变量是所有权性质。所有权性质的不同决定了企业所面临的激励和约束机制不同。国有控股企业往往存在预算软约束问题，融资比较宽松，能保证研发支出的资金流；但相对于民营企业，国有控股企业存在更加复杂的委托代理问题，这会降低研发支出。目前的实证研究结论也完全相反。赵洪江、陈学华和夏晖（2008）和任海云（2010）都发现国有控股不利于研发投入。而李春涛和宋敏（2010）发现国有企业更具有创新性。杨德伟（2011）也发现，民营产权不利于企业技术创新。因此，所有权性质对研发支出具有正反两方面的影响，

---

① 可参考 Belloc（2011）关于公司治理与创新的文献综述。

具体哪种效应占主导需要实证检验。第三个变量是管理层持股比例。研发支出能够提高企业的长期竞争力，能够给股东带来高回报。但由于研发支出的费用化会计处理，管理者有动机削减研发支出以改善短期财务绩效，特别是在管理者临近退休或公司面临小幅亏损时。通过对管理者实行股票或股票期权等激励机制安排可以使管理者与所有者的利益保持一致，从而有效提高企业的研发支出水平。因此，我们预测管理层持股比例与研发支出正相关。

资本结构。保证金融资源能够分配到具有风险性的投资项目是研发的必要条件之一。Modigliani 和 Miller（1958）指出，在特定条件下，融资决策与企业的投资战略无关。但随后的大量研究表明，Modigliani 和 Miller 定理的条件太过严格，现实中很难满足。尤其是对研发投资来说，Modigliani 和 Miller 定理不成立。Gugler（2001）提出了四点理由来说明债务融资不适合用于研发投资。第一，当研发资金来源于债务时，如果研发项目失败，研发资产的专用性使得其再出售价格很低，有可能使企业陷入破产的境地。第二，研发项目较高的信息不对称也会使得贷款人不愿为其提供资金。第三，来自创新的现金流可能持续很多时期，而每一期的现金流都较小，甚至不能够支付利息成本，这样在研发项目开始的早期企业就可能进行破产清算。第四，因为研发活动失败率较高，如果贷款人预期不能获得较高的投资回报，他们不愿意为风险性项目提供融资。因此，较高的债务比率会抑制企业的研发支出。我们用债务总额/总资产来衡量资本结构。

赢利能力。由于研发支出的高度不确定性，所有经费是逐渐地从回报的利润中提取的（海和莫瑞斯，1991）。因此，公司的赢利能力也会影响企业的研发支出。我们用销售回报率来度量企业的赢利能力，其计算方法为息税前收益除以总收入。

行业因素。公司的研发强度较高也可能仅仅因为其处于研发密集型的行业。我们采用行业虚拟变量来控制可能存在的行业效应。

2. 数据说明

本节的样本选择和数据来源同第三章，但应该说明的是，目前关于中国上市公司研发支出的相关研究通常仅采用披露研发支出数据的企业作为样本，理由是中国上市公司对研发支出数据的披露是自愿的，某些企业不披露研发支出数据并不代表这些企业没有进行研发活动。然而，仅以披露研发的企业作为样本可能会带来样本选择偏误。我们发现，在我们的样本中，披露研发支出数据的企业占样本企业总数的比例为72%，要高于美国的57.8%（Hall and Oriani，2006）。我们认为，虽然在中国披露研发支出数据并不是必需的，但绝大多数采取研发活动的企业实际上都进行了披露。因此，我们采用这622家企业3年的数据作为样本，对没有披露研发支出数据的企业，其研发支出数据统一设为0。

三　国际多元化和行业多元化对企业创新的影响回归结果

我们采用如下面板数据模型来探讨国际多元化和行业多元化战略对企业创新的影响：

$$R\&D = \beta + \beta_1 Dint + \beta_2 Dind + \beta_3 size + \beta_4 TD + \beta_5 owner$$
$$+ \beta_6 first + \beta_7 mange + \beta_8 ROS + \beta_9 year + \sum_{I=1}^{8} \alpha_I DUM + u \quad (5.1)$$

面板数据的估计方法有混合OLS法、固定效应法和随机效应法，但我们发现采用三种方法得出的结果高度一致，回归结果见表5.1。这里我们以混合OLS法得出的结果进行说明。从表5.1可以看到，国际多元化与研发强度显著正相关，而行业多元化与研发强度显著负相关。这表明国际多元化促进了企业创新，而行业多元化抑制了企业创新。平均而言，国际多元化公司的研发强度比国内公司高0.3%，行业多元化公司的研发强度比专业化公司低0.2%。考虑到我们的样本企业的研发强度均值为1.1%，国际多元化和行业多元化战略对企业研发强度的影响还是比较大的。假设1和假设2得到了证实。

就控制变量而言，规模与研发强度显著负相关。负债比率与研发强度显著负相关，这与预测一致。三个公司治理变量都与研发强度正相关，但仅对第一大股东持股比例和管理层持股比例统计上显著。前面我们已经表明所有权性质对研发强度有正反两方面影响，其统计上不显著是可以理解的。很显然，赢利能力与研发强度显著正相关。年度虚拟变量的系数显著为正，这表明在我们的样本期间研发强度呈上升的趋势。

表 5.1 多元回归结果

解释变量	OLS 法		固定效应法		随机效应法	
	系数	标准差	系数	标准差	系数	标准差
常数项	0.048***	0.008	0.048***	0.007	0.048***	0.007
$Dint$	0.003***	0.001	0.003***	0.001	0.003***	0.001
$Dind$	−0.002**	0.0007	−0.002***	0.0007	−0.002***	0.0007
$size$	−0.001***	0.0004	−0.001***	0.0003	−0.001***	0.0003
TD	−0.01***	0.002	−0.01***	0.002	−0.01***	0.002
$owner$	0.0006	0.0009	0.0006	0.0007	0.0006	0.0007
$first$	0.000*	0.000	0.000**	0.000	0.000**	0.000
$mange$	0.028***	0.004	0.028***	0.008	0.028***	0.008
ROS	0.004***	0.001	0.004***	0.001	0.004***	0.001
$year$	0.001***	0.0004	0.001***	0.0004	0.001***	0.0004
R^2	0.187		0.187		0.187	
$Adj - R^2$	0.18		0.187		0.187	
$F - statistic$	25.08		419.41		15748	

四　国际多元化对行业多元化与企业创新关系的调节作用

我们首先把样本按照是否采取国际多元化战略分为跨国公司和国内公司，然后按照如下模型来验证假设 3：

$$R\&D = \beta_0 + \beta_1 Dind + \beta_2 size + \beta_3 TD + \beta_4 owner + \beta_5 first$$

$$+ \beta_6 mange + \beta_7 ROS + \beta_8 year + \sum_{I=1}^{8} \alpha_I DUM + u \qquad (5.2)$$

表 5.2 的模型 1 是对国内公司作为样本进行回归得到的结果，从中可以看到，行业多元化与企业的研发强度显著负相关。表 5.2 的模型 2 是对跨国公司作为样本进行回归得到的结果，我们发现，行业多元化与企业的研发强度正相关，但统计上不显著。这说明行业多元化对企业创新的抑制作用仅存在国内公司中；对于跨国公司来说，其国际多元化战略能够减轻行业多元化战略对企业创新的负面效应，从而在跨国公司中行业多元化与企业创新正相关①。假设 3 得到了证实。

表 5.2　　国际多元化与行业多元化对企业创新的交互效应考察

解释变量	模型 1		模型 2		模型 3		模型 4	
	系数	标准差	系数	标准差	系数	标准差	系数	标准差
常数项	0.039***	0.009	0.077***	0.019	0.041***	0.013	0.04***	0.012
Dint					0.007***	0.002	0.022***	0.005
Dind	−0.002***	0.0008	0.002	0.002				

---

①　我们利用跨国公司作为样本，考察在跨国公司内部国际多元化程度与企业研发强度之间的关系，结果发现二者正相关，但统计上不显著。

续表

解释变量	模型 1		模型 2		模型 3		模型 4	
	系数	标准差	系数	标准差	系数	标准差	系数	标准差
ind					0.0002	0.0005	0.001	0.001
$Dint \cdot ind$							-0.006^{***}	0.002
$size$	-0.001^{*}	0.0004	-0.003^{***}	0.001	-0.001^{***}	0.0005	-0.001^{***}	0.0005
TD	-0.01^{***}	0.002	-0.008	0.005	-0.009^{***}	0.003	-0.01^{***}	0.003
$owner$	0.001	0.001	0.001	0.003	0.001	0.001	0.001	0.001
$first$	0.000	0.000	0.0001^{***}	0.000	0.000	0.000	0.000	0.000
$mange$	0.026^{***}	0.004	0.036^{***}	0.01	0.027^{***}	0.008	0.028^{***}	0.008
ROS	0.003^{***}	0.001	0.039^{***}	0.01	-0.001	0.002	-0.001	0.002
$year$	0.001^{**}	0.0004	0.002^{**}	0.001	0.001^{*}	0.0007	0.001^{**}	0.0006
R^2	0.186		0.256		0.203		0.222	
$Adj - R^2$	0.178		0.216		0.178		0.196	
$F - statistic$	21.95		6.41		8.01		8.44	

五 行业多元化程度对国际多元化与企业创新关系的调节作用

本部分我们以 552 家行业多元化公司作为样本采用如下模型对假设 4 进行验证：

$$R\&D = \beta_0 + \beta_1 Dint + \beta_2 ind + \beta_3 Dint \cdot ind + \beta_4 size$$
$$+ \beta_5 TD + \beta_6 owner + \beta_7 first + \beta_8 mange + \beta_9 ROS$$
$$+ \beta_{10} year + \sum_{I=1}^{8} \alpha_I DUM + \mu \qquad (5.3)$$

这里 ind 为行业多元化程度，$Dint$ 和 ind 的交叉项用来探讨行业多元化程度对国际多元化与企业创新关系的调节作用。回归结果见表 5.2 的模型 3 和模型 4。

表 5.2 的模型 3 没有考虑 *Dint* 和 *ind* 的交叉项，结果表明，在行业多元化公司里，国际多元化与研发强度显著正相关；行业多元化程度与研发强度正相关，但统计上不显著。表 5.2 的模型 4 加入了 *Dint* 和 *ind* 的交叉项，从中可以看到，*Dint* 和 *ind* 的系数的符号和统计显著性没有发生变化，但二者的交叉项显著为负。这表明随着行业多元化程度的上升，国际多元化对企业创新的正面影响会下降，行业多元化程度负向调节国际多元化与企业创新的关系，假设 4 得到了证实。

六　稳健性检验

关于创新的研究大多采用仅披露研发支出数据的企业作为样本，本部分也以仅披露研发支出数据的企业进行稳健性检验，考察上一小节的结论是否受样本选择的影响。

表 5.3　　　　　　　　　　　稳健性检验

解释变量	模型 1	模型 2	模型 3	模型 4	模型 5
常数项	0.072 *** (0.01)	0.067 *** (0.012)	0.081 *** (0.022)	0.078 *** (0.017)	0.073 *** (0.017)
Dint	0.004 *** (0.001)			0.008 *** (0.002)	0.021 *** (0.006)
Dind	− 0.002 ** (0.001)	− 0.003 *** (0.001)	0.001 (0.002)		
ind				0.0004 (0.0007)	0.0008 (0.0007)
Dint · ind					− 0.005 ** (0.002)

续表

解释变量	模型 1	模型 2	模型 3	模型 4	模型 5
size	− 0.002 ***	− 0.002 ***	− 0.003 ***	− 0.003 ***	− 0.003 ***
	(0.0005)	(0.0006)	(0.001)	(0.0008)	(0.0008)
TD	− 0.014 ***	− 0.015 ***	− 0.011 **	− 0.011 ***	− 0.012 ***
	(0.003)	(0.003)	(0.006)	(0.004)	(0.004)
owner	0.0004	0.0005	− 0.000	0.001	0.001
	(0.001)	(0.001)	(0.003)	(0.002)	(0.002)
first	0.000 **	0.000	0.0001 *	0.000	0.000
	(0.000)	(0.000)	(0.000)	(0.000)	(0.000)
mange	0.038 ***	0.037 ***	0.046 ***	0.017 *	0.018 **
	(0.005)	(0.006)	(0.012)	(0.009)	(0.009)
ROS	0.014 ***	0.011 ***	0.049 ***	0.004	0.005
	(0.003)	(0.004)	(0.012)	(0.005)	(0.005)
R^2	0.223	0.221	0.319	0.202	0.211
$Adj - R^2$	0.213	0.21	0.272	0.165	0.173
$F - statistic$	22.43	19.20	6.75	5.45	5.44
观测值	1344	1097	247	384	384

注：括号内为标准差。

在我们的样本中，共有 1344 家企业披露了研发支出数据，其中国际多元化企业有 247 家，行业多元化企业有 384 家。回归结果见表 5.3。表 5.3 的模型 1 是对假设 1 和假设 2 的验证。从中可以看到，国际多元化与企业的研发强度显著正相关，而行业多元化与企业的研发强度显著负相关。从系数的大小来看，国际多元化变量的系数变得更大。平均而言，国际多元化公司的研发强度比国内公司高0.4%。表5.3的模型2和模型3是对假设3的验证。我们再次发现，行业多元化与企业的研发强度之间显著的负相关关系仅存在国内公司中。表5.3的模型4和模型5是对假设4的验证。结果表明，行业多元化程度负向调节国际多元化对企业创新的正面影响。控制变量的系数大小、方向和统计显著性也基本与表5.1、表5.2一致。这些结果表明，我们的结论不受样本选择的影响。

七　小结

本节比较分析了国际多元化和行业多元化对企业创新的影响。结果发现，与预测相一致，国际多元化战略有助于促进企业更高水平的创新。这表明国际多元化能够给企业带来更大的市场，从而使企业能够从创新中获得更高的回报。实际上，一个企业的市场无论在一个国家还是多个国家，其进行创新的成本几乎是一样的。对于生命周期越来越短的产品来说，这显得更为重要。同时，对于某些行业的创新来说，其创新所需要的投资可能非常大，国际多元化也能够给企业提供更多的资源用于创新。

本节发现，行业多元化与企业的研发强度显著负相关，这与之前的研究相一致。本节还探讨了国际多元化战略和行业多元化战略对企业创新的交互影响。这可分为两个方面：一方面是国际多元化对行业多元化与企业创新之间关系的影响，我们发现，行业多元化与企业创新的负相关关系仅存在国内公司中，在跨国公司里二者存在正相关关系；另一方面是在行业多元化企业里行业多元化程度对国际多元化与企业创新之间关系的影响，我们发现，行业多元化程度负向调节国际多元化对企业创新的正面影响。

这些结果表明，国际多元化和行业多元化战略对企业创新具有截然不同的影响。考虑到创新对企业长期竞争优势的建立和维持所具有的关键作用，企业在制定国际多元化或行业多元化战略时一定要考虑其对企业创新的影响。同时，企业还应考虑到国际多元化和行业多元化对企业创新的交互影响，尽管国际多元化能够缓和行业多元化与企业创新的负相关关系，但最终过高的行业多元化水平又会反过来损害国际多元化与企业创新的正相关关系。

创新会影响到公司的财务绩效、增长率和风险。原因在于，创新是企业建立长期竞争优势最重要的行动。拥有长期竞争优势的企业能够同时获得低风险和高绩效，并拥有较快的企业增长率。Dunning 和 Lundan（2008）指出，现阶段，跨国公司是知识产权的主要拥有者，也是新技术的主要跨国传播者。伴随着全球经济一体化而来的激烈的国际竞争，以及技术的进步，都使得产品生命周期呈现缩短的趋势。为了维护其垄断地位，并且适应国内外各种市场变化的需要，跨国公司凭借雄厚的经济技术实力，每年投入巨额资金进行创新活动。本节的研究结果表明，国际多元化战略显著促进了企业的研发强度。不仅如此，国际多元化战略还能使企业获得另外两个优势：首先，研发活动的全球化是企业竞争优势的重要来源。跨国公司可以根据其全球战略，比较分析母国和东道国的政治、经济、技术、法律等方面的投资环境，在全球范围内选择合适的地点建立科研机构，这与国内公司只能把研发活动局限于一个国家相比是一个巨大的优势。其次，跨国公司内部母子公司之间以及各子公司之间知识的搜寻和转移能促进创新。当今世界正处于知识经济时代，全球学习效应是跨国公司赢得竞争优势的关键。跨国公司可以在全球各地区获取知识，并使知识在整个公司内部进行转移和分享，这可以促进跨国公司的知识创新，进而提高其长期竞争优势。

第二节　国际多元化、代理成本与资本结构

自从 Modigliani 和 Miller（1958）提出资本结构与企业价值无

关的命题以来，有大量的文献探讨资本结构与企业价值之间的关系。这些理论和实证研究表明资本结构与企业价值显著相关[1]。在这种情况下，探讨资本结构的影响因素具有重要意义。关于最优资本结构问题成为半个世纪以来持久不衰的热点问题。目前的理论和实证研究结果表明，企业规模、税率、非债务税盾、股权结构、赢利能力、经营风险、增长机会、行业因素等变量对公司资本结构的选择具有显著影响[2]。尽管如此，这些因素也仅能解释一部分企业资本结构的变化，仍有一些因素未得到充分探讨，其中之一就是企业战略决策对资本结构的影响（Harris and Raviv，1991）。实际上，关于企业战略对资本结构影响的研究在国内外尚处于起步阶段，相关的理论和实证分析都比较有限（章细贞，2009）。

目前国内外学术界关于多元化战略对资本结构影响的研究很少，且样本主要集中于美国的企业。国内的研究主要集中于行业多元化对资本结构的影响，如顾乃康和宁宇（2004），洪道麟、熊德华和刘力（2007），以及章细贞（2009）等，结果一致地表明行业多元化与资本结构显著正相关。然而，企业的多元化战略不仅包括行业多元化，还包括国际多元化。随着全球经济一体化的发展以及中国企业"走出去"战略的实施，国际多元化战略在中国企业的战略行为中具有越来越重要的地位。因此，本节探讨国际多元化战略对中国企业资本结构的影响。对该问题的考察，一方面可以扩展我们对中国企业资本结构影响因素的认识；另一方面对企业如何更好地实施国际多元化战略具有重要的现实意义。

---

[1]　关于资本结构与企业价值关系的研究，可以参考李登武和李世英（2004）以及马辉和金浩（2007）的文献综述。

[2]　由于国内外关于资本结构影响因素的相关研究实在太多，我们无法一一列举所有相关文献，关于国外研究的文献评述可参考 Frank 和 Goyal（2009），关于国内文献的评述可参考张春（2008）。

一 文献综述

跨国公司的经典理论认为，在一定程度上，不同国家的经济行为并不是完全相关的。这样，国际多元化能够降低企业的风险，风险的降低可以增大公司的负债能力。然而，国际多元化是否能够给企业带来更大的借债能力并不是不证自明的。国际多元化能否增加债务比率取决于债务的破产成本、代理成本和交易成本。如果国际多元化使得企业的破产成本下降，这会使得国际多元化企业可以增加债务比率；然而，由于国际市场不完善和国际运营的复杂性等原因，国际多元化企业的债务的代理成本比国内企业要高，这导致国际多元化企业的债务比率更低。理论上讲，企业可以从一个国家借款而在另一个国家投资从而获得更高的利润。然而，信息不对称使得在国际市场上借贷的交易成本要高于国内市场。这使得很多跨国项目不得不以股权的方法来融资。这就意味着借款在国内公司比跨国公司更为重要。

因此，国际多元化能否使企业获得更大的借债能力最终是一个实证问题，目前这方面的研究还很少。在实证方面，Lee 和 Kwok（1988）做出了开创性贡献。他们构建了一个分析框架来考察国际环境因素对资本结构的影响；他们也以美国企业为样本比较了跨国公司和国内公司在资本结构方面的差异，结果发现，与国内公司相比，跨国公司并没有更低的破产成本，而且其债务比率也更低。Burgman（1996）也发现跨国公司的债务比例低于国内公司，他认为原因在于跨国公司的代理成本更高，并且国际多元化没有降低企业盈利的波动性。Chen，Cheng，He et al.（1997）则发现跨国公司的债务—股权比率更低，但在跨国公司内部，债务—股权比率与国际多元化程度正相关，该结论得到了 Chkir 和 Cosset（2001）研究的支持。Chkir 和 Cosset（2001）把样本局限于美国跨国公司，考察多元化战略对跨国公司资本结构的影响，结果发现企业的杠杆

比率随着国际多元化程度的增加而上升。Singh，Davidson 和 Su-
chard（2003）以及 Aoun 和 Heshmati（2008）也发现跨国公司的债
务比率要低于国内公司。针对跨国公司有更低的债务比率这一现
象，Doukas 和 Pantzalis（2003）从债务的代理成本的角度进行了分
析，结果发现跨国公司债务的代理成本对长期杠杆的影响比国内公
司明显更大。

　　也有学者存在不同的观点。Kwok 和 Reeb（2000）提出了上游
—下游假设来分析国际多元化对公司资本结构的影响。他们认为，
国际多元化能否降低企业风险并进一步影响资本结构依赖于母国和
东道国的相对风险。一般来说，在发达国家经营的风险要低于在发
展中国家经营的风险。因此，对于美国企业而言，通过国际多元化
扩张进入其他国家实际上会增加企业风险，从而降低债务比率；对
发展中国家的企业而言，情况正好相反，国际多元化会提高企业的
债务比率。他们利用来自 32 个国家的数据进行的实证研究证实了
这一假设。Low 和 Chen（2004）利用来自 30 个国家包括跨国公司
和国内公司的样本进行研究，结果表明，国际多元化与财务杠杆之
间显著的负相关关系仅存在美国企业中；对其他国家的企业，二者
的关系不显著。Mittoo 和 Zhang（2008）比较了美国和加拿大在跨
国公司资本结构方面的差异。他们发现，加拿大跨国公司的财务杠
杆比率要高于国内公司，更高的杠杆源于更低的债务的代理成本。
这些研究表明，国际多元化战略对资本结构的影响作用依赖于国家
环境因素，无法简单借鉴利用发达国家样本得出的结论。

二　模型分析

　　影响企业贷款能力的因素有很多[①]，在此我们主要考虑多元化
的作用。

---

　　①　关于企业贷款能力的分析，可参见 Tirole（2008）第三章和第四章。

为简单起见，我们以两个项目为例进行分析。假设企业面临两个完全相同的独立的项目，这两个项目可以处于不同的行业，也可以位于不同的国家。每个项目都需要固定的投资规模 I。该企业最初拥有 $2W$ 的资产可用于投资，$W < I$。如果企业行为良好，不追求私人收益，那么项目成功的可能性较高，为 p_H。如果企业追求私人收益，那么项目成功的可能性较低为 p_L，但企业可以获得私人收益 B。在成功的情况下，项目获得收益 R，并且被企业和贷款人分享：企业获得 R_F，贷款人获得 R_I；如果失败，收益为零。

假设企业和贷款人都是风险中性的，并且企业能够获得有限责任的保护，所以企业的收入不可能为负值。贷款人获得竞争性收益率 r，这意味着 $p_H R_I = (I - W)(1 + r)$。

首先我们考察单个项目，作为分析的基准。我们假设项目只有在不存在道德风险的情况下才是可行的。也就是说，如果企业行为良好，项目的净现值为正；否则，项目的净现值为负。这意味着：

$$p_H R - I > 0 \ \text{以及} \ p_L R - I + B < 0 \tag{5.4}$$

因此，贷款合约必须满足激励相容约束，即

$$p_H R_F \geqslant p_L R_F + B，\text{或} \ (\Delta p) R_F \geqslant B \tag{5.5}$$

项目获得贷款的先决条件是，贷款人所能获得的保证收入必须超过其初始贷款额乘以收益率：

$$p_H (R - B / \Delta p) \geqslant (I - W)(1 + r)$$

整理后可得：

$$W \geqslant \overline{W} \equiv I - \frac{p_H(R - B/\Delta p)}{1 + r} \qquad (5.6)$$

就单个项目而言，在固定投资额 I 的情况下，企业所能获得的最大贷款额为 $I - W - I - \overline{W}$，即

$$\frac{p_H(R - B/\Delta p)}{1 + r} \qquad (5.7)$$

现在让我们考虑一个企业拥有两个项目的情况。在这种情况下，一个项目上的收入可以作为另一个项目的抵押。我们以 R_{F2}，R_{F1} 和 R_{F0} 分别表示项目成功的数量分别为 2、1 和 0 时企业的回报。这样企业选择实施两个项目而不是两个项目都放弃的条件是：

$$p_H^2 R_{F2} \geqslant p_L^2 R_{F2} + 2B，或 (p_H + p_L)R_{F2} \geqslant \frac{2B}{\Delta p} \qquad (5.8)$$

企业选择实施两个项目而不是一个项目的条件是：

$$p_H^2 R_{F2} \geqslant p_H p_L R_{F2} + B，也就是 p_H(\Delta p)R_{F2} \geqslant B \qquad (5.9)$$

因为 $p_H > (p_H + p_L)/2$，所以如果（5.8）式得到满足，（5.9）式也自动得到满足。

从（5.8）式我们可以计算出企业的最小预期收益为：

$$\frac{2p_H^2 B}{(p_H + p_L)\Delta p} = 2(1 - a)\frac{p_H B}{\Delta p} \qquad (5.10)$$

这里，$a \equiv p_L/(p_H + p_L) \in (0, 1/2)$。

两个项目能够获得贷款的条件为从两个项目所能获得的保证收入大于贷款额与预期收益率的乘积：

$$2p_H R - 2(1 - a)\frac{p_H B}{\Delta p} \geqslant (2I - 2W)(1 + r)$$

从中可得到：

$$W \geqslant \overline{W} \equiv I - \frac{p_H[R - (1 - a)(B/\Delta p)]}{1 + r} \qquad (5.11)$$

在两个项目相互独立的条件下，企业所能获得的最大贷款额为 $\frac{p_H[R - (1 - a)(B/\Delta p)]}{1 + r}$，要大于一个项目情况下的 $\frac{p_H(R - B/\Delta p)}{1 + r}$，从而多元化有助于增大企业的贷款能力。然而，在项目完全相关的情况下，多元化对企业的贷款能力没有影响。完全独立和完全相关代表了两种极端的情形，现实中的项目之间的关系往往处于二者之间。不同国家的经济行为并不完全相关，这样国际多元化有助于提高企业的贷款能力。

上面我们讨论的是完全相同的两个项目。如果两个项目的风险不同，那么企业就有可能把资金从低风险项目向高风险项目转移。假设项目的收益依赖于成功的概率：$R = f(p)$，在信息完全的条件下，企业的最优化问题也就是社会的最优化问题。企业采取某个项目的预期回报为 $p \times f(p) + (1 - p) \times 0$，企业选择 p 以最大化预期回报：

$$Max[p \cdot f(p)]$$

一阶条件为:

$$f(p^*) + p^* f'(p^*) = 0 \qquad (5.12)$$

这里假设最优化的二阶条件成立。当信息不对称时,企业可以私下选择 p。这时,企业的优化问题不等于社会的优化问题,企业的目标是自身收益最大化:

$$Max[\,p(f(p) - (I - W))\,]$$

一阶条件为:

$$f(p^{**}) + p^{**} f'(p^{**}) - (I - W) = 0 \qquad (5.13)$$

很容易可以证明,$p^{**} < p^*$。这样,如果两个项目的风险不同,企业有可能选择风险更大的项目。贷款人会预期到这一点,从而限制对企业的贷款。

国际项目是否比国内项目具有更大的风险?文献中讨论较多的是政治风险和汇率风险。政治风险是客观存在的。然而,政治风险对资本结构的影响具有两面性。一方面,国外投资的政治风险会限制企业在国内的贷款能力,从而降低企业的债务比例;另一方面,为规避政治风险,企业更可能采用在东道国举债的方式来为项目融资,这样国际多元化又会提高企业的债务比率。汇率风险是相对的。尽管通常认为跨国公司面临更高的汇率风险,但跨国公司拥有更多的手段来规避汇率风险,如以当地货币结算。同时,国内公司即使不进行对外投资,不从事进出口贸易,也会面临汇率风险。例如,人民币升值会使得国外的公司在中国以更低的价格销售商品,从而对国内的公司形成竞争压力。因此,从整体上看,国际多元化未必会提高企业风险。

三　研究设计

1. 变量说明

（1）被解释变量——资本结构。关于公司资本结构的度量方法主要有两种：总负债/总资产（TD）和长期负债/总资产（LTD），本节也采用 TD 和 LTD 作为资本结构的度量指标。其中，总资产的确定又分为账面价值和市场价值两种方法，以市场价值计算的总资产等于负债的账面价值与股东权益的市场价值之和，由于在国际多元化与资本结构的相关研究中大多采用市场价值计算的总资产（如Burgman，1996；Chkir and Cosset，2001 等），为便于比较分析，本节亦主要采用该方法。基于稳健性考虑，本节同时对两种方法计算的财务杠杆进行回归分析①。

（2）解释变量——国际多元化。同前文一致，本节采用虚拟变量法和计数法来度量国际多元化。

（3）控制变量。综合国内外的相关研究，资本结构的一般性决定因素主要包括：公司规模、税率、经营风险、非债务税盾、所有权性质、大股东持股、增长机会、赢利能力、有形资产比例、行业多元化、行业因素等。本节把这些变量作为控制变量包括在回归分析中。

公司规模（$size$）。在其他条件相同的情况下，大公司的现金流比小公司更为稳定，发生财务困境的可能性更低。因此，公司的规模越大，债务比例就可能越高。本章采用总资产的自然对数作为公司规模的代理变量。

税率（tax）。因为利息支付是可以抵税的，因此债务具有税收

---

① 由于两种方法得出的结果基本一致，正文中仅报告采用市场价值法计算的资本结构得出的回归结果。

屏蔽的作用。资本结构的权衡理论认为，公司必须权衡负债的税盾利益和破产成本，选择最优的资本结构。在其他条件不变的情况下，公司所得税税率越高，公司的债务比率也就越高。由于在发达国家中税率在各公司间的变动较小，这使得对公司税率与债务比例之间关系的实证研究非常困难。尽管中国税法规定公司适用的一般税率为33%，但许多公司可以享受税收优惠，以至于税率在各公司间变动较大。这使得可以利用中国企业的数据检验税率和资本结构之间的关系（张春，2008）。

经营风险（risk）。当经营风险上升时，公司陷入财务困境的可能性也会上升。为避免破产，公司应选择更低的财务杠杆。因此，经营风险应与资本结构负相关。我们以历史3年资本收益率的离散系数的绝对值来度量公司的经营风险，其中离散系数等于变量的标准差除以其均值。

非债务税盾（nondebt）。非债务税盾指除债务之外其他具有抵税作用而又不减少企业现金流的项目，如固定资产折旧。Deangelo和Masulis（1980）的模型表明，债务税盾和非债务税盾可以互相替代。这样，非债务税盾越大，企业的债务比率越低。本节用固定资产折旧与总资产之比作为非债务税盾的代理变量。

所有权性质（owner）。国有控股公司存在显著的所有者缺位现象。因此，股权的代理成本较高。按照Jenson和Meckling（1976）的理论，股权的代理成本较高的企业应该高负债。但在缺少外部环境有力约束的情况下，这些企业往往会选择低负债，因为负债会限制管理者的权力。因此所有权性质也会影响资本结构。我们采用虚拟变量法来度量所有权性质，对于国有控股公司，取值为1；否则，取值为0。

大股东持股（first）。大股东的存在使得公司有可能选择低负债，原因有二：第一，把股权集中在一个公司会面临较大的风险，不符合投资组合原则，从降低风险的角度考虑，大股东有动机选择低的负债比率。第二，大股东有能力以中小股东的利益为代价来追求自己的利益（Shleifer and Vishny，1997），但这种行为会降低公司的绩效和竞争力，因而会受到债务的约束。为避免受到限制，大股东希望选择低债务。基于这两点考虑，大股东持股比例越高，公司的杠杆水平可能就越低。

增长机会（*Tobin's q*）。增长机会是公司价值的重要决定因素。但增长机会没有担保价值，一旦公司无法持续经营将会导致高昂的财务成本。因此，高成长公司会更少地使用债务融资。同时，对于低成长公司来说，债务是一种限制自由现金流的代理成本的有效工具（Jenson，1986）。因此，公司财务杠杆与增长机会之间应该是负相关关系。我们借鉴 Rajan 和 Zingales（1995）的做法，采用 *Tobin's q* 作为增长机会的代理变量。

赢利能力（*ROA*）。赢利能力对资本结构具有两方面影响。一方面，赢利能力较强时，企业可以维持较高的杠杆水平从而充分利用债务的税盾利益；同时，赢利能力较强的企业通常自由现金流也比较充足，这时高负债可以约束企业管理者的过度投资行为。这样，赢利能力较强时，企业应该选择更高的杠杆水平。另一方面，根据 Myers 和 Majluf（1984）提出的啄序融资理论，由于信息不对称，外部融资的成本较高，公司总是按照内部资金、负债融资、股权融资的顺序满足它们的投资需求。这样企业赢利能力越强，杠杆水平越低。因此，赢利能力与企业财务杠杆之间的关系最终是一个实证问题，但现有的实证研究大多发现二者负相关（如 Rajan and Zingales，1995；洪道麟、熊德华和刘力，2007）。我们在文中采用资产收益率（*ROA*）来度量公司的赢利能力。

有形资产比例（*tang*）。当企业处于财务困境时，有形资产的价值大大高于无形资产。有形资产比例越高，资产的担保价值也就越大。相应地，公司会选择较高的债务比率。因此，有形资产比例应与财务杠杆水平正相关。我们采用固定资产净值与总资产之比来度量有形资产比例。

行业多元化（*Dind*）。先前的研究表明行业多元化会对资本结构产生影响，本章也把行业多元化作为控制变量包括在回归分析中，同时与国际多元化进行比较分析。本章采用虚拟变量法来度量行业多元化，对采取行业多元化战略的公司取值为1；否则，取值为0。

行业因素。公司的资本结构也可能仅仅因为处于不同的行业而存在显著差异。我们采用行业虚拟变量来控制可能存在的行业效应。

2. 数据来源

本节的样本选择同第三章。本节关于国际多元化、行业多元化和利息支出的数据来自于上市公司年报，其他数据来自于国泰安CSMAR数据库。

四　实证结果

1. 多元回归结果

我们采用如下面板数据回归模型来分析国际多元化战略对资本结构的影响：

$$TD = \beta_0 + \beta_1 Dint + \beta_2 Dind + \beta_3 size + \beta_4 tax + \beta_5 risk$$
$$+ \beta_6 nondebt + \beta_7 owner + \beta_8 first + \beta_9 Tobin's q$$
$$+ \beta_{10} ROA + \beta_{11} tang + \sum_{i=1}^{8} \alpha_i Dum + u \qquad (5.14)$$

表5.4是回归结果。我们首先看单变量回归，见表5.4的模型1。从中可以看到，无论采用 *TD* 还是 *LTD* 来度量资本结构，国际多元化与资本结构显著正相关。平均而言，国际多元化公司的 *TD*（*LTD*）要比国内公司高出2.7%（0.5%）。然而，模型1没有考虑

行业效应，也可能是国际多元化公司恰好处于债务水平较高的行业，从而使得国际多元化与资本结构正相关。当我们在模型 2 中控制了行业效应后，发现国际多元化与资本结构之间的关系不仅从经济意义上看更为重要，而且从统计上看更为显著。控制了行业效应后，模型的解释能力大大加强。然而，当我们在模型 3 中加入控制变量后，得出了完全相反的结果。我们发现，加入控制变量使得国际多元化与资本结构显著负相关。这表明单变量回归分析所得出的二者正相关的结论，仅仅是由于与国际多元化相关的其他企业特征使得二者正相关，国际多元化战略本身对资本结构有负面影响。

表 5.4　　　　　　　　　　　　　　　回归结果

解释变量	被解释变量：TD				被解释变量：LTD			
	模型 1	模型 2	模型 3	模型 4	模型 1	模型 2	模型 3	模型 4
常数项	0.25***	0.194***	-1.34***	-1.666***	0.037***	-0.023***	-0.509***	-0.527***
	(0.004)	(0.011)	(0.105)	(0.07)	(0.002)	(0.004)	(0.036)	(0.03)
Dint	0.027**	0.041***	-0.027***	-0.039***	0.005	0.012***	-0.007**	-0.011***
	(0.011)	(0.01)	(0.007)	(0.009)	(0.003)	(0.003)	(0.003)	(0.003)
Dind			0.007				0.009***	
			(0.007)				(0.003)	
size			0.077***	0.088***			0.025***	0.026***
			(0.004)	(0.003)			(0.001)	(0.001)
tax			0.0003***				-0.0002***	
			(0.000)				(0.000)	
risk			-0.000				-0.0001***	
			(0.000)				(0.000)	
nondebt			1.443				-0.089	
			(1.097)				(0.258)	
owner			-0.012*				0.003	
			(0.007)				(0.003)	

解释变量	被解释变量: TD				被解释变量: LTD			
	模型 1	模型 2	模型 3	模型 4	模型 1	模型 2	模型 3	模型 4
first			- 0.0003 * (0.0002)				0.000 (0.000)	
Tobin's q			- 0.028 *** (0.005)				- 0.002 ** (0.001)	
ROA			- 0.381 *** (0.079)				- 0.06 *** (0.018)	
tang			- 0.066 (0.085)				0.072 *** (0.022)	
行业变量	未控制	控制	控制	控制	未控制	控制	控制	控制
$Adj - R^2$	0.003	0.105	0.549	0.379	0.001	0.106	0.325	0.277
$F - statistic$	4343	15066	74447	71006	1151	15306	29416	44460

注：圆括号内为怀特横截面标准差（White cross – section standard errors），这里我们采用面板数据随机效应模型。

随之而来的一个问题是，哪一个企业特征能够解释二者的关系由正变为负呢？通常而言，国际多元化公司的规模要大大高于国内公司，而规模很可能对资本结构有较大的正影响。就我们的样本来说，国际多元化公司的平均规模为 22.38，国内公司的平均规模为 21.26，二者的均值差异统计上非常显著。因此，很可能国际多元化公司较大的规模使得在单变量回归分析中国际多元化与资本结构正相关。我们在模型 4 中进一步探讨了该问题，结果表明，仅仅加入规模变量，国际多元化与资本结构之间的关系就由正变为负。

就控制变量而言，行业多元化对资本结构有正的影响，对 *LTD* 统计上显著。规模与资本结构显著正相关，增长机会和赢利能力与资本结构显著负相关。这与国内外已有的研究基本一致。税率对总债务水平有正影响，但对长期债务水平有负面影响，统计上显著。这表明企业主要以短期负债的方式利用债务的税盾利益。而非债务税盾对资本结构没有统计上显著的影响。经营风险对长期负债水平有显著的负面影响。与理论分析相一致，所有权性质和第一大股东持股比例对总债务水平有负面影响，在10%的水平上显著。有形资产比例与总债务水平不存在统计上显著的关系，但与长期债务水平显著正相关。这是可置信的：有形资产的担保作用对长期债务更为重要。

2. 原因分析

上面的实证结果表明国际多元化显著降低了企业的财务杠杆水平，这与第三部分的模型分析得出的结论相反。为什么会出现这种现象呢？我们的模型针对的是一般多元化（包括国际多元化和行业多元化），行业多元化对企业的财务杠杆有正的影响。因此，必然存在某种模型没有包括的原因使得国际多元化降低了企业的债务比率。前面我们提到，国际多元化能否增加债务比率取决于债务的破产成本、代理成本和交易成本。由于难以获得企业借贷详细的交易成本数据，本节在这里仅考虑破产成本和代理成本。

破产成本取决于破产发生时的直接和间接成本以及破产发生的概率。破产风险是经营风险和债务比率的函数，所以当经营风险高时，我们会发现债务比率是低的。那么，国际多元化提高了企业的经营风险吗？对此，我们把样本分为两部分进行均值差异比较分析，结果发现，国内公司经营风险的均值为2.47，国际多元化公司经营风险的均值为0.90，两者相差1.57，在0.1%的水平上显著①。看来破产成本不是国际多元化战略降低债务比率的原因。就代理成

---

① 限于篇幅，本节仅简单比较了国际多元化公司与国内公司经营风险的均值差异。本书的第四章第二节详细探讨了国际多元化的风险降低效应，结果发现国际多元化显著降低了企业的系统性风险和经营风险。

本而言，由于国际多元化公司的运营在国际上广泛分散，收集和处理信息的困难使得贷款人对国际多元化公司的监督成本要高于国内公司。这形成了股东和债权人之间的代理问题。为弥补更高的信息和监督成本，贷款人会要求更高的回报，从而提高了债务的融资成本。这样，债务的代理成本使得国际多元化降低了企业的债务比率。我们采用如下模型对此进行验证：

$$
\begin{aligned}
TD = {} & \beta_0 + \beta_1 Dint + \beta_2 Dind + \beta_3 size + \beta_4 tax \\
& + \beta_5 risk + \beta_6 nondebt + \beta_7 owner + \beta_8 first \\
& + \beta_9 Tobin's\ q + \beta_{10} ROA + \beta_{11} tang + \beta_{12} AD \\
& + \beta_{13} Dint \cdot AD + \sum_{i=1}^{8} \alpha_i Dum + u
\end{aligned}
\tag{5.15}
$$

这里 AD 为（折旧摊销前利润—利息支付—所得税—股利）/总资产，用来度量债务的代理成本。$Dint$ 和 AD 的交叉项用来考察债务的代理成本对国际多元化与资本结构关系的影响。表 5.5 是回归结果。

表 5.5　　　　　　　　　　　　　　　原因分析

解释变量	被解释变量：TD				被解释变量：LTD			
	模型 1		模型 2		模型 1		模型 2	
	系数	标准差	系数	标准差	系数	标准差	系数	标准差
常数项	− 1.34 ***	0.106	− 1.355 ***	0.103	− 0.509 ***	0.037	− 0.511 ***	0.036
Dint	− 0.027 ***	0.008	0.022	0.014	− 0.007 **	0.003	0.002	0.005
Dind	0.007	0.007	0.007	0.007	0.009 ***	0.003	0.009 ***	0.003
size	0.077 ***	0.004	0.077 ***	0.004	0.025 ***	0.002	0.025 ***	0.002
tax	0.0003 ***	0.000	0.0002 ***	0.000	− 0.0002 ***	0.000	− 0.0002 ***	0.000

续表

解释变量	被解释变量：TD				被解释变量：LTD			
	模型 1		模型 2		模型 1		模型 2	
	系数	标准差	系数	标准差	系数	标准差	系数	标准差
$risk$	0.000	0.0001	− 0.000	0.0001	− 0.0001 ***	0.000	− 0.0001 ***	0.000
$nondebt$	1.439	1.103	1.471	1.038	− 0.09	0.259	− 0.084	0.248
$owner$	− 0.012 *	0.007	− 0.014 **	0.007	0.003	0.003	0.003	0.003
$first$	− 0.0003	0.0002	− 0.0003	0.0002	− 0.000	0.000	0.000	0.000
$Tobin's\ q$	− 0.028 ***	0.005	− 0.027 ***	0.005	− 0.002 *	0.001	− 0.002 **	0.001
ROA	− 0.369 ***	0.069	− 0.337 ***	0.07	− 0.059 ***	0.017	− 0.053 ***	0.018
$tang$	− 0.065	0.086	− 0.059	0.08	0.072 ***	0.022	0.074 ***	0.021
AD	− 0.014	0.031	− 0.009	0.029	− 0.002	0.005	− 0.001	0.005
$Dint \cdot AD$			− 0.787 ***	0.194			− 0.149 ***	0.054
行业变量	控制		控制		控制		控制	
$Adj - R^2$	0.549		0.558		0.325		0.327	
$F - statistic$	70735		69777		27932		26871	

表 5.5 的模型 1 单独探讨了债务的代理成本对资本结构的影响。我们发现，债务的代理成本对总债务水平和长期债务水平都没有统计上显著的影响。我们在模型 2 中加入了国际多元化与债务代理成本的交叉项，结果发现，二者的交叉项对负债比率具有统计上非常显著的负面影响，从经济意义上看系数也较大；与此同时，国际多元化变量对负债比率具有正的影响，尽管统计上不显著。这表明国际多元化之所以显著降低了企业的财务杠杆，主要原因在于国际多元化企业与国内企业相比具有较高的债务的代理成本。

五　国际多元化程度与资本结构

通过上面的研究我们可以看到，国际多元化战略显著降低了企业的债务比率，这与以美国企业作为样本的实证研究结论相一致。但 Chen，Cheng，He et al.（1997）以及 Chkir 和 Cosset（2001）都发现，尽管跨国公司的债务—股权比率更低，但在跨国公司内部，债务—股权比率与国际多元化程度正相关。因此，我们也采用如下模型来考察国际多元化程度与资本结构之间的关系：

$$TD = \beta_0 + \beta_1 DOI + \beta_2 Dind + \beta_3 size + \beta_4 tax + \beta_5 risk$$
$$+ \beta_6 nondebt + \beta_7 owner + \beta_8 first + \beta_9 Tobin's q + \beta_{10} ROA$$
$$+ \beta_{11} tang + \beta_{12} year + \beta_{13} AD + \beta_{14} DOI \cdot AD$$
$$+ \sum_{i=1}^{8} \alpha_i Dum + u \qquad (5.16)$$

这里 DOI 为企业国际运营所在国家数量，用来度量企业的国际多元化程度；$year$ 为年度虚拟变量。OLS 回归结果见表 5.6。

表 5.6 的模型 1 考察了国际多元化程度对企业资本结构的影响，结果发现，国际多元化程度与企业的债务比率显著正相关；加入债务的代理成本也不会改变这一结论，见表 5.6 的模型 2。原因可能在于：首先，随着国际多元化程度的上升，企业所面临的汇率风险、法律风险和政治风险等各方面的风险也会增加；为规避这些风险，一个较好的选择是在东道国当地进行借债；而一些发展中国家为了促进经济发展，学习跨国公司比较先进的管理、技术等方面的知识，对国外投资通常都提供比较优惠的贷款条件。其次，随着国际多元化程度的上升，股东的监督成本也会增加，搭便车问题会更加严重，使得管理者对企业资产有更大的任意处置权，这就加剧了管理者和股东之间的代理冲突；这时，增加债务可以作为约束管

理者行为的一个工具（Jenson and Meckling，1976）。表5.6的模型2同时表明，随着国际多元化程度的上升，债务的代理成本对企业的债务比率有更大的负面影响，尽管统计上不太显著。

表 5.6　　　　　　　　　　　国际多元化程度与资本结构

解释变量	被解释变量：TD				被解释变量：LTD			
	模型 1		模型 2		模型 1		模型 2	
	系数	标准差	系数	标准差	系数	标准差	系数	标准差
常数项	-1.04***	0.187	-1.04***	0.191	-0.26***	0.065	-0.26***	0.065
DOI	0.007**	0.003	0.011***	0.003	0.0027*	0.001	0.0037*	0.002
Dind	-0.003	0.013	-0.004	0.013	0.0004	0.005	-0.0002	0.006
size	0.065***	0.008	0.064***	0.008	0.013***	0.003	0.013***	0.003
tax	0.029	0.049	0.015	0.046	-0.022	0.025	-0.022***	0.026
risk	-0.002*	0.001	-0.002**	0.001	-0.001*	0.001	-0.001*	0.001
nondebt	0.529	0.574	0.861	0.629	-0.458	0.307	-0.542*	0.323
owner	0.042**	0.017	-0.038**	0.017	0.013	0.008	0.012	0.009
first	-0.0008*	0.0004*	-0.0007	0.0004	-0.000	0.000	-0.000	0.0002
Tobin's q	-0.032***	0.007	-0.033***	0.007	-0.004**	0.0017	-0.004**	0.002
ROA	-0.827***	0.116	-0.617***	0.185	-0.187***	0.051	-0.229***	0.07
tang	0.005	0.079	-0.002	0.08	0.123***	0.039	0.126***	0.039
year	0.03***	0.008	0.029***	0.008	0.004	0.003	0.004	0.003
AD			-0.093	0.235			0.104	0.083
DOI·AD			-0.09	0.068			-0.018	0.022
Adj - R²	0.664		0.666		0.361		0.359	
F - statistic	31.98		29.49		9.88		9.01	

六 小结

本节较为深入地考察了国际多元化战略对企业资本结构的影响。从本节的研究中，我们可以得出如下几点结论：

首先，理论分析表明，公司规模、税率、破产风险、非债务税盾、所有权性质、大股东持股、增长机会、赢利能力、有形资产比例、行业多元化是资本结构的重要决定因素。我们的实证研究结果表明，无论采用总负债比率还是长期负债比率来度量资本结构，规模与资本结构显著正相关，增长机会和赢利能力与资本结构显著负相关。这与国内外已有的研究结论基本一致。

其次，所有权性质和第一大股东持股比例对总债务水平有负面影响，在10%的水平上显著。税率对总债务水平有正影响，但对长期债务水平有负面影响，统计上显著。行业多元化和有形资产比例与总债务水平不存在统计上显著的关系，但与长期债务水平显著正相关；而经营风险对长期负债水平有显著的负面影响。这说明影响企业总负债能力和长期负债能力的因素是不一致的，在研究中需要分别进行分析。

再次，国际多元化战略显著降低了企业的财务杠杆水平，这与行业多元化形成了鲜明的对比。本节主要从代理成本的角度进行了分析。我们发现，国际多元化与债务的代理成本的交叉项显著为负；同时，加入交叉项使得国际多元化变量的系数由正变为负。这表明债务的代理成本使得国际多元化降低了企业的债务比率。

最后，本节还考察了国际多元化程度对企业资本结构的影响，结果发现，国际多元化程度与企业的债务比率显著正相关。

Modigliani 和 Miller（1958）在完美市场的假定下，证明了一个公司的市场价值和它的资本结构无关。或者说，当一个公司改变它的负债比率时，它的公司价值不会改变。从理论上看，MM 定理是正确的。但现实中，MM 定理的前提条件很难满足，因此实践中一个公司的资本结构会影响到它的市场价值。并且，如果一个公司的负债比率过高，即使项目的净现值为正，它也可能难以为该项目融得资金，从而资本结构也会影响到公司的财务绩效。在本书前面对国际多元化与公司价值和财务绩效的研究中，资本结构都作为控制变量引入，结果表明，资本结构与公司的市场绩效和财务绩效都呈显著的负相关关系。不仅如此，资本结构还可能影响到企业竞争优势的建立。张功富（2009）认为，尽管债务具有利息税盾效应，但过高的财务杠杆会带来高破产成本，将导致企业权益和债务的资本成本都大幅提高，使得企业在激烈的竞争中财务承受能力不足，迫使企业削减资本投资甚至退出市场。在商业环境发生急剧变化时，负债比率高的企业陷入财务困境的可能性要大大高于负债比率低的企业；同时，环境的急剧变化往往也意味着机会，较低的负债比率有利于企业抓住转瞬即逝的机会，建立起企业的竞争优势。因此，企业的负债比率与竞争优势负相关。利用中国2001—2005年工业类307家上市公司的面板数据作为样本，张功富（2009）发现上市公司的负债比率与竞争优势显著负相关。本节的研究表明，由于跨国经营提高了债务的代理成本，国际多元化战略显著降低了中国上市公司的负债比率。对中国上市公司来说，这是有积极意义的，因为较低的负债比率有助于提高企业的财务绩效，并且有助于企业竞争优势的建立，在国际市场上，后者具有更为重要的意义。

第三节　国际多元化的风险降低效应

相对于国际多元化与企业绩效之间关系的研究，学术界对国际多元化战略对企业风险可能产生的影响却较少探讨。这可能是由于学者们认为企业的市场绩效包含了市场对公司基本面的判断，股价不仅反映了企业的业绩，同时也反映了企业所面临的风险。然而，由于信息不对称等各种原因，市场通常难以对公司所面临的风险给出准确评价。Duru和Reeb（2002）发现，国际多元化程度越大，分析师的预测精度越低，并且偏向于乐观估计。这表明，随着企业国际多元化程度的增加，预测他们的收益变得更为复杂。再者，企业价值发生变动，原因可能在于业绩，也可能在于风险，了解哪种因素促使企业价值发生变动对投资者具有重要意义。从企业的角度看，诸多企业失败并非因为业绩差，而是因为对风险的控制出现了问题。因此，对国际多元化的风险降低效应有必要单独进行考察。于富生、张敏和姜付秀等（2008）指出，与发达国家相比，我国资本市场更为不完善，公司股票价格难以反映公司的基本面，因此，更有必要研究企业的风险。

一　国际多元化与公司风险相关研究综述

本部分我们对相关研究进行简单评述。Rugman（1976）和 Wan（1998）利用利润波动的方差来衡量风险，发现国际多元化能够显著降低企业风险。Agmon 和 Lessard（1977）指出，金融市场的不完善加上商品和要素市场的不完善，使得跨国公司能够降低投资者投资组合的风险。他们的实证研究也表明，投资者能够认识到跨国公司所带来的好处。Shaked（1986）以及 Michel 和 Shaked（1986）比较了跨国公司和国内公司的风险差异，结果发现跨国公司的系统性风险比国内公司要低，破产概率也更低。Kim，Hwang 和 Burgers（1993）从跨国公司国际多元化的角度构建了一个理论框架来解释 Bowman 悖论，[①] 基于 125 家美国跨国公司的样本，他们发现国际多元化战略能够使企业获得高回报和低风险。

也有一些学者得出了不同的结论。Brewer（1981）发现跨国公司和国内公司并没有显著的基于风险调整的绩效差异。Goldberg 和 Heflin（1995）发现国际多元化程度的增加会降低系统性风险，但会增加企业总风险。而 Reeb，Kwok 和 Baek（1998）则发现跨国公司的系统性风险

---

① "天下没有免费的午餐"这句谚语表明，高回报伴随着高风险，低回报与低风险相连。而 Bowman（1980）发现，一些企业可以在获得高回报的同时拥有低风险，这种现象称之为 Bowman 悖论。

与国际多元化程度正相关。Kwok 和 Reeb（2000）进一步表明企业风险与国际多元化程度之间的正相关关系仅存在于美国的跨国企业中；对新兴市场经济国家的跨国企业，二者是负相关关系。Olibe，Michello 和 Thorne（2008）也发现国际多元化程度与企业系统性风险正相关。

目前国内并没有学者考察国际多元化战略对公司风险的影响，仅个别学者研究了行业多元化对企业风险的影响。张翼、刘巍和龚六堂（2005）发现行业多元化不能降低企业风险，而姜付秀、刘志彪和陆正飞（2006）则发现行业多元化能够降低企业收益的波动性。魏锋和孙晓铎（2008）利用 2001—2005 年沪深两市 692 家上市公司的数据实证检验了行业多元化对公司风险的影响。他们的研究结果表明，多元化经营会提高公司的市场风险，但会降低公司的经营风险。张敏和黄继承（2009）利用 2002—2006 年中国非金融类上市公司作为研究样本，从政治关联的角度解释了行业多元化与企业市场风险之间的关系，结果发现，行业多元化经营会带来企业股票市场风险的上升，但政治关联企业所实施的行业多元化带来的风险显著低于非政治关联企业。李冬妍、张雯、于富生等（2009）发现行业多元化战略会降低企业的经营风险，但会增加企业的财务风险。胡成根和李刚（2010）则系统研究了行业多元化与公司各种风险之间的关系，结果表明，行业多元化程度与公司的系统性风险和债务风险正相关，与经营风险负相关；他们进一步发现，随着公司行业多元化程度的加深，公司的经营风险会变小，但系统性风险和债务风险会变大。

可以预料，无论是对投资者还是对企业管理者，行业多元化的风险降低效应和国际多元化的风险降低效应具有不同的含义。以市场风险为例，即使行业多元化能够降低市场风险，这也未必有益于投资者，因为这种风险可以通过投资者个人的投资组合多元化分散出去，投资者在各行业配置投资资金并不会受到限制。然而，在国际市场上，投资者在国家间配置投资资金却会面临很大的壁垒。由于交易成本、税收差异、汇率风险以及各国对资本流动的控制，更为重要的是投资者的有限理性和关于外国证券的信息成本，国际金融市场高度不完善。在这种情况下，国际多元化的风险降低效应无法通过投资者个人的投资组合国际多元化来替代，从而可能有益于投资者。

总之，目前关于国际多元化与企业风险之间关系的研究基本上都是以美国企业为样本。由于样本、时期、风险度量指标等方面的不同，研究结论存在很大差异。而且相当一部分研究采用跨国公司/国内公司配对比较的方法，样本规模较小。仅 Kwok 和 Reeb（2000）考察了新兴市场经济国家国际多元化战略的风险效应，并与美国企业进行了比较。结果表明，国际多元化战略的风险效应对新兴市场经济国家的企业和对美国的企业具有完全不同的含义。因此，以美国企业为样本得出的结论无法应用到新兴市场经济国家中，有必要单独研究中国企业国际多元化战略的风险降低效应。

二　研究假设

现有研究主要是从投资者角度考察企业国际多元化战略能否降低投资者的系统性风险。然而，作为战略制定者的企业管理者可能更为关注企业的经营风险。因此，本章从两个角度探讨国际多元化的风险降低效应：从投资者的角度考察国际多元化能否降低系统性风险，从管理者的角度探讨国际多元化能否降低企业的经营风险。这两个风险包括了资本市场的风险和企业自身的风险，可以比较全面的衡量企业面临的风险。

通过国际多元化降低风险的观念来源于资产组合理论。考虑如下 CAPM 模型：

$$R_i = R_f + \beta_i(R_m - R_f) + \varepsilon$$

这里 R_i 是企业 i 的证券的回报；R_f 为无风险利率；R_m 为市场回报；ε 为随机误差项；β_i 为企业 i 的系统性风险；$\beta_i = \text{cov}(R_i, R_m)/\sigma^2(R_m)$。

国际多元化能够降低企业的系统性风险主要在于协方差 cov (R_i , R_m) 的下降。在一定程度上,不同国家的经济行为并不是完全相关的。企业通过国际多元化在多个国家经营,可以增加企业现金流的多样性。与国内企业相比,跨国企业的收益更少与本国市场相关,从而它的系统性风险有可能降低。[①] 国际多元化降低了企业在国内市场上面临激烈竞争的风险,也使企业更少地受本国利率、工资率和原材料价格的影响,同时使企业较少地受到一个国家经济周期波动的影响,能够平滑企业供给和需求的波动,因此,企业也能够通过国际多元化战略降低企业的经营风险。因此,我们提出如下假设:

假设 1:与国内公司相比,跨国公司有更低的系统性风险和经营风险。

然而,随着企业跨国经营所涉足的国家数量越来越多,跨国公司的管理变得越来越复杂,企业经营所面临的不确定性和风险越来越大。首先,跨国经营不可避免地会面对货币汇率风险。在浮动汇率体制下,不仅是跨国企业,出口企业也会面临汇率风险。出口企业往往面对的是短期汇率风险,与之相比,跨国企业面临的主要是长期汇率风险,更加难以预测和控制,尤其是汇率的波动往往同一国的实际经济增长、通货膨胀、利率以及政府行为等联系在一起。因此,汇率风险随着企业国际扩张的步伐而逐步加大。其次是政治风险,这表现在政治法律环境、规章制度、文化差异等各方面,极端的表现为战争。2011 年的利比亚内战使得在利比亚投资的中国跨国公司损失惨重。当企业经营所在的国家越来越多时,其所面临的政治风险也会越来越大。最后,企业经营所在

---

① 然而,仅仅系统性风险的降低并不能证明国际多元化能够给投资者带来利益。在国际金融市场完善的条件下,风险的降低也可以通过投资者个人的投资组合国际多元化来满足。具体地说,如果国际金融市场是一体化的和完全竞争的,企业水平的国际多元化可以被投资者在个人水平上无成本的复制。这样,投资者对是通过持有离岸股票还是持有国际多元化公司的股票来实现他们期望的国际多元化水平变得无差异。很显然,现实的市场并不完善,不完善的国际金融市场使得国际多元化的风险降低效应能够给投资者带来利益。

国家的数量越多，代理问题和信息不对称问题也越严重。

我们可以通过把 β_i 表示成如下形式来模型化上述观点：

$$\beta_i = \text{cov}\,(R_i, R_m)/\sigma^2(R_m) = (\rho_{im}\sigma_i)/\sigma_m$$

这里，ρ_{im} 为企业 i 证券和市场的相关系数，σ_i 为企业 i 证券的标准差，σ_m 为市场的标准差。当企业向国际扩张时，ρ_{im} 会下降，最初 σ_i 也可能下降。但当企业扩张的速度越来越快，涉足的国家越来越多时，其所面临的汇率风险、政治风险、代理问题和信息不对称问题更为严重，使得 σ_i 急剧上升，最终超过了 ρ_{im} 下降的影响。因此，我们提出如下假设：

假设2：在跨国公司内部，企业的系统性风险和经营风险与企业国际经营所涉足的国家数量正相关。

在跨国公司眼里，不同国家的风险水平是不一样的。对中国企业来说，有些国家的风险水平比中国低，有些国家的风险水平比中国高，在哪些国家经营，对企业的风险水平具有不同的影响。假设一个跨国公司的资产由国内资产（下标 d）和国外资产（下标 f）构成。那么它的资产的系统性风险由它的各部分资产的系统性风险的加权平均构成：

$$\beta_c = \beta_d \cdot asset_d/(asset_d + asset_f) + \beta_f \cdot asset_f/(asset_d + asset_f)$$

如果 $\beta_f < \beta_d$，那么我们可以得到，$\beta_c < \beta_d$，国际多元化经营有助于降低企业风险；如果 $\beta_f > \beta_d$，则 $\beta_c > \beta_d$，国际多元化反而会提高企业风险。一般而言，发达国家的政治经济环境更为稳定，其汇率的波动也比发展中国家小，公司治理水平也更高。因此在发达国家经营的中国跨国公司将有可能获得更低的风险。基于此，我们提出如下假设：

假设3：对于中国跨国公司来说，在发达国家经营的跨国公司比在发展中国家经营的跨国公司表现出更低的系统性风险和经营风险。

三　变量说明

1. 被解释变量

本节的被解释变量为公司风险（Risk），分别用系统性风险和经营风险来度量。我们用资本资产定价模型中的贝塔（β）值来度量企业的系统性风险，用 beta 表示。参照廖理、廖冠民和沈红波（2009），我们以历史 3 年资产收益率（ROA）的离散系数的绝对值来度量公司的经营风险，用 VROA 表示，其中离散系数等于变量的标准差除以其均值。

2. 解释变量

本节的解释变量为国际多元化，分别采用虚拟变量法和计数法度量，计算方法同第三章。

3. 控制变量

先前的研究表明行业多元化会对企业风险产生影响，本章加入行业多元化虚拟变量作为控制变量，用 Dind 表示。规模很显然会影响企业风险，但规模对企业风险的影响依赖于风险指标的选择。规模越大，企业的经营越稳定，企业的经营风险就越小；但规模对企业系统性风险的影响具有不确定性，根据先前的研究，这种影响既可能为正，也可能为负。我们用总资产的自然对数来度量企业规模，用 size 表示。财务杠杆也会对企业的风险产生负面影响，一般来说，财务杠杆越高，企业的系统性风险就越大，我们用债务总额与总资产之比来度量财务杠杆，用 TD 表示。大股东持股也可能对企业风险产生影响，因为把股权集中在一个公司会面临较大的风险，不符合投资组合原理，从降低风险的角度考虑，大股东有动机选择较低的企业风险，我们用 first 表示第一大股东持股比例。考虑到许多中国上市公司属于国有控股，这可能会对大股东持股与企业风险之间的关系产生影响，因此所有权性质也可能会影响企业的风险。我们采用虚拟变量法来度量所有权性质（owner），对于国有控股公司，取值为 1；否则，取值为 0。我们用研发支出与广告支出来代表企业的无形资产，因为在资不抵债的情况下有形资产更容易售出，无形资产在总资产中所占比例越高，企业风险也可能越大，本节分别用 rd 和 Adv 来代表研发支出和广告支出与销售收入之比。为了控制可能存在的行业效应，我们引入了行业虚拟变量。

四　跨国公司和国内公司的风险比较分析

为了验证假设 1，我们构建如下计量模型：

$$beta = \beta_0 + \beta_1 Dint + \beta_2 Dind + \beta_3 size + \beta_4 TD + \beta_5 owner$$

$$+ \beta_6 first + \beta_7 rd + \beta_8 Adv + \beta_9 VROA + \sum_{I=1}^{8} \alpha_I DUM + u \quad (5.17)$$

$$VROA = \beta_0 + \beta_1 Dint + \beta_2 Dind + \beta_3 size + \beta_4 TD + \beta_5 owner$$

$$+ \beta_6 first + \beta_7 rd + \beta_8 Adv + \sum_{I=1}^{8} \alpha_I DUM + u \quad (5.18)$$

式（4.8）的被解释变量为企业的系统性风险，由于企业的经营风险也可能影响系统性风险，因此我们也把 $VROA$ 包括在回归分析中。根据假设 1，我们预测 β_1 的符号为负。

表 5.7　　　　　　　　　　跨国公司和国内公司的风险比较分析

解释变量	被解释变量：beta				被解释变量：VROA			
	模型 1		模型 2		模型 1		模型 2	
	系数	标准差	系数	标准差	系数	标准差	系数	标准差
常数项	1.119***	0.013	0.389***	0.109	4.27*	2.48	11.46***	4.309
$Dint$	-0.001	0.0014	-0.033**	0.015	-1.529***	0.51	-1.191*	0.663
$Dind$			0.046***	0.011			0.718	0.839
$size$			0.036**	0.005			-0.254	0.33
TD			-0.06**	0.027			1.199	1.683

续表

解释变量	被解释变量：beta				被解释变量：VROA			
	模型1		模型2		模型1		模型2	
	系数	标准差	系数	标准差	系数	标准差	系数	标准差
owner			−0.001	0.012			0.528	0.795
first			−0.0009**	0.0003			−0.057**	0.028
rd			0.671***	0.279			−32.05**	15.63
Adv			−0.504**	0.218			−6.162	7.583
VROA			0.0002*	0.0001				
$Adj-R^2$	0.129		0.172		0.008		0.013	
$F-statistic$	19144		14144		1006		971	

注：所有模型中都控制了行业效应；表中标准差为怀特横截面标准差（White cross-section standard errors）；这里我们采用面板数据随机效应模型。

回归结果见表5.7。模型1是单变量回归结果，模型2是多元回归结果。从中可以看到，无论是单变量分析还是多元回归分析，国际多元化与企业风险负相关，除以系统性风险为被解释变量的模型1外，统计上显著。考虑到多元回归分析优于单变量回归分析，这说明国际多元化显著降低了企业的系统性风险和经营风险，假设1得到了证实。从调整 R^2 的值来看，模型对系统性风险的解释能力要大大高于对经营风险的解释能力。

就控制变量而言，系数的大小和方向依赖于风险指标的选择。行业多元化显著提高了企业的系统性风险，这与魏锋和孙晓铎（2008）、张敏和黄继承（2009）、胡成根和李刚（2010）等人的研究结果是一致的，这与国际多元化形成了鲜明的比较；但行业多元化与企业的经营风险没有统计上显著的关系。规模显著提高了企业的系统性风险，同时降低了企业的经营风险，但统计上不显著。与预测不一致的是，财务杠杆显著降低了企业的系统性风险，这与 Kwok 和 Reeb（2000）以及 Olibe，Michello 和 Thorne（2008）的研究结果相一致[①]。第一大股东持股比例显著降低了企业风险，这与理论预测一致；而所有权性质对企业风险没有显著的影响。无形资产与企业风险的关系依赖于指标的选择，研发支出显著提高了企业的系统性风险，而广告支出显著降低了企业的系统性风险。原因可能在于，与企业研发活动较高的不确定性相比，广告活动有助于建立企业的品牌声誉，其结果具有较高的可预测性。但研发支出显著降低了企业的经营风险，我们猜测，其原因在于，在技术进步不断加快、产品更新速度越来越快的今天，研发活动有助于企业建立长期竞争优势，从而使企业的经营活动更为稳定。很显然，企业的经营风险与系统性风险正相关。

五　国际多元化程度与企业风险

本部分我们以 315 家跨国公司为样本来验证假设 2 和假设 3，我们构建如下计量模型：

$$beta = \beta_0 + \beta_1 DOI + \beta_2 Dind + \beta_3 size + \beta_4 TD + \beta_5 owner + \beta_6 first$$
$$+ \beta_7 rd + \beta_8 Adv + \beta_9 VROA + \beta_{10} year + \sum_{I=1}^{8} \alpha_I DUM + u$$

$$(5.19)$$

$$VROA = \beta_0 + \beta_1 DOI + \beta_2 Dind + \beta_3 size + \beta_4 TD + \beta_5 owner$$
$$+ \beta_6 first + \beta_7 rd + \beta_8 Adv + \beta_9 year + \sum_{I=1}^{8} \alpha_I DUM + u \quad (5.20)$$

[①]　胡成根和李刚（2010）在研究行业多元化与企业风险的论文中也发现财务杠杆与企业风险负相关，他们认为这很难解释。因此，实证研究得出的财务结构与系统性风险的负相关关系令人感到困惑，这需要将来进一步的研究。

　　这里 *DOI* 为企业的国际多元化程度，分别采用三种方法度量：为验证假设 2，我们用企业国际运营所在国家数量来度量国际多元化程度，用 *NC* 表示；为验证假设 3，我们按照企业国际多元化所在国家的发达程度划分为两类①，企业国际运营所在的发达国家数量用 *AC* 表示，企业国际运营所在发展中国家数量用 *LC* 表示。举例来说，如果企业国际运营所在的国家为美国、德国和南非，则 *NC* 为 3，*AC* 为 2，*LC* 为 1。*year* 为年度虚拟变量。OLS 回归结果见表 5.8。

　　表 5.8 的模型 1 是对假设 2 的验证。从中可以看到，无论是系统性风险还是经营风险，国际多元化程度都与企业风险负相关，但统计上不显著，这与以美国企业为样本得出的结论相反。这样假设 2 没有得到证实，原因可能在于两方面：首先，与美国企业相比，中国企业的对外直接投资尚处于起步阶段，国际多元化程度不高，其所面临的政治风险、汇率风险、代理问题等还没有超过国家之间经济不完全相关所带来的风险降低效应；其次，作为世界上最发达的国家之一，美国企业国际运营所在国家的风险往往都大于美国的风险，这样，美国企业国际多元化程度越高，企业的风险也可能越高。与之相比，中国是发展中国家，中国企业的对外直接投资的目的地既有发达国家，也有发展中国家。发达国家的风险很可能要低于中国的风险，这样国际多元化进入发达国家很可能会降低企业风险，这也是假设 3 要验证的内容，见表 5.8 的模型 2。我们发现，中国企业在发达国家的国际运营显著降低了企业的系统性风险；而在发展中国家的国际运营提高了企业的系统性风险，尽管统计上不显著；但中国企业国际多元化进入发达国家还是发展中国家对企业的经营风险没有统计上显著的影响，假设 3 得到部分证实。

---

　　①　如果属于 OECD 国家，则判定为发达国家，否则为发展中国家。

表 5.8　　　　　　　　　　国际多元化程度与企业风险

解释变量	被解释变量：beta				被解释变量：VROA			
	模型 1		模型 2		模型 1		模型 2	
	系数	标准差	系数	标准差	系数	标准差	系数	标准差
常数项	0.786***	0.277	0.825***	0.277	8.116*	4.467	7.552*	4.475
NC	−0.006	0.006			−0.013	0.096		
AC			−0.02*	0.011			0.207	0.177
LC			0.004	0.009			−0.17	0.144
$Dind$	−0.017	0.03	−0.021	0.031	0.233	0.493	0.298	0.494
$size$	0.008	0.013	0.006	0.013	−0.361*	0.209	−0.334	0.209
TD	0.075	0.074	0.087	0.075	0.831	1.201	0.62	1.207
$owner$	0.098***	0.037	0.104***	0.037	−0.092	0.606	−0.178	0.607
$first$	−0.0007	0.0009	−0.0006	0.001	0.011	0.015	−0.01	0.015
rd	1.129	0.762	1.257*	0.765	−16.06	12.32	−17.9	12.35
Adv	−0.325	0.85	−0.46	0.853	11.91	13.77	13.93	13.81
$year$	0.064***	0.015	0.062***	0.015	−0.026	0.248	−0.006	0.248
$VROA$	0.001	0.003	0.002	0.004				
$Adj-R^2$	0.244		0.247		0.056		0.06	
$F-statistic$	6.62		6.41		2.09		2.10	

六　小结

本节较为深入地考察了国际多元化战略对企业系统性风险和经营风险的影响。我们发现，国际多元化显著降低了企业风险。同时，本节利用国际多元化公司作为样本考察了国际多元化程度与企业风险之间的关系，发现二者虽然呈现负相关的关系，但统计上不显著。本章从企业国际运营所在国家的特征对此进行了分析，结果表明，企业国际多元化进入发达国家有助于降低企业的系统性风险。这说明企业国际多元化战略对风险的影响会受到东道国政治经济环境的影响。考虑到风险因素关系到企业的成败，这就要求企业在制定和实施国际多元化战略时，应充分考虑其对企业风险的影响。一方面应建立对东道国风险（如政治风险、文化风险、汇率风险等）的分析和应对机制；另一方面也应充分关注企业实施国际多元化战略的资源和能力。无疑，企业风险管理体系的有效性关系到其国际多元化战略的成功与否。

第四节　国际多元化、融资约束与现金持有水平

融资决策是否影响公司价值？作为公司融资决策的重要内容，公司为何持有现金和现金等价物、现金持有的价值效应如何等日益受到学者的广泛关注。根据 Modigliani 和 Miller（1958）的理论，在不存在信息不对称和资本市场完善的条件下，融资结构和公司价值无关。信息不对称和不完善的资本市场使得内部融资更为便宜，从而有助于提高公司价值。然而，现金持有更容易面临代理问题。管理者使用现金时更为随意，并且更流动的资产能够以更低的成本转化为管理者的私人利益，这会降低公司价值。

多元化战略通过两种途径影响现金持有价值：直接效应和间接效应。首先，多元化企业内部各个分部的投资机会是不一样的，如果内部资本市场是有效的，多元化企业可以通过把现金转移到投资机会较好的分部来提高企业绩效，进而提高公司价值；如果代理问题更为严重，则这种转移会降低企业绩效。这是直接效应。Tong（2011）以美国企业为样本发现，行业多元化企业的现金持有价值显著低于专业化企业；陈登彪和马忠（2015）以中国上市公司为样

本发现，行业多元化降低了现金持有水平，但并没有提升现金持有价值。其次，多元化战略通过影响现金持有水平来影响公司价值，这是间接效应。Teclezion（2012）以美国企业为样本比较了国际多元化和行业多元化对现金持有水平的影响，结果发现，行业多元化降低了现金持有水平，而国际多元化对现金持有水平没有显著影响。刘义鹃、彭丽和兰茹佳（2013）以及南晓莉和杨智伟（2016）都发现，对中国上市公司来说，行业多元化与公司现金持有水平显著负相关。

本节把现金持有价值和现金持有水平结合在一起，把多元化战略对现金持有水平的影响看作是多元化战略影响现金持有价值的间接效应，比较分析了国际多元化和行业多元化对公司现金持有的影响，结果发现，国际多元化与现金持有水平显著正相关，行业多元化与现金持有水平显著负相关；行业多元化显著降低了现金持有价值，国际多元化对现金持有价值没有统计上显著的影响。本节考察了融资约束对多元化战略和公司现金持有之间关系的影响，结果发现，上述关系仅在融资受约束的企业里存在。

一　研究假设

从财务的角度看，持有现金既有收益也有成本。Faulkender 和 Wang（2006）指出持有现金的收益取决于融资成本、现金的可能用途以及融资是否受到约束。融资成本依赖于证券发行的交易成本以及与证券发行相联系的信息不对称成本。一般而言，资本市场越发达，融资成本越小。相对于发达国家而言，中国资本市场远不完善，因此中国企业的融资成本较高。这样，从整体上看，持有现金具有较高的价值。这对多元化企业和专业化企业都是成立的。

现金可以用来分配红利或者投资。由于红利税的存在，1 元的现金仅相当于不到 1 元的红利。从这个角度看，现金的持有价值为负。与多元化相连的主要是投资。如果内部资本市场具有效率，多元化企业能够把更多的资源分配给投资机会更好的分部，从而增加企业价值。这样，多元化企业的现金持有价值要高于专业化企业。然而，Rajan，Servaes 和 Zingales（2000）指出，企业内部资本市场的有效性并不是无条件的。他们认为，多元化企业内各个分部之间对资源的争夺会带来扭曲。当各个分部之间在资源和机会方面具有很大差异时，资源将流向最无效率的分部，从而导致更无效的投资和更低的企业价值①。实际上，多元化企业大多由不完全相关的分部构成，各个分部所面临的投资机会在时间和空间上具有多样性，根据 Rajan，Servaes 和 Zingales（2000）的模型，这时现金在企业内部各个分部之间的转移是缺乏效率的。因此，多元化更可能会降低现金持有价值。

融资约束主要原因在于企业和资本提供者之间的信息不对称，这导致企业或者以更高的成本才能获得外部资金或者根本无法获得外部资金。在这种情况下，融资受约束企业的现金持有价值要高于融资不受约束的企业。相应地，多元化企业内部无效的资金转移更会损害融资受约束企业的现金持有价值。

持有现金的成本表现为机会成本和代理成本。企业多元化战略主要与代理问题相连。所有权和经营权的分离使得管理者具有自己的目标，所有者的分散使得管理者能够追求自己的目标。管理者的目标包括收入、地位、权力和安全感，后三者直接与企业的规模和增长相关。Mueller（1972）指出，给定管理者相对较高的收入和财富，很可能非金钱因素（地位、收入和安全感）在管理者的目标中占有较高的比重。因此，管理者可能更偏好于扩大企业规模。这种偏好使得管理者把可以获得的资金花费在无利可图的多元化并购

---

① Ahn 和 Denis（2004）分析了 1981—1996 年间 106 家多元化企业分立行为对投资效率的影响，结果发现，分立之前，多元化企业对具有高投资机会分部的投资要低于处于同一行业中的专业化企业；在分立之后，投资效率有一个显著的增加。这表明，存在多元化折价的部分原因在于内部资本市场投资分配的无效率。

上，Jensen（1986）称之为自由现金流的代理成本。相较于其他资产，现金更具有流动性，管理者更能够随意处置，也更容易从中攫取私人利益。股东也会预期到多元化企业对现金的无效使用，所以我们预测代理问题会降低多元化企业的现金持有价值。

综合上述分析可以得出结论，现金持有具有较高的价值；多元化企业的内部资本市场通常是无效的，多元化并不会提高现金持有的收益，反而更可能降低现金持有价值；同时，多元化使现金持有的代理成本更高。基于此，本节提出如下假设：

假设 1：多元化战略，无论是国际多元化还是行业多元化，会降低现金持有价值。

假设 2：多元化战略对现金持有价值的降低作用在融资受约束的企业里更大。

国际多元化企业的跨国经营使得它能够找到更好的投资机会，国际多元化企业已建立的组织结构、管理制度、企业文化等使得它更有能力抓住这些投资机会。那么，如何来为这些投资机会融资呢？Myers（1984）提出的"融资啄序理论"表明，企业一般按照内部资金、债务融资、股权融资的次序满足它们的融资需求。资本市场不完善以及资本提供者和企业之间存在的信息不对称问题使得内部资金的成本要低于外部融资。从理论上看，由于不同国家的经济行为并不完全相关，国际多元化战略能够降低企业风险，这已为孙维峰（2013）的实证研究所证实。风险的降低是否能够降低企业外部融资的成本呢？实际上，国际多元化能否降低外部融资成本还要取决于代理成本和交易成本。国际市场的不完善和国际经营的复杂性使得国际多元化企业外部融资的代理成本更高；同时，它们在融资时所面临的信息不对称问题更为严重，导致其外部融资的交易成本也更高。这些原因使得国际多元化企业需要保留较高的现金持有水平来满足其投资机会。显然，国际多元化企业的外部融资成本问题对融资受约束的企业更为严重。

在对公司现金持有的影响方面，行业多元化和国际多元化至少存在两方面的不同：第一，投资机会不同。就我们的样本来说，2009 年到 2015 年采取国际多元化战略的公司分别为 92 家、102家、121 家、136 家、159 家、171 家和 189 家；采取行业多元化战略的公司分别有 192 家、179 家、181 家、193 家、211 家、200 家和 209 家。这表明行业多元化变化不大，而企业的国际多元化战略却发展迅速，国际多元化企业所面临的投资机会要高于行业多元化企业。第二，从投资者的角度来看，监督企业的国内分部比国外分部要容易一些，成本更低。这样，行业多元化企业外部融资的代理成本要低于国际多元化企业。同时，尽管我们前面提到多元化企业的内部资本转移缺乏效率，但这种资本的转移是客观存在的。这表明行业多元化企业有可能利用财务协同效应来持有更少的现金。因此，行业多元化有可能会降低公司现金持有水平。如果这样，行业多元化对公司现金持有水平的降低效应在融资受约束的企业里更严重[1]。这样本节提出假设 3 和假设 4：

假设 3：国际多元化战略会提高公司的现金持有水平，行业多元化战略会降低公司的现金持有水平。

假设 4：国际多元化战略和行业多元化战略对公司现金持有水平的影响在融资受约束的企业里更强。

二 回归模型建立和数据说明

1. 回归模型建立

我们设定如下模型来考察多元化战略对现金持有价值的影响：

---

① 这里，一个关键假定是企业不能使用外部资金来为其投资进行融资。如果可以，就与 Modigliani 和 Miller（1958）相一致，现金不能增加公司价值。Duchin（2010）就发现，行业多元化企业比专业化企业持有更少的现金，这种效应在融资受约束的企业里更强。

$$Return = \beta_0 + \beta_1 int + \beta_2 div + \beta_3 holding + \beta_4 int \cdot holding$$
$$+ \beta_5 div \cdot holding + \beta_6 pay + \beta_7 size + \beta_8 TD + \beta_9 capex$$
$$+ \beta_{10} mange + \beta_{11} first + \beta_{12} growth + \sum_{i=1}^{8} \alpha_i Dum + u \quad (4.21)$$

我们采用如下模型来探讨多元化战略对公司现金持有水平的
影响：

$$holding = \beta_0 + \beta_1 int + \beta_2 div + \beta_3 cf + \beta_4 var + \beta_5 pay$$
$$+ \beta_6 size + \beta_7 TD + \beta_8 capex + \beta_9 q + \sum_{i=1}^{8} \alpha_i Dum + u \quad (4.22)$$

这里，$Return$ 为考虑现金红利再投资的年度股票回报率；int 和
div 分别为国际多元化和行业多元化变量。我们采用虚拟变量法和
计数法来度量多元化①。$holding$ 为公司的现金持有水平，用（货币
资金＋交易性金融资产）/总资产来度量。两个多元化变量与现金
持有水平的交叉项考察多元化战略对现金持有价值的影响。pay 为
股利支付虚拟变量，对于支付股利的公司取值为 1；否则，取值为
0。是否支付股利也是本节判断融资是否受约束的标准：支付股利
的公司为融资不受约束的公司，不支付股利的公司为融资受约束的
公司。

根据已有研究，我们把下列变量作为控制变量包括在回归分析
中：$size$ 为公司规模；TD 为资本结构；$capex$ 为资本支出比，用资
本支出与销售额之比度量；$mange$ 和 $first$ 分别为管理层持股比例和
第一大股东持股比例；$growth$ 为公司增长率，用销售额的增长来度
量；cf 为现金流量，用现金净增加额与总资产之比度量；var 为企

---

① 两种方法得出的结论基本一致，在文中，我们仅报告用虚拟变量法回归得出
的结果。

业现金流量的波动性，以历史 3 年 *cf* 的离散系数的绝对值来度量，其中离散系数等于变量的标准差除以其均值。*q* 为 *Tobin's q*，文献中通常用来代表企业面临的投资机会，计算公式为（股权的市场价值+债务的账面价值）/总资产。

2. 数据说明

本节及以后章节的样本同第四章第三节一致，期间为 2009—2015 年，但每年所包含的样本企业不变，国际多元化、行业多元化的数据直接来自于上市公司年报，其他数据则来自于国泰安 CS-MAR 数据库。

三　多元化战略与现金持有价值

表 5.9 是对方程（4.21）进行回归所得到的结果。表 5.9 的模型 1 首先考察了国际多元化、行业多元化和现金持有对股票回报率的影响。从中可以看到，国际多元化和行业多元化对股票回报率没有统计上显著的影响，而现金持有显著提高了股票回报率。表 4.9 的模型 2 引入了国际多元化、行业多元化与现金持有的交叉项来考察多元化战略对公司现金持有价值的影响，结果表明，行业多元化对公司现金持有价值的影响显著为负，这与 Tong（2011）的研究结论一致；国际多元化对公司现金持有价值的影响为正，但统计上不显著。同时，引入行业多元化与现金持有的交叉项后，行业多元化变量对股票回报率的影响统计上显著为正。这说明对公司现金持有的影响是多元化战略影响公司价值的重要机制。假设 1 得到部分证实。

表 5.9 的模型 3 和模型 4 考察了融资约束对多元化战略和现金持有价值之间关系的影响。在我们的样本中，共有 2416 个年度观测值属于融资不受约束的企业，1938 个年度观测值属于融资受约束的企业。通过比较模型 3 和模型 4 的回归结果可以发现，无论从经济意义上看还是从统计显著性上看，现金持有的价值在融资受约束

的企业里比融资不受约束的企业里更大，这与 Denis 和 Sibilkov
（2010）的研究结论是一致的；行业多元化战略对公司现金持有价
值的显著降低作用仅在融资受约束的企业里存在。假设 2 得到了
证实。

就控制变量而言，支付股利能够显著提高股票回报率。规模对
股票回报率具有显著的负向影响，原因可能在于规模越大的企业发
展潜力往往较小。资本结构有助于提高股票回报率，资本支出降低
了股票回报率，但仅对全体样本统计上显著。管理层持股比例对股
票回报率没有统计上显著的影响，原因可能在于中国上市公司的管
理层持股比较非常低。第一大股东持股比例对股票回报率有显著的
促进作用，原因可能在于，第一大股东有动力、有能力监督管理
者，使其按照股东利益最大化的原则来行使其经营权。企业增长率
显著降低了股票回报率，这说明增长最大化不等同于股东利益最大
化。Marris（1963）的增长最大化模型也表明，过快的增长很可能
会损害股东利益。

表 5.9　　　　　　　多元化战略与现金持有价值多元回归结果

解释变量	模型 1		模型 2		模型 3		模型 4	
	系数	标准差	系数	标准差	系数	标准差	系数	标准差
常数项	3.142***	0.672	3.23***	0.576	4.256***	1.03	3.104**	0.879
int	−0.034	0.098	−0.039	0.182	−0.0002	0.094	−0.106	0.231
ind	0.028	0.061	0.21***	0.084	0.27	0.198	0.171*	0.916
holding	0.657***	0.258	0.749***	0.318	0.657*	0.42	2.347***	0.854
int · holding			0.058	0.421	0.039	0.138	0.371	1.03
ind · holding			−0.848***	0.29	−0.784	0.617	−1.673*	0.875
pay	0.249***	0.053	0.106***	0.044				

续表

解释变量	模型 1		模型 2		模型 3		模型 4	
	系数	标准差	系数	标准差	系数	标准差	系数	标准差
size	-0.227***	0.038	-0.189***	0.041	-0.206***	0.086	-0.179***	0.06
lev	0.274	0.107***	0.21	0.132	0.168	0.235	0.075	0.117
capex	-0.741**	0.26	-0.961**	0.46	0.101	0.681	-0.738	0.846
mange	-0.07	0.142	-0.09	0.37	-0.025	0.284	0.03	0.176
first	0.004***	0.001	0.003***	0.001	0.005***	0.000	0.005*	0.003
growth	-0.011	0.004	-0.001***	0.000	-0.01	0.017	-0.146***	0.062
R^2	0.348		0.337		0.394		0.661	
$Adj - R^2$	0.341		0.326		0.387		0.658	
$F - statistic$	3.26		3.42		2.87		3.75	
观测值	4354		4354		2416		1938	

四 多元化战略与现金持有水平

表 5.10 是对方程（5.22）进行多元回归所得到的结果。表 5.10 的模型 1 利用全体样本考察了国际多元化和行业多元化对公司现金持有水平的影响。从中可以看到，国际多元化显著提高了现金持有水平，而行业多元化显著降低了现金持有水平。表 5.10 的模型 2 和模型 3 探讨了融资约束对多元化战略和公司现金持有水平的影响。对比模型 2 和模型 3 可以看到，国际多元化和行业多元化对现金持有水平的影响仅在融资受约束的企业里统计上显著。

就控制变量而言，很显然，现金流的净增加额与现金持有水平显著正相关。但与预计不符的是，在模型 1 中，现金流的波动性与现金持有水平显著负相关，这说明现金流的波动性越大，现金持有水平越低，这与 Opler，Pinkowitz 和 Stulz et al.（1999）的研究结论不一致。但当把样本划分为融资不受约束企业和融资受约束企业之后，现金流的波动性与现金持有水平正相关，在模型 3 中统计上显著。这个结果表明，企业的行为具有系统性差异，融资受约束企业和融资不受约束的企业具有显著不同的行为特征，仅仅利用全体样本有可能会得出错误的结论。支付股利的企业需要保有较高的现金持有水平，模型 1 也表明股利支付与现金持有水平显著正相关。规模显著提高了现金持有水平，而资本结构显著降低了现金持有水平，原因可能在于较高的债务所带来的较大的利息支出。资本支出与现金持有水平显著负相关，原因在于资本支出所需要的资金有一部分会来自企业内部的现金。q 与现金持有水平显著正相关，这表明发展机会越大的企业需要保留更高的现金持有水平以作预防性需求。

表 5.10   多元化战略与现金持有水平多元回归结果

解释变量	模型 1		模型 2		模型 3	
	系数	标准差	系数	标准差	系数	标准差
常数项	0.059	0.081	0.024	0.053	0.032	0.068
int	0.021***	0.008	-0.001	0.005	0.038***	0.007
ind	-0.012*	0.007	-0.003	0.009	-0.012*	0.007
cf	0.619***	0.205	0.371***	0.024	0.483***	0.062
var	-0.0001***	0.000	0.0001	0.0003	0.0001**	0.0000
pay	0.023***	0.006				
size	0.008***	0.002	0.014***	0.005	0.005*	0.003
lev	-0.192***	0.028	-0.241***	0.091	-0.051***	0.014
capex	-0.117***	0.041	-0.156***	0.043	-0.087	0.092

续表

解释变量	模型 1		模型 2		模型 3	
	系数	标准差	系数	标准差	系数	标准差
q	0.009***	0.002	0.02***	0.005	0.003***	0.001
R^2	0.41		0.367		0.384	
$Adj - R^2$	0.402		0.359		0.375	
$F - statistic$	38.17		28.42		22.37	
观测值	4354		2416		1938	

五　小结

本节利用中国制造业上市公司 2009—2015 年的数据考察了多元化战略对公司现金持有价值和现金持有水平的影响。本节把多元化战略对公司现金持有价值的影响分为直接效应和间接效应。直接效应指多元化企业内部现金转移的效率，如果这种转移具有效率，则多元化战略会提高现金持有价值。本节的实证研究结果表明，行业多元化显著降低了现金持有价值，国际多元化对现金持有价值没有统计上显著的影响。因为现金持有具有显著的正向价值，多元化战略可以通过对现金持有水平的影响而间接影响现金持有价值，这是间接效应。国际多元化显著提高了公司的现金持有水平，而行业多元化显著降低了现金持有水平。同时，融资约束会影响多元化战略与公司现金持有价值、现金持有水平之间的关系，本节发现，上述结论仅在融资受约束的企业里存在。

本节的研究结论能够解释为何行业多元化会损害公司价值而国际多元化能提高公司价值。首先，行业多元化直接降低了现金持有价值；其次，行业多元化降低了现金持有水平，从而间接降低了现金持有价值。这样，行业多元化会损害公司价值。虽然国际多元化对现金持有价值没有显著影响，但国际多元化显著提高了现金持有水平，从而间接提高了现金持有价值。这样，国际多元化有助于提高公司价值。总之，现金持有变量是多元化战略影响公司价值的重要机制。

第六章

国际多元化战略的治理效应

公司治理作为协调参与各方权责利的制度安排，在实现权力制衡的同时，更强调决策的科学性（李维安，2001）。国际多元化是公司重要的战略决策，必然受到公司治理机制的影响。同时，企业在实施国际多元化战略之后，所面临的市场环境以及内部的组织安排也会发生变化，从而对参与公司初始契约各方的权责利进行调整成为必然。因此，本章从董事会结构、管理层激励和薪酬差距三个方面探讨了国际多元化战略的治理效应。

第一节　国际多元化战略对董事会结构的影响研究

公司董事会是公司最重要的内部治理机制，公司董事会结构及其经济效应也是公司金融领域研究的热点问题。举例来说，孙月静和张文泉（2007）分析了董事会结构对高管报酬的影响；饶育蕾和王建新（2010）以及周翼翔（2011）等探讨了董事会结构与公司绩效之间的关系；马磊和辛立国（2008）以及皮莉莉（2013）分析了董事会特征对高管更换的影响；徐向艺和汤业国（2013）则分析了董事会结构对企业创新投入和产出的影响；陈夙和吴俊杰（2014）发现良好的董事会结构可以降低公司的投融资风险，等等。

这些研究表明，董事会结构对企业绩效和行为的影响是多方面的。

然而，与董事会结构的经济效应相比，对董事会结构的影响因素的研究却少得多，只是近几年才开始逐渐增多。Boone，Field 和 Karpoff et al.（2007）利用企业从 IPO 到 10 年之后的数据发现，董事会规模和独立性随企业的发展而增加；董事会规模反映了企业特定的对管理层监督的成本和收益；董事会独立性与管理者的影响力负相关，与对管理者影响力的约束正相关。Linck，Netter 和 Yang（2008）利用美国企业的数据发现，企业规模与董事会结构、独立董事比例显著正相关；企业的发展机会、研发支出、股票波动性对董事会规模和独立董事比例有显著的负向影响。Lehn，Patro 和 Zhao（2009）利用 82 家美国公司 1935—2000 年的数据发现，董事会规模与企业绩效正相关，与发展机会负相关；独立董事比例与企业规模负相关，与发展机会正相关。

国内研究方面，黄张凯、徐信忠和岳云霞（2006）分析了中国上市公司股权结构对董事会结构的影响，结果发现，股权集中度降低了独立董事比例，抑制了董事长和总经理的两职合一；国有股对独立董事比例有负面影响。谢香兵（2009）认为，董事会结构实际上是企业根据其经营环境和自身特征所采取的一种制度安排，实证研究结果表明，公司经营复杂性与董事会规模、独立董事比例显著正相关；同时，国有控股公司的董事会规模更大、独立董事比例更低。陆智强（2010）分析了经理"败德行为"的监督成本和收益对董事会结构的影响，实证研究结果发现，随着对经理"败德行为"监督收益的增加，公司倾向于选择较大的董事会规模，但对独立董事比例和两职合一没有显著的影响；监督成本并不会影响董事会结构。于一和何维达（2012）分析了商业银行董事会构成的动力机制，结果发现，我国商业银行董事会结构的内生创新机制初步显现，商业银行能够依据个体异质性因素选择董事会结构；但政府干预会扭曲我国商业银行董事会结构的自主选择，导致商业银行具有董事会规模大、独立性低的特点。赵玉洁（2014）发现，董事会规模和结构与公司生产范围和经营复杂性以及董事会的监督需求正相关，与股东对管理层的监督程度、公司外界经营环境造成的监督成本负相关，最终控制人为国有性质的公司董事会规模更大、结构更不独立。

上述研究表明，尽管董事会结构受到政府有关规制政策的影响，但它并不是外生的，而是受企业特征影响的内生变量。在企业的诸多特征中，多元化是重要的方面。一方面，多元化企业的规模往往比专业化企业大；另一方面，多元化企业的发展机会也不同于专业化企业。因此，现有研究所表明的企业规模和发展机会对董事会结构的影响，也可能是多元化战略所带来的。然而，现有的国内外研究仅 Sanders 和 Carpenter（1998）以美国企业为样本考察了国际多元化战略对董事会结构的影响，结果发现，国际多元化显著提高了董事会规模和独立董事比例。中国企业在所有权结构、经营环境、文化传统、政府规制政策等各方面都与美国企业存在显著差异，以美国企业为样本得出的结论未必适用于中国。因此，本节以中国制造业上市公司为样本比较分析国际多元化战略和行业多元化战略对董事会结构的影响。

一　多元化战略与董事会结构

董事会的基本功能有两个：一是向管理者提出建议；二是监督管理者（Adams and Ferreira，2007）。董事会履行这两个基本功能的成本和收益很可能在企业间存在很大差异，这导致了在企业特征和董事会结构之间存在系统性联系。

董事会结构主要包括三个特征：董事会规模、董事会独立性和董事会领导权结构。董事会规模指董事会中包含的董事数量。董事会独立性指董事会能够不受 CEO 以及其他高层管理者的影响而独立工作，主要与独立董事比例有关。董事会领导权结构指董事长和

CEO 是否为同一人。多元化战略主要与董事会规模和董事会独立性相关。

1. 董事会规模

较大的董事会规模的主要优势在于能够获得更多的关于产品市场、技术、政府政策等影响企业价值的信息。较大的董事会规模的主要不利之处则在于协调成本和免费搭车问题。协调成本随董事会规模的增大而增加。Buchanan 和 tullock（1965）曾指出，在任何给定的规则下，制定集体决策的预期成本在小单位要比大单位更少。一般而言，一个董事会成员的平均影响力与董事会规模负相关，这容易导致免费搭车问题。对董事来说，获取关于企业相关的信息和积极监督管理者要承担私人成本，随着影响力的下降，董事会成员获取信息和监督管理者的动力也下降了。因此，当董事会规模变大时，董事会成员之间的免费搭车问题也增大了。最终，董事会规模的选择由较大的董事会规模所带来的更多的信息和更高的决策制定成本之间的权衡决定。

企业经营环境越复杂，董事会的信息搜集越具有价值。因此，董事会规模是企业经营复杂性的函数，企业经营越复杂，董事会规模越大。与专业化企业相比，无论是国际多元化还是行业多元化，多元化企业的经营环境更为复杂。处理多元化所带来复杂性的一个方法是增加具有专业知识的董事会成员。同时，更大或更多元化的企业也会增加董事会成员以把任务分配给考核委员会、审计委员会等董事会下设的各委员会，而不是把董事会作为一个整体来行动。这样，多元化可能导致更大的董事会规模。

然而，至少有两点原因使得多元化可能降低董事会规模。首先，多元化企业的经营涉足多个行业或多个市场，董事会成员获取相关信息的成本更高，协调成本也更高。其次，Lehn，Patro 和 Zhao（2009）认为，董事会规模与增长机会呈负相关关系，原因有两点：第一，监督管理者的成本随企业发展机会而增加，更大的董事会所带来的免费搭车问题在高增长机会的企业里更严重。为了激励董事会成员承担在高增长企业里较高的监督成本，董事会规模应该较小。第二，有更高增长机会的企业通常有更灵活的公司治理结构。因为这些企业在更具有波动性的环境里经营，需要能够便利迅速制定决策的治理结构。改变公司战略的成本很可能与董事会规模正相关。Marris（1963）指出，多元化扩张是企业重要的增长方式，多元化能够给企业提供更多的增长机会，从而可能降低董事会规模。

基于上述分析，本节提出如下假设：

假设1：国际多元化战略和行业多元化战略会影响到董事会规模的选择，但影响方向不确定。

2. 董事会独立性

除了影响董事会规模，企业运营的范围和复杂性还会影响董事会的构成。平均而言，多元化企业的规模比专业化企业要大，而高层管理者的持股比例通常随企业规模的增长而下降。同时，多元化企业有更大的自由现金流的代理成本，关于多元化企业内部各个分部的绩效也更缺乏透明度。因此，管理者和股东之间的代理冲突随企业规模的增加而上升。Crutchley，Garner 和 Marshall（2002）指出，由于大规模通常带来更严重的代理问题，更大的企业通常要求更多的外部董事。Coles，Daniel 和 Naveen（2008）发现，多元化企业通常雇佣更多的独立董事来监控它们更多的业务领域。

多元化企业面临更严重的信息不对称问题，这也可能影响董事会的构成。信息不对称会损害外部董事履行建议和监督的功能。在多元化企业里，外部董事通常没有能力来处理关于企业跨国或跨行业经营的复杂信息；并且，董事所获得的很大一部分信息是来自于高层管理者，由于董事会成员还要履行监督功能，企业的高层管理者有动机传递扭曲的信息，这种扭曲在多元化企业里更容易。这样，与专业化企业相比，多元化企业的外部董事更缺乏能力来处理

相关信息，也更难以获取正确的信息。而内部董事可以避免这些
问题。

因此，多元化通过增加代理问题而可以提高独立董事比例，通
过增加信息不对称问题而降低独立董事比例。最终结果如何，是一
个实证问题。基于此，本节提出如下假设：

假设2：国际多元化战略和行业多元化战略会影响到董事会中
独立董事所占比例，但影响方向不确定。

二　实证分析

董事会规模和独立性可能是内生决定的，参照 Boone, Field 和
Karpoff et al.（2007）的方法，我们采用两种方式来控制董事会结
构的内生性问题。首先，我们采用面板数据模型，在所有回归模型
中包括了行业固定效应。潜在的经济环境可能同时决定了董事会规
模和独立性，行业固定效应可以控制这些潜在的因素。在同一行业
中的企业面对相同的生产技术和市场条件，正是这些因素导致了内
生性问题。其次，我们引入工具变量来控制董事会规模和独立性可
能存在的内生性。在模型中，工具变量是这些变量的前一期数值。
举例来说，对企业 i 在 t 年的观测值，对董事会规模的工具变量是
董事会规模在 $t-1$ 年的观测值。在董事会规模的回归中，我们包
括的工具变量是董事会独立性与董事长和总经理是否两职合一；在
董事会独立性的回归中，我们包括的工具变量是董事会规模与董事
长和总经理是否两职合一。

本节构建如下模型来考察国际多元化和行业多元化对董事会规
模和独立性的影响：

$$BoardSize = \beta_0 + \beta_1 int + \beta_2 ind + \beta_3 size + \beta_4 TD + \beta_5 rd$$

$$+ \beta_6 beta + \beta_7 first + \beta_8 hold + \beta_9 q + \beta_{10} year + \sum_{i=1}^{8} \alpha_i DUM + u$$

$$(6.1)$$

$$BoardIndep = \beta_0 + \beta_1 int + \beta_2 ind + \beta_3 FCF + \beta_4 rd + \beta_5 beta$$

$$+ \beta_6 first + \beta_7 hold + \beta_8 q + \beta_{10} year + \sum_{i=1}^{8} \alpha_i DUM + u \quad (6.2)$$

这里，*BoardSize* 和 *BoardIndep* 分别为董事会规模和董事会独立性，是本节的被解释变量。其中，董事会规模用董事会人数的自然对数度量，董事会独立性用独立董事人数占董事会人数的比例度量。

本节的主要解释变量是国际多元化和行业多元化，分别用 *Dint* 和 *Dind* 表示。本节采用虚拟变量法来度量国际多元化和行业多元化。

前面我们已表明，企业经营复杂性会影响到董事会结构，除多元化变量外，本节还采用企业规模和资本结构来度量企业复杂性：企业规模（*size*），用企业总资产的自然对数度量；资本结构（*lev*），用总负债与总资产之比度量。企业规模和资本结构主要影响董事会规模①。

外部董事面临信息获取和处理方面的成本。尽管增加董事可以增加额外的信息，但除了支付给董事的报酬，它也增加了免费搭车和协调成本。Maug（1997）指出，对于信息不对称程度较高的企业来说，监督成本也较高。这样，董事会的规模和独立性随监督成本的提高而下降。Demsetz 和 Lehn（1985）认为，企业经营环境的波动性会影响监督成本，波动性越大，监督成本越高。同时，Jensen（1993）指出，对高增长企业的监督成本也更高。本节采用 4 个变量来度量监督成本：首先，我们用研发强度（*rd*）和 *Tobin's q* 来度量企业的增长机会。研发强度用研发支出与企业营业收入之比度量；*Tobin's q* 用股权的市场价值与债务的账面价值之和除以总资产

_____

① 在回归分析中，我们也检验了企业规模和资本结构对董事会独立性是否有影响，但统计上非常不显著。

度量。其次，我们用系统性风险来度量企业经营环境的波动性，系统性风险指资本资产定价模型中的贝塔（β）值，用 beta 表示。最后，公司治理变量可能直接影响监督成本，因此我们引入了第一大股东持股比例（first），第一大股东有动力也有能力来直接监督管理者，有助于降低监督成本。

促使管理者的行为符合所有者的利益，除了监督的方式外，还可以采取激励的方式。高管持股比例就是对管理者的一种激励，高管持股比例越高，企业对董事会监督的需要就越弱。因此，高管持股比例与董事会规模和独立董事比例可能负相关。这样，本节把高管持股比例（hold）作为控制变量包括在回归分析中。

Jensen（1986）指出，自由现金流存在较高的代理成本。管理者在使用现金时更为随意，现金也更容易转化为管理者的个人利益。因此，自由现金流较高的企业需要更多的外部董事来监督管理者。本节用现金净增加额与总资产之比来度量自由现金流，用 FCF 表示。

表 6.1 是对方程（6.1）和方程（6.2）的回归结果。我们首先来看一下多元化战略对董事会规模的影响。如果不考虑企业规模，国际多元化战略显著提高了董事会规模，而行业多元化战略显著降低了董事会规模；但当把企业规模包括在回归分析中时，国际多元化战略对董事会规模的影响由正变为负，统计上不显著。同时，加入企业规模变量后，模型的解释能力提高了 1 倍多，表明企业规模是影响董事会规模的主要因素。

与预测相一致，企业规模和资本结构显著提高了董事会规模，第一大股东持股比例显著降低了董事会规模。但与预测不一致的是，研发强度、系统性风险和 Tobin's q 与董事会规模显著正相关。高管持股比例对董事会规模没有统计上显著的影响，这可能是目前中国上市公司高管持股比例过低的缘故。

表 6.1   多元化战略与董事会结构回归结果

	BoardSize		BoardSize		BoardIndep	
	系数	标准差	系数	标准差	系数	标准差
常数项	1.976***	0.187	0.871***	0.211	0.522***	0.035
$Dint$	0.069***	0.002	−0.035	0.028	0.009**	0.004
$Dind$	−0.03***	0.004	−0.037***	0.005	−0.017**	0.009
$size$			0.11***	0.016		
TD	0.135**	0.069	0.08***	0.032		
rd	0.628***	0.219	0.519**	0.324	−0.203***	0.072
$beta$	0.047***	0.01	0.051**	0.031	−0.029***	0.01
$first$	0.000	0.001	−0.001**	0.0004	0.000	0.000
$hold$	−0.024	0.105	0.065	0.079	−0.000	0.01
q	−0.003	0.01	0.017***	0.004	−0.000	0.000
FCF					−0.041**	0.02
R^2	0.14		0.16		0.19	
$Adj - R^2$	0.138		0.157		0.189	
$F - statistic$	98.51		158.64		149.73	

　　就多元化战略对董事会独立性的影响而言，表 6.1 的结果表明国际多元化战略显著提高了独立董事比例，而行业多元化显著降低了独立董事比例。这些结果表明，国际多元化战略和行业多元化战略对董事会结构的影响存在差异。就控制变量而言，研发强度和系统性风险对独立董事比例有显著的负向影响，这与预测是一致的。第一大股东持股比例和高管持股比例对独立董事比例

没有统计上显著的影响。与预测不一致的是，自由现金流显著降低了独立董事比例，原因可能在于，中国上市公司中管理者控制现象较为严重，独立董事比例很可能为管理者所控制。在自由现金流较高的企业里，降低独立董事比例可以使管理者更容易地获取私人利益。

三　内生性问题

本节构建如下模型来考察董事会规模和董事会独立性之间的内生性问题：

$$
\begin{aligned}
BoardSize ={} & \beta_0 + \beta_1 int + \beta_2 ind + \beta_3 size + \beta_4 TD \\
& + \beta_5 rd + \beta_6 beta + \beta_7 first + \beta_8 hold_t + \beta_9 q \\
& + \beta_{10} BoardIndep_{t-1} + \beta_{11} one_{t-1} + \beta_{12} year \\
& + \sum_{i=1}^{8} \alpha_i DUM + u \qquad (6.3)
\end{aligned}
$$

$$
\begin{aligned}
BoardIndep ={} & \beta_0 + \beta_1 int + \beta_2 ind + \beta_3 FCF + \beta_4 rd \\
& + \beta_5 beta + \beta_6 first + \beta_7 hold + \beta_8 q + \beta_9 BoardSize_{t-1} \\
& + \beta_{10} one_{t-1} + \beta_{11} year + \sum_{i=1}^{8} \alpha_i DUM + u \qquad (6.4)
\end{aligned}
$$

稳健性检验回归结果见表6.2。从中可以看到，就多元化战略对董事会规模和董事会独立性的影响而言，表6.2和表6.1的结果基本一致，仅仅是行业多元化战略对董事会规模的负向影响由统计上显著变为不显著。就控制变量而言，各控制变量系数的方向与表6.1基本一致，仅统计显著性发生了变化。这些结果表明，稳健性检验并没有明显改变表6.1的结果。

表 6.2 稳健性检验

	BoardSize		BoardSize		BoardIndep	
	系数	标准差	系数	标准差	系数	标准差
常数项	1.846***	0.074	1.473***	0.288	0.846***	0.097
Dint	0.052***	0.02	−0.01	0.03	0.018**	0.006
Dind	−0.007	0.01	−0.018	0.026	−0.015*	0.009
size			0.075***	0.009		
TD	0.144***	0.039	0.058***	0.022		
rd	0.528*	0.339	0.745*	0.422	−0.217**	0.118
beta	0.02	0.018	0.034	0.049	−0.02***	0.009
first	0.000	0.000	−0.000	0.000	0.000	0.0001
hold	0.079	0.068	0.16*	0.098	−0.011*	0.006
q	−0.009	0.007	0.008**	0.004	−0.000	0.000
FCF					−0.021	0.018
BoardSize（t−1）					−0.044***	0.01
BoardIndep（t−1）	−0.681***	0.255	−1.221***	0.464		
BoardLeader（t−1）	−0.074***	0.031	−0.187***	0.0665	−0.013*	0.008
R^2	0.152		0.23		0.112	
$Adj-R^2$	0.15		0.228		0.109	
$F-statistic$	170.15		241.97		90.35	

四　小结

本节利用中国制造业上市公司 2009—2015 年的数据探讨了国际多元化战略和行业多元化战略对董事会结构的影响。结果表明，国际多元化和行业多元化对董事会规模没有统计上显著的影响；国际多元化战略显著提高了独立董事比例，而行业多元化战略显著降低了独立董事比例。梁迩偲（2011）利用中国上市公司的数据发现独立董事比例能够提高公司绩效，徐高彦（2011）也发现独立董事比例可以间接提高公司价值。这样，对独立董事比例的不同影响可以部分解释国际多元化战略和行业多元化战略为何对企业绩效存在不同的影响。

第二节　国际多元化战略对管理层激励的影响

新古典企业理论主要从技术角度研究企业，企业被描述为一个生产函数，其经营目标是投入生产要素生产产品以实现利润最大化。该理论忽略了企业的内部组织和激励问题。Coase（1937）最先揭开了企业内部的"黑箱"，指出企业存在的根本原因在于节省交易成本，企业的治理结构是一种契约安排。Berle 和 Means（1932）指出，所有权和经营权的分离导致了所有者和管理者之间的利益冲突；所有者和管理者之间的信息不对称以及所有权的分散使得管理者损害所有者利益的现象时有发生。

如何使管理者按照所有者的利益行事？两个基本手段是监督和激励，二者缺一不可。管理层激励是指在公司治理结构中对管理层的激励问题，它处于委托代理理论的核心位置，也是企业契约的一个重要组成部分。现有的理论和实证研究也表明，对管理层的激励有助于提高企业绩效和经济效率。接下来的一个问题是，哪些因素影响管理层激励呢？或者说，在设计管理层激励方案时应该考虑哪些因素呢？

实际上，影响管理层激励的因素有很多，企业规模、所有权性质、资本结构、企业战略等因素都会影响到企业管理层激励方案的设计。随着世界经济一体化进程的加快和国际市场竞争的进一步加剧，企业所面临的经营环境发生了巨大的变化，并且变化速度越来越快。在这种情况下，越来越多的学者和企业开始注重管理层激励在企业战略实施中的重要作用，指出管理层激励方案应随企业战略的变化而变化，从而使其能够有效推进企业战略的实施。

多元化战略是企业发展到一定程度后普遍采用的经营战略，是企业的重要成长方式。与专业化企业相比，多元化企业都会面临多点竞争，迫使它们像一个整体一样采取行动，这就使得管理多元化企业的复杂性要高于专业化企业。这样，多元化企业能否生存下去就取决于它们处理更高复杂性的能力。企业能否成功处理这种复杂性的关键因素在于它的治理结构，尤其是管理层激励和董事会结构。然而，现有研究主要集中于探讨多元化战略与企业绩效之间的关系，关于多元化战略通过何种机制影响企业绩效的研究却很少。我们认为，管理层激励是多元化战略影响企业绩效的重要机制。

一　管理层激励相关文献综述

现有研究表明，企业规模、发展机会、自由现金流、风险、企业战略等因素会影响管理层激励机制的设计。

就企业规模而言，Demsetz 和 Lehn（1985）认为，给定公司所在的市场，存在最优的企业规模和管理者激励水平，如果企业规模较大，那么管理层激励水平也应该较高；Smith 和 Watts（1992）也认为企业规模越大，管理层激励水平应该越高。这一结论得到了Himmelberg，Hubard 和 Palia（1999），以及 Core 和 Guay（1999）的研究的支持。他们利用美国企业的数据进行实证研究发现，管理层激励水平以递减的比率随企业规模而增长。

就企业的预期发展机会来说，Smith 和 Watts（1992）认为，企业的预期发展机会使得股东和独立董事对管理者的评价更为困难，但借助于股权激励形式可以降低监督成本。Core 和 Guay（1999）的实证研究结果表明，具有较高发展机会的企业也有较高的股权激励水平。

自由现金流通过对代理成本的影响而影响管理层激励。Jensen（1986）指出，如果一个公司的自由现金流在总资产中所占比例较高，管理者谋求私利的可能性更强，因此自由现金流的代理成本较高。为了减轻高自由现金流所带来的较高的代理成本，就需要给予管理者更高的股权激励水平。Himmelberg，Hubbard 和 Palia（1999）发现，营业收入与管理层激励水平之间呈正相关关系。Core 和 Guay（1999）的研究则表明，对于低增长机会的企业而言，管理者股权激励水平与自由现金流正相关。

就风险而言，一般的观点认为，激励和风险之间存在替代关系，如果企业风险较大，给定管理者的风险规避倾向，应降低对管理者的激励。Demsetz 和 Lehn（1985）认为，如果市场环境不确定性较大，那么对管理者的监督成本就会比较高，管理者的风险厌恶倾向意味着对其激励水平应该较低，这就需要较高的股权集中度来提高大股东的监督动力和能力。Aggarwal 和 Samwick（1999）以及 Wulf（2007）都以美国企业为样本的实证研究表明，在管理层激励和风险之间存在负相关关系。

国内研究方面，周嘉楠和黄登仕（2006）发现管理层报酬绩效敏感度与风险之间存在负相关关系，但显著性较弱。许均平（2006）考察了管理层激励的影响因素，结果发现，所有权性质、行业特征、企业经营状况、规模、管理层结构、大股东持股比例是影响管理层激励的重要因素。母泽洪、金波涛和张立军（2009）发现，资本规模、企业绩效、风险和行业是高管激励的重要影响因素，而董事会特征与高管激励的相关性并不显著。梁英（2011）则发现产品市场竞争能够提高高管报酬的激励效果，并且这种作用对民营企业更为显著。王卉（2012）分析了机构投资者对管理层激励的影响，结果发现，机构投资者持股显著提高了管理层的薪酬水平。刘西友和韩金红（2012）考察了企业社会责任履行度与高管激励之间的关系，结果发现，上市公司的社会责任履行度越高，高管薪酬越高；进一步研究则发现国有上市公司更加重视社会责任履行度在高管激励中的作用。卢慧芳和吴华晶（2013）发现融资约束与管理层薪酬激励显著负相关。吴作凤（2014），以及徐虹、林钟高和李倩（2015）都研究了管理层权力对股权激励的影响，结果发现管理层权力越大，股权激励强度越大。

关于企业战略对管理层激励的影响主要集中于行业多元化战略。Kerr（1985）研究了在 20 家大型工业企业中行业多元化战略和管理者报酬机制设计的关系。他区分了三种报酬机制：基于等级的报酬体制、基于绩效的报酬体制以及混合体制。研究表明，一个企业总体多元化水平不会影响报酬机制的设计；企业各单位之间的相关性的程度与报酬机制设计仅有微弱的关系；而多元化的过程能说明这三种报酬体制中的两种。Leontiades 曾把多元化过程区分为两种：稳定状态和演化。对于演化企业来说，增长主要通过收购进行；在稳定状态企业中，增长主要通过内部发展实现。Kerr（1985）把这两种多元化增长模式与管理者报酬机制设计联系起来，发现稳定状态的企业主要采用基于等级的报酬机制，而演化的企业主要采用基于绩效的报酬机制。混合体制主要被处于多元化战略转变状态的企业采用。由此，Kerr（1985）认为，实现多元化的过程比某个时点上的多元化累积程度对管理者报酬机制的设计有更大的影响。Rose 和 Shepard（1997）的研究结果表明，企业多元化看起来显著地与更高的报酬相连。Anderson，Bates，Bizjak et al.（2000）则发现，相对于专业化企业，行业多元化企业的 CEO 有更低的股票所有权和更低的报酬—绩效敏感度。Sanders 和 Carpenter（1998）则发现，国际多元化企业通常有更大的高层管理团队，给 CEO 的回报也更高、更长，并且董事长和 CEO 两权分离。国内仅邵军和刘志远（2006）探讨了行业多元化战略与管理层激励之间的关系，研究结果表明，行业多元化程度与现金薪酬之间呈负相关关系；行业多元化程度与管理层持股比例之间呈正相关关系。

二　国际多元化和行业多元化对管理层激励的影响之比较

对管理层的激励手段有多种，本节主要关注薪酬激励和股权激励，前者可看作是短期激励，后者可看作一种长期激励，这两种激励形式具有显著不同的特点。多元化战略既会影响薪酬激励，也会影响股权激励，但影响的机制却不同。

与专业化企业相比，多元化企业的一个明显的特点在于其复杂性，原因有两点：第一，当企业的经营超出原有的行业范围或国内市场时，它将面临顾客、竞争者、规制政策等方面的多样性，国际多元化企业更会面临文化、制度、经营环境等方面的多样性。企业原有的组织制度、组织文化、管理方法等就无法适应这种多样性的要求，这就给管理者带来挑战。第二，无论是行业多元化企业还是国际多元化企业，存在巨大的压力实现产品或市场的协同效应。实际上，（经营或财务）协同效应也是企业采取多元化战略的动因之一。但现有研究大多表明行业多元化战略存在折价现象，这说明协同效应并不容易实现。实现协同效应给管理者带来了新的任务，增加了多元化企业经营的复杂性。

多元化企业经营的复杂性还增加了对企业和高层管理者的信息处理要求。企业必须发展出能够有效搜集和处理相关信息的信息处理机制来应对多元化所带来的复杂性。多元化所带来的顾客、竞争者、文化制度等方面的多样性增加了高层管理者必须处理的信息的幅度、范围、多样性和不一致性。举例来说，当企业多元化扩张时，分部间的相互依赖和协调的要求也增加了，信息处理问题加剧了。

这种复杂性和信息处理问题通过两种方式影响到管理层的薪酬激励：第一，多元化企业经营的复杂性以及相伴随的信息处理问题加剧了所有者和管理者之间的信息不对称，使得所有者缺乏专业知识和能力、也难以获得相关信息来监督管理者。在这种情况下，所有者不得不更多地依赖激励的方式。第二，管理多元化企业的复杂性客观上也要求高层管理者具备更高的管理能力，更高的管理能力也要求获得更高的薪酬。因此可得如下假设：

假设 1：国际多元化战略和行业多元化战略与管理层薪酬激励显著正相关。

然而，有些企业既采取国际多元化战略，也采取行业多元化战略。同时采取两个维度的多元化战略所带来的复杂性和信息处理问题必然要高于仅采取其中一种多元化战略。这样，国际多元化战略有可能和行业多元化战略存在交叉效应。因此，本节提出如下假设：

假设 2：国际多元化战略和行业多元化战略对管理层薪酬激励存在交叉效应，并且这种效应显著为正。

多元化战略对管理层股权激励的影响则取决于企业风险。根据激励和风险的权衡理论，给定管理者的风险规避倾向，企业的经营风险越大，对管理者的股权激励应该越低。前面我们已表明，国际多元化战略显著降低了企业经营风险，行业多元化战略对企业经营风险的影响统计上不显著。这样，通过对企业经营风险的不同影响，国际多元化战略能够提高管理层的股权激励，而行业多元化战略则可能降低管理层股权激励。基于此，本节提出如下假设：

假设 3：国际多元化战略对管理层股权激励有正的影响，行业多元化战略对管理层股权激励有负向影响。

实际上，让管理者的行为符合所有者的利益除了激励的方式之外，还可以采取监督的方式。激励也是有成本的，具体采用哪种方式，取决于激励成本和监督成本的比较。尽管在不确定的环境下，采用激励的方式成本很高，但监督成本也很高。Prendergast（2002）的模型表明，在稳定的环境下，所有者知道管理者应该做什么，所有者可以直接给管理者下命令，所以所有者可以使用监督来代替激励。而在一个高度不确定的环境里，所有者缺乏足够的信息和能力来指使管理者的行为。这时，把决策权下放给管理者是最优的，这有助于管理者私人信息的有效使用。因此，为了使所有者与管理者的利益一致，就需要使用激励契约。这样，监督成本就会调节风险和激励之间的权衡关系：如果监督成本不受企业风险的影响，那么风险和激励之间存在权衡关系；如果监督成本随企业风险的提高而上升，那么风险和激励之间有可能存在正相关关系。

显然，监督成本随企业风险的变化而变化，只不过在不同的企业里监督成本随风险变化的比例有所不同。第一大股东持股比例越高，其更有动力也更有能力来监控企业。这样，第一大股东持股比例将有可能缓和多元化战略和管理层激励之间的关系。举例来说，如果国际多元化的风险降低效应使得国际多元化战略提高了管理层激励水平，这时，为了降低激励成本，第一大股东会加强对管理者的监督。在回归模型中，国际多元化战略和第一大股东持股比例的交叉项就为负。

管理层薪酬主要来自于固定工资和奖金，具有短期性。企业风险的变化主要对长期激励产生影响。因此，第一大股东持股的调节作用更可能体现在多元化战略和管理层股权激励之间的关系上。基于此，本节提出如下假设：

假设4：第一大股东持股比例会调节多元化战略和管理层股权激励之间的关系。

三　变量说明

1. 被解释变量

本节的被解释变量为管理层激励，采用两种方法度量：一是管理层年度薪酬的自然对数，用来度量对管理层的短期激励，用 *salary* 表示；二是管理层持股比例，用来度量对管理层的长期激励，用 *stock* 表示。本节所称的管理层包括董事会成员、监事会成员和公司高管人员。

2. 解释变量

本节的解释变量为国际多元化和行业多元化，采用虚拟变量法度量。

3. 控制变量

根据以前的研究，本节把以下变量作为控制变量包括在回归分析中：

（1）规模。规模会对管理层激励产生影响，但对不同的激励手段，其影响方式可能存在显著不同。由于对管理层年度薪酬的度量一般采用绝对值，这样，规模越大，管理层年度薪酬水平可能越高。管理层持股比例采用的是相对值，规模越大，管理层持股比例可能越低。同时，规模对管理层激励的影响可能并不是线性的。本节采用企业总资产的自然对数来度量企业规模，用 $size$ 表示。

（2）赢利能力。企业的赢利能力越强，管理层获得的薪酬水平应该越高，管理层也更愿意持有更多的公司股票。因此，企业赢利能力应该与管理层激励水平正相关。本节采用资产回报率（ROA）来度量企业的赢利能力，ROA 为息税前收益与总资产之比。

（3）发展机会。企业所面临的发展机会越大，对管理者的评价和监督越困难，这时需要更多地采用激励的方式。本节采用资本支出比来度量企业所面临的发展机会，资本支出比用资本支出与总资产之比度量，其中资本支出指购建固定资产、无形资产和其他长期资产支付的现金，用 $capex$ 表示。

（4）风险。根据风险和激励之间的权衡关系，给定管理层的风险规避倾向，风险越大，对管理层的激励应该越低。同时，风险对管理层的短期激励和长期激励具有不同的含义：风险对管理层长期激励的影响要更大。本节采用历史 3 年资产回报率（ROA）的标准差除以其均值的绝对值来度量公司的经营风险，用 $risk$ 表示。

（5）资本结构。Jenson 和 Meckling（1976）指出，债务也是一

种治理机制，在一定程度上，债权人对管理者的监督可以代替所有者的监督，所有者监督成本的下降使得所有者更多地使用监督的方式，从而降低了对管理层激励的需要。因此，可以预测，债务水平越高，管理层的激励水平越低。本节采用总负债与总资产之比来度量资本结构，用 TD 表示。

（6）公司增长率。一般而言，公司增长率越高，对管理层的补偿也越高。因此，公司增长率与管理层激励水平正相关。本节采用本年营业收入与上一年营业收入之比再减去 1 来度量公司增长率，用 $growth$ 表示。

（7）所有权性质。国有控股企业的国有性质往往限制了各种激励手段的使用；同时，国资委等有关政府部门也会重点监督国有控股企业。这样，国有控股企业的管理层激励水平可能低于非国有控股企业。本节对国有控股企业取值为 1；其他企业取值为 0，用 own 表示。

（8）第一大股东持股比例。第一大股东持股比例既是控制变量，也是本节关注的调节变量。第一大股东持股比例越高，第一大股东越有动力和能力来监督管理者，从而降低了对管理层激励的需要。本节用 $first$ 来表示第一大股东持股比例。

四　多元化战略与管理层激励实证分析结果

1. 描述性统计分析

表 6.3 按照企业是否采取多元化战略把样本分为四类：第一类是既采取国际多元化战略也采取行业多元化战略的企业，共有 207 个观测值；第二类是仅采取国际多元化战略的企业，共有 763 个观测值；第三类是仅采取行业多元化战略的企业，共有 1158 个观测值；第四类是专业化企业，共有 2452 个观测值。

从表 6.3 可以看到，第一类企业的薪酬水平要显著高于其他企业；方差分析的 P 值表明，这四类企业中，至少有两类企业的薪酬水平存在显著差异。就管理层持股比例而言，国际多元化企业的管理层持股比例最高，而行业多元化企业的管理层持股比例最低，甚至不及专业化企业的一半。多元化企业的规模要高于专业化企业，并且国际多元化企业的规模要高于行业多元化企业。就企业经营风险而言，行业多元化企业的风险最高，国际多元化企业的风险最低①。四类企业在资本结构方面并没有显著差异。国际多元化企业的增长率要显著高于其他企业，而行业多元化企业的增长率最低，这或许反映了样本中国际多元化企业不断增加、行业多元化企业不断减少的趋势。就所有权性质而言，专业化企业中国有控股比例最高，原因可能在于，与非国有控股企业相比，国有控股企业的经营受到更多地限制。尽管国际多元化企业的规模更大，但国际多元化企业的第一大股东持股比例更高。就赢利能力而言，国际多元化企业的资产回报率最高，显著高于其他类别的企业，这反映了国际多元化战略能够提高企业绩效。国际多元化企业的资本支出比也显著高于其他企业，而行业多元化企业的资本支出比最低，反映了国际多元化战略能够给企业带来更高的发展机会。

表 6.3　　　　　　　　　　　　描述性统计分析

变量	国际多元化和行业多元化企业		国际多元化企业		行业多元化企业		专业化企业		P 值
	均值	方差	均值	方差	均值	方差	均值	方差	
salary	15.857	0.715	15.31	0.894	14.672	0.564	14.391	0.409	0.000
stock	0.052	0.013	0.048	0.015	0.029	0.007	0.043	0.031	0.004
size	22.918	1.526	22.587	1.335	21.983	0.907	21.651	1.277	0.000

---

①　注意，这里对样本的划分方法与第三部分不同，所以这里各类企业风险的均值与第三部分也不同。

续表

变量	国际多元化和行业多元化企业		国际多元化企业		行业多元化企业		专业化企业		P 值
	均值	方差	均值	方差	均值	方差	均值	方差	
risk	1.143	10.285	1.027	11.39	2.946	50.44	2.382	20.374	0.382
TD	0.509	0.026	0.529	0.067	0.537	0.06	0.483	0.08	0.185
growth	0.197	0.101	0.251	0.668	0.172	0.258	0.169	0.147	0.04
own	0.122	0.132	0.128	0.116	0.196	0.144	0.229	0.141	0.000
first	30.136	199.33	34.88	213.18	32.565	177.364	343.84	189.61	0.029
ROA	0.065	0.004	0.084	0.006	0.053	0.01	0.058	0.007	0.000
capex	0.072	0.001	0.079	0.003	0.058	0.004	0.068	0.009	0.03
观测值	207		763		1158		2640		

2. 多元回归结果

本节构建如下模型来考察国际多元化和行业多元化对管理层激励的影响：

$$incentive = \beta_0 + \beta_1 Dint + \beta_2 Dind_{it} + \beta_3 size + \beta_4 ROA$$
$$+ \beta_5 risk + \beta_6 TD + \beta_7 growth + \beta_8 own + \beta_9 first$$
$$+ \beta_{10} capex + \beta_{11} year + \sum_{i=1}^{8} \alpha_i DUM + u \qquad (6.5)$$

这里，*incentive* 为管理层激励，分别用管理层薪酬水平（*salary*）和管理层持股比例（*stock*）度量。

对方程（6.5）的回归结果见表 6.4。表 6.4 的模型 1 表明，国际多元化和行业多元化都与管理层薪酬水平正相关，但仅对国际多元化变量统计上显著；同时，从经济意义上看，国际多元化变量的影响要远远大于行业多元化变量。表 6.4 的模型 2 则考察了多元化战略对管理层股权激励的影响。结果表明，国际多元化变量与管理层持股比例正相关，但统计上不显著；而行业多元化变量显著降低了管理层持股比例。

与专业化企业相比，国际多元化企业和行业多元化企业的规模要更大一些。在模型 1 和模型 2 中，规模与管理层薪酬水平显著正相关，与管理层持股比例显著负相关，这与预测是一致的。但根据以往的研究，规模与管理层激励之间的关系可能是非线性的。如果是这样，规模与管理层激励之间的非线性关系可能会影响到多元化战略与管理层激励之间的关系。为进一步探讨该问题，我们在表 6.4 的模型 3 和模型 4 中加入了规模的二次项。结果表明，规模和管理层薪酬水平之间不存在非线性关系，但与管理层持股比例之间存在显著的非线性关系：规模和管理层持股比例之间呈先下降后上升的 U 型关系。但加入规模的二次项并不影响模型 1 和模型 2 得到的结果。

就控制变量而言，资产回报率与管理层薪酬水平、管理层持股比例都呈显著的正相关关系。风险与管理层激励负相关，但仅对管理层持股比例统计上显著。与预测相一致，资本结构与管理层激励负相关，但仅对管理层薪酬水平统计上显著。企业增长率对管理层薪酬水平有显著的正向影响。国有控股对管理层持股比例有显著的负向影响，对管理层薪酬水平也有负向影响，但统计上不显著。这可能是国有企业对管理层的激励存在各种限制的缘故。第一大股东持股比例对管理层薪酬水平和管理层持股比例有显著的负向影响，这体现了第一大股东对管理层的监督作用。资本支出比对管理层薪酬水平和管理层持股比例有显著的正向影响，这与预测是一致的。这些结果说明，影响管理层短期激励和长期激励的因素是不同的。

表6.4   多元化战略与管理层激励回归结果

解释变量	模型1：salary		模型2：stock		模型3：salary		模型4：stock	
	系数	标准差	系数	标准差	系数	标准差	系数	标准差
常数项	6.861***	0.447	1.241***	0.289	9.547***	3.281	3.305***	0.901
$Dint$	0.423***	0.054	0.029	0.03	0.527***	0.201	0.008	0.01
$Dind$	0.101	0.096	−0.011***	0.004	0.064*	0.033	−0.021***	0.008
$size$	0.313***	0.02	−0.014***	0.004	−0.005	0.59	−0.207***	0.081
$size^2$					0.009	0.012	0.006***	0.003
ROA	1.729***	0.411	0.213***	0.098	2.01***	0.509	0.101***	0.038
$risk$	−0.000	0.0005	−0.0003***	0.0001	−0.000	0.0007	−0.0003**	0.0001
TD	−0.314***	0.135	−0.04	0.052	−0.36***	0.108	−0.027	0.03
$growth$	0.01***	0.002	0.000	0.0001	0.014***	0.005	0.000	0.001
own	−0.003	0.105	−0.053**	0.029	−0.01	0.042	−0.05***	0.02
$first$	−0.004***	0.000	−0.001***	0.0003	−0.003***	0.001	−0.002***	0.0003
$capex$	0.487**	0.269	0.113***	0.046	0.608**	0.325	0.206***	0.083
$year$	0.075***	0.021	−0.002	0.007	0.081***	0.02	−0.006	0.008
R^2	0.452		0.118		0.461		0.12	
$Adj-R^2$	0.449		0.117		0.46		0.119	
$F-statistic$	985.23		231.58		989.47		240.63	

3. 国际多元化和行业多元化的交叉效应

本节在方程（6.5）的基础上加入国际多元化变量和行业多元化变量的交叉项来考察国际多元化和行业多元化是否对管理层激励

存在交叉效应，结果见表6.5的模型1和模型2[①]。从中可以看到，交叉项对管理层薪酬水平有显著的正向影响；而对管理层持股比例的影响虽然为正，但统计上很不显著。原因可能在于，与其他企业相比，同时采取国际多元化战略和行业多元化战略的企业的主要特点在于其经营复杂性大大提高，从而提高了管理层薪酬水平。假设2得到了证实。加入国际多元化和行业多元化的交叉项后，表6.4的结论并没有发生改变：国际多元化战略对管理层薪酬水平有显著的正向影响，行业多元化对管理层持股比例有显著的负向影响。假设1和假设3得到部分证实。

表6.5 交叉效应和调节作用考察

解释变量	模型1：salary		模型2：stock		模型3：salary		模型4：stock	
	系数	标准差	系数	标准差	系数	标准差	系数	标准差
常数项	6.468***	0.442	3.317***	0.902	6.465***	0.442	3.317***	0.928
$Dint$	0.431***	0.052	0.007	0.01	0.431***	0.05	0.006	0.01
$Dind$	0.103	0.1	−0.021***	0.007	0.101	0.11	−0.022***	0.006
$size$	0.32***	0.02	−0.202***	0.083	0.32***	0.02	−0.202***	0.087
$size^2$			0.007***	0.003			0.007***	0.002
ROA	1.73***	0.412	0.101***	0.036	1.724***	0.411	0.101***	0.03
$risk$	−0.000	0.0005	−0.0003**	0.0001	−0.000	0.0005	−0.0003**	0.0001
TD	−0.31***	0.138	−0.026	0.03	−0.312***	0.133	−0.025	0.03
$growth$	0.01***	0.002	0.000	0.001	0.01***	0.002	0.000	0.001
own	−0.003	0.102	−0.05***	0.02	−0.003	0.101	−0.053***	0.023

① 由于表6.4表明规模对管理层持股比例存在非线性关系，因此在表6.5中，在因变量为管理层持股比例的回归中，加入了规模的二次项。

解释变量	模型 1：salary		模型 2：stock		模型 3：salary		模型 4：stock	
	系数	标准差	系数	标准差	系数	标准差	系数	标准差
$first$	-0.004	0.003	-0.002***	0.0002	-0.004***	0.000	-0.002***	0.0002
$capex$	0.463**	0.267	0.211***	0.084	0.447**	0.266	0.21***	0.085
$year$	0.07***	0.021	-0.007	0.008	0.071***	0.021	-0.007	0.008
$Dint \cdot Dind$	0.214*	0.08	0.02	0.03				
$Dint \cdot first$					-0.0005	0.004	-0.0006**	0.0003
$Dind \cdot first$					0.008	0.01	0.0007*	0.0004
R^2	0.468		0.118		0.461		0.121	
$Adj - R^2$	0.467		0.117		0.46		0.12	
$F - statistic$	1002.34		132.28		992.65		243.57	

4. 第一大股东持股的调节作用

本节采用如下模型来考察第一大股东持股对国际多元化、行业多元化与管理层激励之间关系的调节作用：

$$incentive = \beta_0 + \beta_1 Dint + \beta_2 Dind + \beta_3 size + \beta_4 ROA$$
$$+ \beta_5 risk + \beta_6 lev + \beta_7 growth + \beta_8 own + \beta_9 first$$
$$+ \beta_{10} capex + \beta_{11} Dint \cdot first + \beta_{12} Dind \cdot first$$
$$+ \beta_{13} year + \sum_{i=1}^{8} \alpha_i DUM + u \qquad (6.6)$$

对方程（6.6）的回归结果见表6.5的模型3和模型4。从中可以看到，国际多元化、行业多元化和第一大股东持股比例的交叉项在模型4中统计上显著。这表明，第一大股东持股比例会调节国际多元化、行业多元化与管理层持股比例之间的关系。加入交叉项后，国际多元化变量对管理层持股比例的正向影响由统计上不显著变为统计上显著，并且从经济意义上看，国际多元化变量的系数也变大；国际多元化变量和第一大股东持股比例的交叉项显著为负。这就说明，由于国际多元化降低了企业风险，国际多元化能够提高管理层股权激励程度；但与此同时，风险的降低使得第一大股东的监督能力提高了，从而使得在表6.4中国际多元化变量对管理层持股比例的正向影响不显著。行业多元化变量与第一大股东持股比例的交叉项显著为正，同时行业多元化对管理层持股比例有显著的负向影响，这就说明第一大股东持股比例能够缓和行业多元化对管理层持股比例的负向影响。假设4得到了证实。

五　小结

本节考察了国际多元化战略和行业多元化战略对管理层激励的影响。研究结果表明，国际多元化战略显著提高了管理层薪酬水平，而行业多元化战略显著降低了管理层持股比例；国际多元化战略和行业多元化战略对管理层薪酬水平存在正的交叉效应，统计上显著。国际多元化战略和行业多元化战略与管理层股权激励之间的关系还受到第一大股东持股的调节：第一大股东持股会降低国际多元化战略对管理层持股比例的正向影响，也会减轻行业多元化战略对管理层持股比例的负向影响。同时，考虑到第一大股东持股的调节作用后，国际多元化战略能够显著提高管理层股权激励。

本节的研究表明，行业多元化战略和国际多元化战略存在此消彼长的关系；二者对企业的各方面存在显著不同的影响。现有研究已表明管理层激励能够提高企业绩效，给定这一前提，国际多元化战略对管理层短期激励和长期激励的促进作用有助于其提高企业绩效；而行业多元化战略对管理层长期激励显著的负向影响是其降低企业绩效的重要机制之一。

本节的研究结果表明，多元化战略并不会自动提高企业绩效。

企业在实施多元化战略时应注意其对企业各方面所带来的影响，尽量降低多元化战略的负面效应。就管理层激励来说，企业应以发展战略为基础，依据企业所处的内外部总体情况，设计合适的管理层激励机制，使之能够促进企业战略目标的实现。具体到多元化战略，由于管理多元化企业的复杂性，所有者应对管理者支付更高水平的薪酬；同时，多元化战略的贯彻执行也需要较长的时间，因此，所有者也应注重对管理者进行长期激励。

第三节　多元化战略、薪酬差距与企业绩效

高管激励一直是经济学和管理学关注的焦点问题之一。先前的研究主要关注高管补偿的水平以及补偿—业绩敏感度，代表性研究由 Jensen 和 Murphy （1990）作出。最近十几年来，美国几起公司丑闻的发生以及中国上市公司天价年薪的出现使得高管团队内部的薪酬差距在国内外都成为学者们研究的热点问题。高管团队内部的薪酬差距主要是指公司的 CEO 和其他高级管理者之间在薪酬数额方面的差别。有哪些因素影响高管团队内部的薪酬差距呢？就国内外现有研究来看，相关理论主要包括锦标赛理论和行为理论两种。锦标赛理论认为薪酬差距能够提高企业绩效，所以支持扩大薪酬差距；行为理论认为薪酬差距会降低企业绩效，所以提倡缩小薪酬差距。就实证研究结果来看，结论也是不一致的。一些学者认为薪酬差距有助于促进企业绩效的提高，因此锦标赛理论适用于目前中国上市公司的情况，如邹媛（2007），梁彤缨、陈波和陈欣（2013），张丽平、杨兴全和陈旭东（2013），杨茜（2014），以及刘敏和冯丽娟（2015）等。有一些学者则发现，薪酬差距降低了中国上市公司的绩效，如张正堂和李欣（2007），巫强（2011），以及刘烨、裴冬雪和刘维男（2014）等。还有一些学者认为目前中国上市公司

的薪酬差距与企业绩效的关系是非线性的，例如鲁海帆（2011）的实证研究表明，高管团队内部薪酬差距对企业未来绩效产生先抑制后促进的作用；而陈丁和张顺（2010）的理论和实证分析结果则表明，薪酬差距与企业绩效之间存在倒 U 型关系，石永拴和杨红芬（2013）也发现，上市公司高管团队内部薪酬差距与公司未来绩效呈倒 U 型关系。以国外公司为样本得到的结论也是不一致的，如 Lee，Lev 和 Yeo（2008）发现薪酬差距与企业绩效显著正相关，而 Fredrickson，Blake 和 Sanders（2010）的研究则表明薪酬差距降低了企业绩效。尽管结论不一致，但这些研究至少表明薪酬差距是影响企业绩效的重要因素。

然而，目前的研究主要集中于探讨高管团队内部薪酬差距对业绩的影响，而对薪酬差距决定因素的研究却很少，且主要集中于公司治理因素。林浚清、黄祖辉和孙永祥（2003）最先探讨了中国上市公司薪酬差距的一般影响因素，结果发现，国有股、监事会规模、内部董事比例等是影响高管内部薪酬差距的主要因素。吕鹏（2010）基于多任务委托代理视角实证分析了薪酬差距的影响因素，结果发现，第一大股东的控制能力越强，管理层薪酬差距越小，公司外部环境的风险与薪酬差距正相关。巫强（2011）发现，中国上市公司高管团队内部的薪酬差距受控股股东性质影响较大。刘子君、刘智强和廖建桥（2011）利用 2006 年 440 家沪市 A 股上市公司的数据分析了高管团队内部薪酬差距的影响因素，结果表明，除公司治理因素外，企业规模也是影响薪酬差距的重要因素。饶玉蕾和黄玉龙（2013）利用沪深两市 A 股上市公司 2005—2010 年的数据探讨了股权结构对高管团队内部薪酬差距的影响，结果表明，在国有企业里，股权集中度、独立董事比例与高管团队内部的薪酬差距显著负相关，股权制衡度则与薪酬差距显著正相关；在非国有企业里，股权集中度、独立董事比例、股权制衡度都与薪酬差距正相关，但统计上都不显著。吴建军和孙璐（2013）以沪深两市 2091

家上市公司的数据作为样本发现，国有股比例和公司内部治理机制是薪酬差距的主要影响因素。张晨宇（2014）从隐性契约理论的角度探讨了晋升机会对高管团队内部薪酬差距的影响，结果表明晋升机会与薪酬差距显著负相关。袁胜军、匡倩和李青萍（2016）以2010年和2014年沪深300指数上市公司为样本发现，公司绩效、治理结构、基本特征和高管个人因素均对高管团队内部的薪酬差距具有重要影响。目前仅鲁海帆（2007）研究了行业多元化战略对高管团队内部薪酬差距的影响，结果发现，行业多元化战略显著提高了高管团队内部的薪酬差距。

一　薪酬差距的影响因素分析

1. 薪酬差距的锦标赛理论

标准的经济学理论认为，薪酬水平由边际产出决定。然而，该观点存在两方面的不足：首先，难以解释现实生活中普遍存在的薪酬差距较大的现象；其次，存在度量边际产出的困难，尤其对于管理工作而言更是如此。因此，传统的边际分析方法很难解释现实中的薪酬差距现象。锦标赛理论则从委托代理关系的角度出发来直接探讨 CEO 薪酬差距问题。

在所有权和经营权分离的情况下，管理者就有偷懒和搭便车的动机。为了促使管理者按照所有者的利益行事，基本方法有两个：监督和激励。监督还可分为对投入的监督和对产出的监督。如果监督成本较低，就可以确定管理者的边际产出或者投入，据此确定其薪酬水平就能够获得管理者的最优努力水平。然而，不但对管理者工作的产出监督困难，对管理者工作投入的监督更困难。这样，对管理者的激励是必不可少的[①]。在锦标赛机制下，随着行政层级的

---

① 实际上，激励也是有成本的，现实中企业既会采取监督的方式也会采取激励的方式，哪种方式占主导取决于激励成本和监督成本的比较。激励成本和监督成本因企业而异，并且随着企业的发展变化而变化。

提高，薪酬水平也相应提高；并且相邻层级间的薪酬差距扩大；CEO 和其他高级管理者之间的薪酬差距最大。因此，薪酬激励是对管理层激励的重要手段。

锦标赛有三个潜在优势：首先，薪酬是基于管理者边际产出的排序，排序要比精确地度量边际产出更容易，从而可以降低监督成本；其次，薪酬差距实际上是另一种类型的奖金，高额的奖金内在地具有很强的激励性，能够鼓励低层级的管理者参与排序竞争，这可以降低监督的必要性；最后，因为层级间的薪酬差距随等级水平的提高而增加，为了获得更高的薪酬，过去晋升竞争中获胜的管理者具有继续努力工作的动力。

总之，锦标赛理论认为，由于监督的困难，为促使管理者的行为符合所有者的利益，对高层管理者更多的需要采取激励的方式；激励又有多种方式，薪酬差距就是其中之一；大的薪酬差距可以提高企业绩效。

2. 薪酬差距的行为理论

薪酬差距的行为理论认为，薪酬差距是一个企业社会心理、社会政治行为的关键部分，它会影响到个人在组织中的行为（Henderson and Fredrickson，2001）。基于不同的角度，行为理论可分为三种：相对剥削理论、组织经济理论和分配偏好理论。

行为理论的一个重要组成部分是相对剥削理论。根据该理论，一个人会将自己的薪酬同处于更高层级人员的薪酬进行比较。如果低层级的管理者认为他们获得的薪酬低于他们应该得到的，他们就会感到被剥削了，这会导致他们怠工或者直接罢工。另外，对组织目标的认同感也降低了，高管团队内部的合作变得更困难。相对剥削理论对高管团队内部的薪酬差距尤为适合，原因有两点：首先，它涉及低层级管理者和上级之间的向上比较，这会影响到高管团队内部的合作，有可能引发负面行为。其次，剥削还涉及投入和产出之间的比较。由于对公平分配强烈的社会偏好（Jasso and Rossi，

1977），同时由于人们往往过高估计自己的能力和贡献，低层级管理者经常会淡化投入差别的影响。另外，薪酬差距很容易观察到，而投入差别却很难衡量。这样，即使大的薪酬差距是由于生产率的真实差距带来的，也经常会带来不满（Pfeffer and Langton，1993）。因此，相对剥削理论认为即使通常而言 CEO 比其他高级管理者对企业的贡献更大，大的薪酬差距也会被认为是不公平的。

组织经济理论认为，在一个企业里，非 CEO 的高管团队成员一般面临如下选择：首先选择他们的总体努力水平；然后确定他们的总体努力在利己和合作这两个极端之间的分配；最后选择是否通过政治行为来谋取个人的利益。虽然大的薪酬差距会增加高管团队成员的总体努力水平，但这种努力的方向却可能是通过政治行为来获取个人利益。因此，当团队合作非常重要时，应降低薪酬差距以促进有效合作。

相对剥削理论和组织经济理论关注个体对已经存在的薪酬差距的反应，而分配偏好理论则描述了薪酬在事前是如何决定的。分配偏好理论强调，薪酬的设定不应该给薪酬领取者带来不满，因为这种不满会给薪酬设定者带来严重的负面后果，使其承受来自不满的管理者的指责和压力。因此，薪酬的设定应在薪酬设定者和获得者之间的互动中进行。在以下几个条件下，即使个体绩效存在显著差异，薪酬分配也应该相对均等：（1）当维持组织和睦很重要时；（2）当个人的边际贡献很难衡量时；（3）当团队成员之间的竞争会导致他们在互相依赖的工作中有可能玩弄政治阴谋时；（4）当团队合作至关重要时。

通过上面的论述可以看到，尽管相对剥削理论、组织经济理论和分配偏好理论对薪酬差距的解释理由不同，但基本观点是一致的，即都认为较小的薪酬差距能够促进团队合作，大的薪酬差距对企业绩效有负向影响。

3. 薪酬差距与晋升

薪酬差距和晋升都是高管激励的重要形式，两者既有联系也有区别。层级间薪酬差距的存在使得管理者通过晋升可以获得更高的薪酬，但除了薪酬之外，晋升到更高的职位还能给管理者带来更高的地位、权力和威望。因此，薪酬差距和晋升既具有互补性，在一定程度上也具有替代性。但对于 CEO 而言，CEO 处于公司行政层级的最顶端，不存在晋升问题①。因此，对于 CEO 来说则更多地依赖薪酬补偿。同时，外界往往把企业成功或失败的责任主要归于 CEO，承担更大的责任理应获得更高的补偿。基于这些原因，CEO 与其他高级管理者的薪酬差距也有助于促进企业绩效。

4. 多元化战略与薪酬差距

多元化战略通过如下两种机制来影响到高管内部的薪酬差距：

首先，与专业化企业相比，多元化企业面临的市场环境更加复杂多变，管理协调的难度远远大于专业化企业。随着多元化程度的上升，高管需要处理的信息量就会大大增加。而每个人能够处理的信息量都是有限的，因此团队合作就是必需的。这样，多元化战略通过对合作需求的影响而可能降低薪酬差距。

其次，多元化企业的业务种类或区域市场数量越多，就越需要更多的信息来监督管理者。但监督者的能力也是有限的，他很难对各个业务或市场都很了解。这样，多元化程度越高，对管理者的监督越难，就越需要采用激励的方式。同时，多元化企业的规模往往比专业化企业更大。在我们的样本中，国际多元化企业的规模平均为 22.587，行业多元化企业的规模平均为 21.983，专业化企业的规模平均为 21.651，均值差异在 1% 的水平上显著②。更大的企业规模往往意味着更多的行政层级，这样高管团队内部的薪酬差距会

---

① 或许可以把 CEO 跳槽到更大规模的企业看作一种晋升，但外部经理市场的不完善和管理者技能的专用性使得这种机制很不完善。

② 企业规模用企业总资产的自然对数度量。

扩大。同时，更大的企业规模也意味着 CEO 通过跳槽到更大的企业来获得间接晋升的机会也降低了，这也需要扩大 CEO 和其他高级管理者之间的薪酬差距。

因此，多元化战略通过两种机制对薪酬差距产生正反两方面的影响，最终，这是一个实证问题。

二　多元化战略与薪酬差距实证分析

本节构建如下模型来实证检验多元化战略对高管团队内部薪酬差距的影响：

$$gap = \beta_0 + \beta_1 doi + \beta_2 ind + \beta_3 size + \beta_4 risk + \beta_5 growth$$
$$+ \beta_6 own + \beta_7 first + \beta_8 one + \beta_9 per + \beta_{10} year$$
$$+ \sum_{i=1}^{8} \alpha_i DUM + u \qquad (6.7)$$

这里，gap 为薪酬差距，用 CEO 和高管团队中其他仅次于 CEO 的两位核心成员之间的薪酬差距来代表，我们用两个指标来度量薪酬差距：一个是绝对薪酬差距（$Agap$），用 CEO 年度薪酬与其他两位核心成员年度薪酬均值之差的对数值度量；另一个是相对薪酬差距（$Rgap$），相对薪酬差距用 CEO 年度薪酬与其他两位核心成员年度薪酬均值之比度量。

本节采用计数法来度量国际多元化（doi）和行业多元化（ind）程度，以企业跨国（跨行业）经营所在的国家（或行业）数来度量。

多元化企业的规模比专业化企业要大，为控制企业规模的影响，本节把企业规模（$size$）作为控制变量包括在回归分析中，用企业总资产的自然对数度量。企业规模越大，行政层级越多，顶层的薪酬差距应该越大。企业经营环境的波动性越大，对投入和产出的监督越困难，越可能采取激励的方法，薪酬差距就会越大。参照廖理、廖冠民和沈红波（2009），本节以历史 3 年资产回报率（*ROA*）的离散系数的绝对值来度量公司的风险，用 *risk* 表示。企业成长性越好，激励机制越有效，薪酬差距就会更大。本节用企业营业收入的增长率来度量企业的成长性（*growth*）。

国有控股企业往往更强调公平，因此在国有控股企业里薪酬差距可能更小。本节用虚拟变量法来度量国有控股变量（*own*），对国有控股企业取值为 1；否则，取值为 0。第一大股东持股比例（*first*）越高，第一大股东就更有动力也有能力去监督管理者的行为；并且，同小股东相比较，大股东面临的信息不对称程度较小，搭便车问题也不严重。因此，第一大股东持股比例越高，越倾向于直接监督管理者的行为，而不愿拉大薪酬差距以避免由此带来的不公平。董事长和总经理两职合一（*one*）也会影响高管团队内部的薪酬差距。这时，总经理对董事会有更大的控制能力；同时，两职合一说明总经理承担的责任也更大，总经理的能力也可能更强，这都需要较高的薪酬补偿。因此，董事长和总经理两职合一会拉大薪酬差距。本节对董事长和总经理两职合一的公司取值为 1；否则，取值为 0。董事会独立性也可能影响到薪酬差距，通常用外部董事比例（*per*）来代表董事会独立性。内部董事比外部董事更容易受 CEO 影响，随着内部董事比例的提高，CEO 对薪酬有更大的决定权，倾向于提高薪酬差距；但内部董事作为公司的管理人员，也有和一般雇员相同的心里和行为，为了避免心理感觉的不平衡，也存在降低 CEO 薪酬差距的可能。因此，外部董事比例对薪酬差距有正反两方面影响。

对方程（6.7）的多元回归结果见表 6.6。从表 6.6 可以看出，国际多元化程度与高管团队的绝对薪酬差距和相对薪酬差距都显著正相关；行业多元化也与高管团队的绝对薪酬差距和相对薪酬差距正相关，但统计上都不显著。同时，从经济意义上看，国际多元化变量对薪酬差距的影响要远远大于行业多元化变量。该结果支持锦标赛理论。

就控制变量而言,企业规模与高管团队的绝对薪酬差距显著正相关,而对相对薪酬差距没有显著的影响。企业风险和成长性对薪酬差距没有显著的影响。与预测相一致,国有控股降低了高管团队的绝对薪酬差距和相对薪酬差距,对相对薪酬差距统计上显著。董事长和总经理两职合一显著提高了高管团队的绝对薪酬差距和相对薪酬差距。而第一大股东持股比例和独立董事比例对薪酬差距没有显著的影响。

林浚清、黄祖辉和孙永祥(2003)认为我国上市公司薪酬差距的主要决定因素是治理结构,而不是企业外部环境因素和自身经营特点。但我们的研究结果显示,除治理结构外,多元化战略也是影响薪酬差距的重要因素。

表 6.6　　　　　　　　**多元化战略对薪酬差距影响的实证结果**

解释变量	因变量:$Agap$		因变量:$Rgap$	
	系数	标准差	系数	标准差
常数项	3.061***	0.846	4.194***	1.387
doi	0.215***	0.074	0.073**	0.03
ind	0.043	0.049	0.002	0.031
$size$	0.382***	0.091	0.064	0.108
$risk$	−0.001	0.004	0.0001	0.002
$growth$	−0.023	0.075	−0.012	0.036
own	−0.176	0.223	−0.247***	0.049
$first$	−0.007	0.006	0.0002	0.008
one	0.2943***	0.077	0.308***	0.119

解释变量	因变量：Agap		因变量：Rgap	
	系数	标准差	系数	标准差
per	1.874	1.543	0.681	0.961
R^2	0.157		0.108	
$Adj - R^2$	0.153		0.104	
$F - statistic$	12.31		8.69	

如果薪酬差距对企业绩效没有影响，甚至降低了企业绩效，那么国际多元化对薪酬差距的促进作用反而可能起到降低企业绩效的作用。同样地，行业多元化对薪酬差距没有显著的影响，原因也可能在于在行业多元化公司里薪酬差距对企业绩效没有影响。要想了解薪酬差距是不是国际多元化战略和行业多元化战略影响企业绩效的机制，还应进一步分析薪酬差距对企业绩效的影响。

三　分样本薪酬差距与企业绩效分析

本节设定如下模型来考察薪酬差距对企业绩效的影响：

$$performance = \beta_0 + \beta_1 gap + \beta_2 size + \beta_3 TD + \beta_4 rd + \beta_5 adv$$
$$+ \beta_6 capex + \beta_7 mange + \beta_8 own + \beta_9 first$$
$$+ \beta_{10} year + \sum_{i=1}^{8} \alpha_i DUM + u \qquad (6.8)$$

这里，*performance* 为企业绩效，用 *ROA* 来度量企业的市场绩效和财务绩效：*Tobin's q* = （股权的市场价值 + 债务的账面价值）/ 总资产；*ROA* = 息税前收益/总资产。*rd* 和 *adv* 分别为研发强度和广告强度，分别用研发支出和广告支出与营业收入之比度量。*capex*

为资本支出比，用资本支出与总资产之比度量。*mange* 为管理层持股比例。对方程（6.8）的回归结果见表 6.7。

表 6.7　　　　分样本薪酬差距与企业绩效之间关系的多元回归结果

解释变量	模型 1		模型 2		模型 3		模型 4	
	ROA	标准差	*ROA*	标准差	*ROA*	标准差	*ROA*	标准差
常数项	-0.758***	0.221	-0.235***	0.063	-0.847**	0.4215	-0.577***	0.17
Agap	0.006***	0.002	0.004*	0.003	0.008**	0.004	0.005***	0.002
size	0.037***	0.005	0.023***	0.008	0.003	0.007	0.031***	0.006
TD	-0.159***	0.014	-0.143***	0.055	-0.107***	0.038	-0.248***	0.037
rd	0.561**	0.206	0.391**	0.188	0.29	0.257	0.426**	0.18
adv	-0.028	0.15	-0.042	0.166	-0.305	0.467	0.06	0.097
capex	0.168***	0.05	-0.007	0.1	0.159*	0.08	0.11*	0.057
mange	0.054	0.038	-0.033	0.0.72	0.085	0.079	0.065	0.18
own	0.000	0.000	-0.001**	0.000	0.002*	0.000	-0.005	0.006
first	0.0003**	0.0001	0.0005***	0.0002	0.0001	0.0003	0.0003*	0.0002
R^2	0.179		0.286		0.154		0.284	
$Adj - R^2$	0.178		0.287		0.153		0.283	
$F - statistic$	21.37		9.62		5.43		15.38	
观测值	4354		970		1365		2640	

表 6.7 的模型 1 是利用整体样本进行回归得到的结果，结果表

明，绝对薪酬差距对企业的财务绩效有显著的促进作用①。表6.7的模型2是对国际多元化企业作为样本进行回归得到的结果，表6.7的模型3是对行业多元化企业作为样本进行回归得到的结果。经过比较可以发现，不论是在国际多元化企业里，还是在行业多元化企业里，绝对薪酬差距都显著促进了企业的财务绩效。表6.7的模型4是对专业化企业作为样本进行回归得到的结果，从中可以看到，绝对薪酬差距也有助于显著促进企业的财务绩效②。

这些结果表明，在行业多元化企业里，薪酬差距是能够显著促进企业绩效的，但行业多元化战略对薪酬差距没有显著的影响。而在国际多元化企业里，一方面，薪酬差距也能够显著促进企业绩效；另一方面，国际多元化战略能够显著提高薪酬差距。这样，国际多元化战略能够通过对薪酬差距的促进作用而正向影响企业绩效。薪酬差距是多元化战略影响企业绩效的机制之一。

四　小结

高管团队的薪酬设计可分为两个方面：薪酬水平和薪酬结构。我国学者大多基于委托代理理论的观点考察管理者薪酬水平和企业绩效的关系。然而，薪酬结构的设计对于企业绩效的影响可能更为重要。高管团队内部的薪酬差距是薪酬结构设计中一个重要的组成部分，但目前对高管团队内部薪酬差距影响因素的研究却很少，少有的几项研究主要集中于治理结构。本节探讨了国际多元化战略和行业多元化战略对高管团队内部薪酬差距的影响。本节发现，国际

---

①　本节也考察了相对薪酬差距对企业绩效的影响，但在所有模型中统计上都不显著，为节省篇幅，文中未报告这一结果。

②　由于有207家企业既采取国际多元化战略，也采取行业多元化战略，所以表2中国际多元化样本的观测值、行业多元化样本的观测值和专业化企业的观测值之和要超过整体样本的观测值。但当我们采用仅采取国际多元化战略的企业或仅采取行业多元化战略的企业作为样本时，得到的结论与表2是一致的。

多元化战略显著提高了薪酬的绝对差距和相对差距，而行业多元化战略对薪酬绝对差距和相对差距没有统计上显著的影响。

在上述结论的基础上，本节进一步考察了薪酬差距是否是多元化战略影响企业绩效的机制。我们分样本探讨了薪酬差距对企业绩效的影响，结果表明，薪酬相对差距对企业绩效没有显著的影响；整体上看，薪酬绝对差距有助于提高企业的市场绩效和财务绩效；不论是在国际多元化企业里，还是在行业多元化企业里，薪酬绝对差距都能够显著促进企业的市场绩效和财务绩效。这就表明国际多元化战略可以通过增加薪酬差距来促进企业绩效；而行业多元化战略无法通过拉大薪酬差距来提高企业绩效。这可以部分解释现有研究所表明的国际多元化战略有助于促进企业绩效，而行业多元化战略会降低企业绩效这一现象。

国际多元化战略以及行业多元化战略本身都是中性的，它们是通过对企业带来一系列影响进而影响企业绩效的。本节的上述研究结果表明，要使国际多元化战略或者行业多元化战略获得成功，必须设计与其相适应的薪酬差距。

第 七 章

结论和研究展望

第一节　主要结论

本书以股权价值最大化作为假定前提，把国际多元化战略对公司价值的影响作为核心，探讨了国际多元化战略对公司价值的影响，更为重要的是，本书还探讨了国际多元化战略影响公司价值的机制。

本书的研究结果表明，国际多元化战略显著提高了公司价值。在此基础上，本书基于基本的股票价格决定公式，把影响股票价格的因素分为每股收益、公司增长率和贴现率，股票价格与每股收益和公司增长率正相关，与贴现率负相关。每股收益决定于公司的赢利能力，本书发现，国际多元化战略有助于提高企业的销售回报率和资产回报率。同时，国际多元化战略也有助于促进公司增长率。贴现率与资本成本直接相关，本书也发现国际多元化战略降低了企业的股权成本和总资本成本。因此，国际多元化战略提供赢利能力和公司增长率以及降低资本而提高了公司价值，这是国际多元化战略可以显著提高公司价值的直接机制。

进一步，本书还从过程效应和治理效应两个方面探讨了国际多元化战略对公司价值的间接机制。国际多元化战略的过程效应表现在四个方面：创新、资本结构、企业风险和现金持有水平，本书的具体研究结论如下：

（1）创新。国际多元化显著促进了企业的创新活动，而行业多元化显著抑制了企业的创新活动。同时，国际多元化和行业多元化对企业创新还存在交互影响。国际多元化有助于缓和行业多元化与企业创新的负相关关系，而行业多元化程度的提高最终会负向调节国际多元化与企业创新的正相关关系。

（2）资本结构。国际多元化战略显著降低了企业的财务杠杆水平，这与行业多元化形成了鲜明的对比；原因主要在于，跨国经营提高了债务的代理成本，这使得国际多元化降低了企业的债务比率。同时，在跨国公司内部，国际多元化程度与企业的债务比率显著正相关。

（3）企业风险。国际多元化战略显著降低了企业的系统性风险和经营风险。在跨国公司内部，国际多元化程度与企业风险不存在统计上显著的关系；但进一步分析表明，企业国际多元化进入发达国家能够显著降低企业的系统性风险。这说明企业国际多元化战略对风险的影响会受到东道国政治经济环境的影响。

（4）现金持有水平。多元化战略对公司现金持有价值的影响可以分为直接效应和间接效应。直接效应指多元化企业内部资金转移的效率，间接效应指多元化战略可以通过对现金持有水平的影响而间接影响现金持有价值。本书的实证研究发现，行业多元化显著降低了现金持有价值，国际多元化对现金持有价值没有统计上显著的影响；行业多元化显著降低了现金持有水平，而国际多元化显著提高了公司的现金持有水平。同时，融资约束会影响多元化战略与公司现金持有价值、现金持有水平之间的关系，上述结论仅在融资受约束的企业里存在。

国际多元化战略的治理效应表现在三个方面：董事会结构、管理层激励和薪酬差距，本书的具体研究结论如下：

（1）董事会结构。从理论上看，多元化战略会影响董事会规模和董事会独立性的选择，但影响的方向不确定。本书的实证研究发现，国际多元化战略和行业多元化战略都对董事会规模有负向影响，但统计上不显著；国际多元化战略显著提高了独立董事比例，而行业多元化战略显著降低了独立董事比例。对独立董事比例的不同影响可以部分解释国际多元化战略和行业多元化战略为何对企业绩效存在不同的影响。

（2）管理层激励。本书发现，国际多元化战略显著提高了管理层薪酬水平，而行业多元化战略显著降低了管理层持股比例；国际多元化战略和行业多元化战略对管理层薪酬水平存在显著的正的交叉效应；第一大股东持股比例会调节多元化战略对管理层激励的影响。

（3）薪酬差距。高管团队的薪酬设计可分为两个方面：薪酬水平和薪酬结构。高管团队内部的薪酬差距是薪酬结构设计中一个重要的组成部分。本书的实证研究发现，国际多元化战略显著提高了薪酬差距，而行业多元化战略对薪酬差距没有统计上显著的影响。这就表明国际多元化战略可以通过增加薪酬差距来促进企业绩效；而行业多元化战略无法通过拉大薪酬差距来提高企业绩效。

国际多元化战略以及行业多元化战略本身都是中性的，它们是通过对企业带来一系列影响进而影响公司价值的。本书的上述研究结果表明，国际多元化战略之所以能够提高公司价值，原因在于国际多元化提高了企业的赢利能力和公司增长率，并降低了资本成本。那么国际多元化战略为什么能够带来企业赢利能力和增长率的提升并降低资本成本呢？本书对此进行了分析。

首先，国际多元化战略提高了独立董事比例，提高了管理层激励水平以及高管团队内部的薪酬差距，这都有助于企业财务绩效的提高。同时，国际多元化战略也提高了企业的创新水平，这对于企业长期竞争优势的建立具有更为深远的意义。

其次，就企业增长率来说，国际多元化对创新的促进作用还能够提高公司增长率。一般而言，创新能力更强的公司，成长得越快。国际多元化还降低了企业的负债经营比率。较高的负债经营比率将会限制企业的融资能力，从而对企业的增长形成制约。国际多元化通过降低负债经营比率能够给企业带来更大的增长空间。

最后，就资本成本来说，资本成本由债务成本和股权成本加权而成，加权比率就取决于资本结构。本书的研究表明，国际多元化降低了负债经营比率，由于债务成本通常要低于股权成本，这样国际多元化对负债经营比率的降低作用将会提高资本成本。但由于下列原因使得国际多元化降低了资本成本：国际多元化降低了企业的系统性风险和经营风险，从而使得债务成本和股权成本都可能会下降，进而抵消了负债经营比率下降的影响。

第二节　政策建议

企业是国际市场竞争的主角，国际多元化战略不但影响企业的各方面，还会影响一个国家经济的发展。因此，一方面，在采取国际多元化战略时企业应积极主动地运用各种政策手段以确保成功；另一方面，政府也应为企业的国际多元化战略创造良好的条件。

一　企业政策

1. 从全球的角度规划企业国际多元化战略

全球经济的一体化意味着企业不能再以本国的视野来思考企业战略。国际多元化是企业参与国际竞争不可避免的必然结果。实际上，即使企业目前并未进行跨国经营，它还是会面临国际竞争的严峻挑战。因为外国企业会进入本国市场，在国内市场上同本国企业进行竞争。实际上，企业的国际多元化战略起步越早，越容易建立起优势。行动迅速的企业可以抢先发展全球网络，在国际市场上建立起商誉、规模，并积累经验，这种优势能持续数十年，甚至上百年。因此，面临激烈的国际竞争，企业应具有全球视野，从全球的角度来规划国际多元化战略。在实施国际多元化战略时，企业不能等到各种条件都具备时才付诸行动。因为等到万事俱备的时候，机会可能已经失去，市场已被别的企业占领，企业不但无法获得新的竞争优势，甚至已有的竞争优势也会失去。

2. 国际多元化战略还意味着价值链的全球布局

企业的价值链包括采购、研发、生产、销售等环节，国际多元化战略通过把价值链的各个环节与不同生产要素的区位优势结合起来，可以使企业在建立竞争优势的同时，也能抵消国内的不利因素。价值链的全球布局意味着国际多元化战略必须能协调、整合全球性的活动，使企业能够获得规模经济和范围经济，并能积累知识、发展品牌知名度，有效服务客户。由于国家之间在语言和文化上的差异，获得精确可靠的信息的困难，以及跨国公司所具有的组织复杂性，更为重要的是跨国公司的海外子公司之间经常并不把彼此看作合作伙伴，而是竞争对手，这些因素使得协调、整合企业在各地的活动并不容易。然而，如果没有这种整合，跨国公司下属的各个子公司之间各自为政，国际多元化战略就无法给企业带来竞争优势。同时，也应注意，由于各个国家在制度框架和资源禀赋等方面存在显著差异，企业应该在协调各个子公司活动的同时，还应让子公司有权力对当地的特殊环境做出即时的反应，从而实现协调一体化和反应当地化的平衡。这就需要企业建立一个有弹性的组织结构。企业在国内发展起来的组织结构必然无法适应国际运营的需要，因此，国际多元化战略也意味着企业需要对组织结构进行重组。企业应建立一个弹性组织，使其既能够实现共同协调，也能够做到快速反应，同时还能随着企业国际多元化程度的变化而演进。

3. 根据企业所面临的内外部因素合理确定国际多元化程度

尽管国际多元化战略能够给企业带来诸多收益，但随着国际多元化程度的增加，其成本也可能迅速上升。企业跨国经营所在的国家数量越多，协调所带来的挑战越大。管理复杂的、在空间上广泛分布的企业活动的成本并不是微不足道的。组织越大，协调失败的可能性也越大。而且，企业需要管理的不仅仅是内部网络，还包括外部网络，如同供应商、顾客、当地政府的关系。资源的约束意味着企业处理这些问题的能力是有限的。同时，在内部实现协调一体化和反应当地化对企业来说是一个很大的挑战，随着国际多元化程度的提高，这个挑战越来越难以应付。因此，企业应把国际多元化程度限制在合理范围之内。当然，国际多元化程度的合理范围对每个企业是不同的，企业需要综合考虑企业自身的情况、母国的环境、国际宏观环境、东道国环境等因素而审慎确定。

4. 重视创新和知识转移的作用

技术竞争对中国跨国企业能否在国际市场上占有一席之地具有至关重要的作用。落后的技术和管理是制约中国企业发展最重要的力量，在激烈的国际竞争中中国企业要想生存和发展，根本出路在于获取知识和技术，提高自主创新能力，建立自己的核心竞争力。国际多元化战略是中国企业进行创新和知识转移的重要途径。从某种程度上可以说，中国企业的国际多元化过程，也是一个在全球范围内谋求创新和知识转移的过程。当然，通过在国内与发达国家的跨国公司合作，中国企业也能提高技术和管理水平。然而，发达国家的跨国公司向发展中国家的分支机构通常只转移有限的知识和技术，在大多数情况下仅仅转移已经成熟或者过时的知识和技术，同时它们还尽可能控制技术在发展中国家的扩散，确保其技术优势地位。因此，相对于通过国际多元化战略进入国外市场，中国企业通过在国内合作获得的知识是非常有限的。通过国际多元化战略获取知识和技术，对中国企业具有特别重要的意义。在此过程中，中国企业首先要选择在哪些国家进行投资。尽管向发展中国家扩张是众多中国企业的重要选择，但从创新和获取知识的角度来看，在发达国家建立并发展分支机构或合资企业，对于中国企业获取知识、进行创新、建立竞争优势至关重要。其次，建立学习和知识转移的机制。这种学习和知识转移既可能是从母公司到海外子公司，也可能是从海外子公司到母公司，还可能是双向的。第三，要建立一种鼓励创新的企业文化。这样一种企业文化，能够将企业获得的知识转化为外在的竞争优势。第四，要控制跨国创新和知识转移过程中的风险。无论是在国外开展创新活动，还是在企业内部国内外各机构之间转移知识，都需要投入必要的资源。由于中国企业缺乏国际经营的经验，中国企业常常为获取知识支付高昂的代价。在知识转移的过程中，企业可能会面临知识和人才的流失，还可能加剧公司内部的冲突。因此，中国企业通过国际多元化战略获取知识、提高创新能力会面临一定的风险。中国企业必须仔细评估这一过程中的预期收益和成本以及不确定性因素，并采取相应的风险控制措施。

5. 加强风险管理

相对于国内经营，国际多元化经营风险有的是企业可以控制的，有的是企业无法控制的。企业可通过不断完善内部管理，降低如决策风险、管理风险、财务风险等可控风险，却无法通过自身努力降低如汇率风险、贸易壁垒风险、政治风险等不可控风险，只能对它们进行评估并采取适当的措施回避。国际多元化企业应在总部设立风险管理部门，招聘具有相应专业能力的员工，对企业所面临的境内外经营风险做动态的评估。同时在海外子公司设置风险管理分部，及时掌握和评估东道国动态并将信息反馈至总部。因此，在风险评估和应对的过程中，保持信息沟通渠道的畅通，也是加强国际化经营企业风险管理的必要措施。风险管理部门在评估面临的风险时，根据发生概率高低和损失大小，可将风险分为重大风险、较重大风险、一般风险，并针对重大风险、较重大风险提出应对方案，报管理层甚至董事会审批。

二　政府政策

1. 确立跨国公司在国民经济发展中的战略地位

从国家发展的战略高度对我国企业的国际多元化战略给予适当的宏观指导和必要的政策支持。采取国际多元化战略的主体是企业，因此在典型的市场经济国家，早期的企业跨国经营行为完全是一种企业行为，几乎没有政府政策的地位。但实际上，政府政策对跨国公司的发展起着非常重要的作用。尤其是在中国现有的政治经济体制下，政府在企业的对外直接投资活动中具有重要作用，中国企业的国际多元化战略在很大程度上是受企业和政府共同影响的。政府可以通过外汇管理、行政审批、金融投资、财政税收、法律法规等方面的政策引导、鼓励企业的国际多元化行为。同时，还应建立能够为企业的国际多元化行为提供融资、管理、咨询、研发等服务的公共服务机制。

2. 建立健全国内市场竞争机制

国内市场竞争不仅有利于培养企业的创新能力，还对本国产业的发展带来诸多好处。一群国内企业在本国市场内激烈竞争，往往会带动该产业的基础建立，加快市场信息的流通，相关的科技和人力资源也会得到快速发展。有活力的国内市场竞争会刺激企业不断体验新环境，客户施加的压力也会越来越大。这都有助于提高企业在国际市场上的竞争力。相反，通过政府保护发展起来的企业，由于其在国内市场的垄断地位而获得较高的绩效，但这样的企业在国际市场上是没有竞争力的。保护政策永远造就不了一个国家和产业的真正竞争优势。因此，政府应建立一个有利于提高中国企业国际竞争力的高效市场环境。另外，必须坚持以市场化为导向，对国有企业进行逐步转型，并且有计划地逐步削减中央直属国有企业的数量，鼓励民营企业的跨国投资，这都有助于发展出更有针对性的国际多元化战略。

3. 鼓励创新和研发

企业在国际市场上建立竞争优势，最根本的行动还是创新。第一，政府应重视教育和培训。人力资源是创新活动的决定性因素。教育是创造人力资源的最根本的手段。政府应制定政策，制定高标准的教育体系，把教育系统和产业需求联系起来，鼓励产业自身发展专业教育培训。第二，政府应主动投资进行科学研究。技术进步是一个国家长期经济增长的源泉。一个国家的科技研发不能完全依赖企业，原因是科技研发的成果具有公共物品的特性，技术进步不但会使发明这些技术的企业受益，还会影响到产业以及与该产业相关的其他产业。尤其对于基础研发来说，研发活动的高外部性使得企业无法获得研发投资的全部收益，从而削弱了企业从事研发活动的积极性。因此，在企业没有动力、没有能力进行研发的领域，同时又关系到国家的发展，政府应建立机构直接进行研发。第三，政府应采取政策鼓励企业自行研发。最有影响力的研发大多来自企业，企业研发是出于激励而导致的有意识行为的结果。政府可以采取税收优惠或直接奖励等方式刺激企业的研发，也可以采取研发补贴的方式，但应注意政府的研发补贴不要挤出企业的研发投资。第四，大力发展高新技术企业。这不但可以使高科技产业成为国民经济的一个新兴产业，同时通过利用高新技术装备我国的传统产业，可以实现传统产业的改造升级，提高我国产业的国际竞争优势。

4. 通过加快区域经济合作促进中国跨国企业发展

一方面，通过区域经济合作把发达国家的跨国公司引进来，可以使国内市场和国际市场更好地融合在一起，激烈的竞争迫使中国企业只有不断提高管理和技术水平才能生存和发展下去，这可以为中国企业"走出去"建立良好的准备。另一方面，应该看到，目前中国许多跨国公司还无法与发达国家的跨国公司相抗衡，仍需加快发展。通过区域经济合作，中国企业在东道国面临的障碍会减少，同时也能获得更多的优惠条件和投资机会。

第三节　研究展望

本书虽然对中国企业国际多元化战略影响公司价值的机制进行了理论分析与实证检验，得出了一些有意义的结论。但由于数据的可得性以及本人理论功底的不足，还存在许多需要将来进一步研究的地方：

第一，企业所拥有的资源，如物质资源、无形资源或财务资源，会影响到企业对国际多元化战略的选择，进而可能对企业绩效产生影响，本书对此没有进行区分。

第二，企业采取何种方式进入国外市场，如新建投资或跨国并购，将会给企业带来一系列影响，也会影响到国际多元化战略与企业绩效的关系。本书对此没有进行考察。

第三，本书仅从过程效应和治理效应的角度考察了国际多元化战略对公司价值的间接影响，国际多元化战略对企业的影响还可能表现在其他方面，如组织结构，由于数据的限制，本书没有对此进行分析。

第四，本书所采用的样本来自于中国制造业上市公司。工业品的竞争是最常见的国际竞争形式，并且工业品能够体现企业对出口或者对外直接投资两种参与国际竞争的方式的抉择。因此，制造业的国际多元化具有典型性。然而，服务业在现代经济中的地位越来越重要，并逐渐走向国际化。服务业国际多元化的经济效应可能具有不同于制造业的显著特征，并且服务业和制造业可能存在相互依赖、相互促进的关系。

参考文献

艾健明、柯大钢：《公司综合绩效与多元化程度关系的实证研究》，《山西财经大学学报》2007 年第 29 卷第 7 期。

蔡地、万迪昉、罗进辉：《产权保护、融资约束与民营企业研发投入》，《研究与发展管理》2012 年第 2 期。

蔡地、万迪昉：《制度环境影响企业的研发投入吗?》，《科学学与科学技术管理》2012 年第 4 期。

陈登彪、马忠：《多元化经营与公司财务流动性研究——基于现金持有水平与现金持有价值的整体考察》，《证券市场导报》2015 年第 6 期。

陈丁、张顺：《薪酬差距与企业绩效的倒 U 型关系研究——理论模型与实证探索》，《南开经济研究》2010 年第 5 期。

陈夙、吴俊杰：《管理者过度自信、董事会结构与企业投融资风险——基于上市公司的经验证据》，《中国软科学》2014 年第 6 期。

陈信元、黄俊：《政府干预、多元化经营与公司绩效》，《管理世界》2007 年第 1 期。

陈震、张鸣：《业绩指标、业绩风险与高管人员报酬的敏感性》，《会计研究》2008 年第 2 期。

丛聪、徐枞巍：《基于知识的跨国公司治理模式研究》，《科学学研究》2011 年第 2 期。

邓可斌、丁重:《多元化战略与资本结构之间关系探析》,《管理学报》2010 年第 7 期。

杜晓君、刘赫:《跨国并购战略类型、组织因素与企业成长——基于中国海外上市公司的实证研究》,《国际贸易问题》2010 年第 6 期。

多纳德·海、德里克·莫瑞斯:《产业经济学与组织》,钟鸿钧、王勇等译,经济科学出版社 2001 年版。

范黎波:《中国跨国公司成长的 3L 路径》,《现代国际关系》2011 年第 8 期。

范黎波、王肃:《中国跨国公司海外并购的成长路径演进——基于北一并购科堡的案例分析》,《财贸经济》2011 年第 8 期。

菲利普·阿吉翁、彼得·霍依特:《内生增长理论》,陶然、倪彬华、汪柏林译,北京大学出版社 2004 年版。

冯根福、温军:《中国上市公司治理与企业技术创新关系的实证分析》,《中国工业经济》2008 年第 7 期。

高敏雪、李颖俊:《对外直接投资发展阶段的实证分析——国际经验与中国现状的探讨》,《管理世界》2004 年第 1 期。

葛秋颖、吴晓芳:《培育跨国公司的路径选择理论综述》,《经济学动态》2010 年第 8 期。

耿锁奎、葛开明、段正梁:《上市公司股权制衡水平与财务风险关系的实证研究》,《经济管理》2005 年第 2 期。

顾乃康、宁宇:《公司的多样化战略与资本结构关系的实证研究》,《南开管理评论》2004 年第 6 期。

关涛:《跨国公司知识转移:知识特性与组织情境研究》,《科学学研究》2010 年第 6 期。

官建成、王晓静:《中国对外直接投资决定因素研究》,《中国软科学》2007 年第 2 期。

韩太祥:《企业成长理论综述》,《经济学动态》2002 年第 5 期。

韩忠雪、朱荣林、王宁：《股权结构、代理问题与公司多元化折价》，《当代经济科学》2006 年第 5 期。

洪道麟、刘力、熊德华：《多元化并购、企业长期绩效损失及其选择动因》，《经济科学》2006 年第 5 期。

洪道麟、王辉：《融资约束、所有权性质、多元化和资本结构内生性——来自再融资的证据》，《当代财经》2008 年第 8 期。

洪道麟、熊德华、刘力：《所有权性质、多元化和资本结构的内生性》，《经济学》（季刊）2007 年第 6 卷第 4 期。

洪道麟、熊德华：《中国上市公司多元化与企业绩效分析——基于内生性的考察》，《金融研究》2006 年第 11 期。

胡成根、李刚：《多元化与公司风险研究》，《运筹与管理》2010 年第 3 期。

胡峰、俞荣建、关涛：《跨国并购对 R&D 投入影响的模型分析》，《科技管理研究》2005 年第 12 期。

黄海波、李树苗：《公司治理与多元化经营——基于我国上市公司的实证研究》，《经济与管理研究》2007 年第 6 期。

黄海波：《中国房地产类上市公司多元化与企业绩效的实证分析》，《西安交通大学学报》（社会科学版）2007 年第 1 期。

霍春辉、芮明杰：《可持续竞争优势理论的反思与整合》，《学术月刊》2008 年第 2 期。

姜付秀、刘志彪、陆正飞：《多元化经营、企业价值与收益波动研究——以中国上市公司为例的实证研究》，《财经问题研究》2006 年第 11 期。

姜付秀、陆正飞：《多元化与资本成本的关系——来自中国股票市场的证据》，《会计研究》2006 年第 6 期。

孔宁宁、闫希：《交叉上市与公司成长——来自中国"A＋H"股的经验证据》，《金融研究》2009 年第 7 期。

拉尔松、赵纯均：《中国跨国企业研究》，机械工业出版社 2009

年版。

黎东辉：《FDI 学派跨国并购理论范式研究》，《中南财经政法大学
学报》2005 年第 5 期。

李斌、孙月静：《企业成长阶段性对于我国上市公司股权结构与公
司绩效的影响分析》，《财贸经济》2007 年第 6 期。

李春涛、宋敏：《中国制造业企业的创新活动：所有制和 CEO 激励
的作用》，《经济研究》2010 年第 5 期。

李登武、李世英：《资本结构与公司价值：理论综述》，《当代经济
科学》2004 年第 1 期。

李东阳：《略论大型跨国公司的竞争优势》，《财经问题研究》2002
年第 1 期。

李冬妍、张雯、于富生等：《我国企业多元化经营与降低企业风险
研究——来自我国上市公司的经验证据》，《河北经贸大学学报》
2009 年第 2 期。

李刚、曹晓普：《多元化战略与代理成本、公司业绩关系的实证研
究》，《中央财经大学学报》2008 年第 7 期。

李捷瑜：《多元化经营与企业 R&D 投资》，《中山大学学报》（社会
科学版）2012 年第 2 期。

李明毅、惠晓峰：《上市公司信息披露与资本成本：来自中国证券
市场的经验证据》，《管理学报》2008 年第 1 期。

李珮璘：《新兴经济体跨国公司与传统跨国公司的比较研究》，《世
界经济研究》2010 年第 5 期。

李善民、朱滔：《多元化并购能给股东创造价值吗？——兼论影响
多元化并购长期绩效的因素》，《管理世界》2006 年第 3 期。

李维安：《公司治理与公司治理原则》，《中国物资流通》2001 年第
2 期。

李晓峰、张巍：《全球区域经贸合作与中国跨国企业的成长》，《国
际经济合作》2007 年第 9 期。

李雪峰：《多元化经营与公司绩效关系研究》，华中科技大学，
　　2011年。

李泳：《中国企业对外直接投资成效研究》，《管理世界》2009年第
　　9期。

连玉君、程建：《投资—现金流敏感性：融资约束还是代理成本？》，
　　《财经研究》2007年第2期。

梁彤缨、陈波、陈欣：《高管团队内部薪酬差距与公司绩效——基
　　于不同薪酬水平作用下的实证研究》，《广东商学院学报》2013
　　年第5期。

梁英：《产品市场竞争对高管激励效应影响的实证研究》，《当代经
　　济研究》2011年第6期。

廖理、廖冠民、沈红波：《经营风险、晋升激励与公司绩效》，《中
　　国工业经济》2009年第8期。

林浚清：《中国上市公司高管绩效激励研究》，浙江大学，2005年。

林浚清、黄祖辉、孙永祥：《高管团队内薪酬差距、公司绩效和治
　　理结构》，《经济研究》2003年第4期。

林钟高、郑军、卜继栓：《环境不确定性、多元化经营与资本成
　　本》，《会计研究》2015年第2期。

刘力：《多元化经营及其对企业价值的影响》，《经济科学》1997年
　　第3期。

刘敏、冯丽娟：《TMT内部薪酬差距、投资行为和企业绩效——来
　　自我国制造业A股上市公司的数据》，《财会通讯》2015年第
　　6期。

刘文纲、汪林生、孙永波：《跨国并购中的无形资源优势转移分
　　析——以TCL集团和万向集团跨国并购实践为例》，《中国工业经
　　济》2007年第3期。

刘西友、韩金红：《上市公司社会责任履行度与高管激励研究》，
　　《山西财经大学学报》2012年第5期。

刘烨、裴冬雪、刘维男：《薪酬差距、治理结构与高科技公司绩效
　　的实证研究——兼与美国高科技公司的对比分析》，《工业工程与
　　管理》2014 年第 5 期。

刘义鹍、彭丽、兰茹佳：《资本结构、多元化经营与公司现金持有
　　量》，《安徽工业大学学报》（社会科学版）2013 年第 1 期。

刘子君、刘智强、廖建桥：《上市公司高管团队薪酬差距影响因素
　　与影响效应：基于本土特色的实证研究》，《管理评论》2011 年
　　第 9 期。

柳建华：《多元化投资、代理问题与企业绩效》，《金融研究》2009
　　年第 7 期。

卢慧芳、吴华晶：《融资约束对管理层薪酬激励机制的影响——来
　　自上市公司的实证研究》，《上海经济研究》2013 年第 2 期。

卢伟航、贺小刚：《彭罗斯企业成长内生论及其现实意义》，《南方
　　经济》2005 年第 1 期。

鲁海帆：《高管团队内薪酬差距、风险与公司业绩——基于锦标赛
　　理论的实证研究》，《经济管理》2011 年第 12 期。

鲁海帆：《高管团队内薪酬差距、合作需求与多元化战略》，《管理
　　科学》2007 年第 4 期。

鲁海帆：《政府干预与上市公司多元化折价实证研究》，《山西财经
　　大学学报》2009 年第 6 期。

罗婷、朱青、李丹：《解析 R&D 投入和公司价值之间的关系》，
　　《金融研究》2009 年第 6 期。

吕鹏：《我国上市公司管理层内部薪酬差距的影响因素——基于多
　　任务委托代理视角》，《改革与战略》2010 年第 4 期。

马刚：《企业竞争优势的内涵界定及其相关理论评述》，《经济评
　　论》2006 年第 1 期。

马辉、金浩：《资本结构和公司价值关系的理论综述》，《工业技术
　　经济》2007 年第 12 期。

迈克尔·波特：《国家竞争优势》，李明轩、邱如美译，华夏出版社 2002 年版。

毛蕴诗：《多元化经营三维模型及多元化经营的几个命题》，《中山 大学学报》（社会科学版）2004 年第 6 期。

孟韬、周学仁：《跨国并购、新建投资与经济增长》，《财经问题研 究》2010 年第 4 期。

南晓莉、杨智伟：《多元化经营、代理冲突与公司现金持有水平》，《山西财经大学学报》2016 年第 1 期。

聂名华：《论中国企业对外直接投资的风险防范》，《国际贸易》 2008 年第 10 期。

欧阳澍、陈晓红、韩文强：《中小企业融资结构与企业成长——以 我国中小上市公司为样本》，《系统工程》2011 年第 4 期。

裴长洪、樊瑛：《中国企业对外直接投资的国家特定优势》，《中国 工业经济》2010 年第 7 期。

朴哲范：《我国跨国公司资产结构对企业价值的影响度研究》，《国 际贸易问题》2009 年第 10 期。

钱德勒、小阿尔弗雷德·D.，麦克劳·托马斯·K.，特德洛·理 查德·S.：《管理的历史与现状》，郭斌译，东北财经大学出版社 2007 年版。

邱立成、王自锋：《实际汇率对跨国公司海外子公司股权结构的影 响——基于公司数据的经验分析》，《南开经济研究》2007 年第 4 期。

屈文洲、谢雅璐、叶玉妹：《信息不对称、融资约束与投资—现金 流敏感性——基于市场微观结构理论的实证研究》，《经济研究》 2011 年第 6 期。

让·梯若尔：《公司金融理论》，中国人民大学出版社 2008 年影 印版。

饶育蕾、黄玉龙：《股权结构、董事会特征对高管团队薪酬差距影响的实证研究》,《湖南社会科学》2013 年第 5 期。

任海云、师萍:《企业 R&D 投入与绩效关系研究综述——从直接关系到调节变量的引入》,《科学学与科学技术管理》2010 年第 2 期。

邵军、刘志远:《多元化战略对管理层激励的影响——来自中国资本市场的经验证据》,《当代经济科学》2006 年第 2 期。

施平:《企业增长、规模与财务风险的相关性研究》,《审计与经济研究》2010 年第 6 期。

石永拴、杨红芬:《高管团队内外部薪酬差距对公司未来绩效影响的实证研究》,《经济经纬》2013 年第 1 期。

苏冬蔚:《多元化经营与企业价值:我国上市公司多元化溢价的实证分析》,《经济学》(季刊)2005 年第 4 卷(增刊)。

孙洪庆、韩刚、邓瑛:《跨国并购或新建投资的选择:一个基于无形资产的视角》,《宏观经济研究》2010 年第 5 期。

孙维峰、黄祖辉:《广告支出、研发支出与企业绩效》,《科研管理》2013 年第 2 期。

孙维峰、黄祖辉:《国际多元化、行业多元化与企业创新投入》,《研究与发展管理》2014 年第 1 期。

孙维峰、黄祖辉:《基于中国上市公司经验证据的国际多元化与企业绩效关系研究》,《管理学报》2013 年第 8 期。

孙维峰、孙华平:《多元化战略、企业研发支出与企业绩效的关系》,《技术经济》2013 年第 3 期。

孙维峰、孙华平:《国际多元化、代理成本与资本结构——来自中国上市公司的经验证据》,《系统工程理论与实践》2014 年第 10 期。

孙维峰:《企业国际多元化:一个文献综述》,《湖北经济学院学报》2013 年第 2 期。

谈儒勇:《外部融资与企业成长关系的实证研究》,《证券市场导报》2001 年第 2 期。

谈萧：《中国跨国公司培育的法经济学分析及立法政策》，《国际贸易问题》2006 年第 4 期。

汪炜、蒋高峰：《信息披露、透明度与资本成本》，《经济研究》2004 年第 7 期。

王卉：《机构投资者对公司管理层激励的影响研究》，华南理工大学，2012 年。

王亮、刘敦虎、彭青峰等：《多元化经营与企业风险关联研究》，《统计与决策》2009 年第 20 期。

王铁栋：《构建全球竞争优势——中国企业跨国经营的思考》，《国际贸易问题》2004 年第 11 期。

王雪梅：《终极控股权、控制层级与资本成本》，首都经济贸易大学，2013 年。

王永进、李坤望：《研发密集度与跨国公司组织模式选择——基于金融市场摩擦的分析》，《世界经济研究》2009 年第 10 期。

韦斯利·M. 科恩、理查德·C. 莱文：《创新与市场结构的实证研究》，理查德·施马兰西、罗伯特·D. 威利格：《产业组织经济学手册》，经济科学出版社 2009 年版。

魏锋、石淦：《多元化经营、研发投入与公司绩效》，《经济与管理研究》2008 年第 11 期。

魏锋、孙晓铎：《多元化经营对公司风险的影响分析》，《证券市场导报》2008 年第 6 期。

魏锋：《多元化经营变动下的公司业绩》，《山西财经大学学报》2007 年第 12 期。

魏锋：《公司治理视角下的多元化经营与公司绩效》，《管理科学》2007 年第 6 期。

魏志华、李常青：《多元化究竟是"馅饼"还是"陷阱"？——基于产出效率视角的实证研究》，《财贸研究》2009 年第 5 期。

邬爱其、贾生华：《企业成长机制理论研究综述》，《科研管理》2007 年第 2 期。

巫强：《薪酬差距、企业绩效与晋升机制——高管薪酬锦标赛的再检验》，《世界经济文汇》2011 年第 5 期。

吴建军、孙璐：《高管薪酬差距影响因素与影响效应的实证研究》，《财会通讯》2013 年第 12 期。

吴文武：《跨国公司与经济发展——兼论中国的跨国公司战略》，《经济研究》2003 年第 6 期。

吴延兵：《企业规模、市场力量与创新：一个文献综述》，《经济研究》2007 年第 5 期。

吴宗法、张英丽：《所有权性质、融资约束与企业投资——基于投资现金流敏感性的经验证据》，《经济与管理研究》2011 年第 5 期。

吴作凤：《管理层权力、产权性质与股权激励契约设计》，《财经理论与实践》2014 年第 6 期。

伍德里奇·J. M.：《计量经济学导论：现代观点》，费剑平、林相森译，中国人民大学出版社 2003 年版。

母泽洪、金波涛、张立军：《上市公司高管绩效激励影响因素的实证分析》，《中央财经大学学报》2009 年第 9 期。

向德伟：《运用"Z 记分法"评价上市公司经营风险的实证研究》，《会计研究》2002 年第 11 期。

项本武：《东道国特征与中国对外直接投资的实证研究》，《数量经济技术经济研究》2009 年第 7 期。

肖珉：《中小投资者法律保护与权益资本成本》，厦门大学，2007 年。

肖星、王琨：《关于集团模式多元化经营的实证研究——来自"派系"上市公司的经验证据》，《管理世界》2006 年第 9 期。

谢军：《股利政策、第一大股东和公司成长性：自由现金流理论还是掏空理论》,《会计研究》2006 年第 4 期。

谢佩洪、王在峰: 《基于制度基础观的 ICP 范式的构建及其分析——对我国企业多元化经营的剖析》,《财经科学》2008 年第 2 期。

熊彼特:《经济发展理论》,孔伟艳、朱攀峰、娄季芳译,北京出版社 2008 年版。

徐虹、林钟高、李倩:《管理层权力、客户集中度与股权激励》,《广东财经大学学报》2015 年第 3 期。

许均平:《我国上市公司管理层激励研究》,湖南大学,2006 年。

薛求知:《全球学习效应:跨国公司行为新解释》,《复旦学报》(自然科学版) 2001 年第 2 期。

薛求知、罗来军:《跨国公司技术研发与创新的范式演进——从技术垄断优势范式到技术竞争优势范式》,《研究与发展管理》2006 年第 6 期。

薛求知、朱吉庆:《中国对外直接投资发展阶段的实证研究》,《世界经济研究》2007 年第 2 期。

杨丹、魏韫新、叶建明:《股权分置对中国资本市场实证研究的影响及模型修正》,《经济研究》2008 年第 3 期。

杨飞虎:《波特国家竞争优势理论及对我国的借鉴意义》,《学术论坛》2007 年第 5 期。

杨清、刘思峰:《中国跨国公司成长的客观条件分析》,《中国软科学》2003 年第 9 期。

杨清、王玉荣:《我国跨国公司成长的企业条件分析》,《宏观经济研究》2004 年第 12 期。

杨清:《中国跨国公司成长研究》,人民出版社 2009 年版。

杨勇、达庆利、周勤:《公司治理对企业技术创新投资影响的实证研究》,《科学学与科学技术管理》2007 年第 11 期。

杨茜:《高新技术企业高管团队薪酬差距对企业绩效影响研究》,山东大学，2014 年。

杨照江、蔡正毅：《多元化经营对公司资本成本的影响——基于盈余质量的分析》，《云南财经大学学报》2011 年第 1 期。

姚俊、吕源、蓝海林：《我国上市公司多元化与经济绩效关系的实证研究》，《管理世界》2004 年第 11 期。

叶广宇、黄怡芳：《中国跨国企业的非市场战略与东道国环境的关联度》，《改革》2010 年第 2 期。

叶勤：《跨国并购对东道国经济影响的实证分析》，《财贸研究》2003 年第 5 期。

于富生、张敏、姜付秀等：《公司治理影响公司财务风险吗?》，《会计研究》2008 年第 10 期。

喻世友、万欣荣、史卫：《论跨国公司 R&D 投资的国别选择》，《管理世界》2004 年第 1 期。

袁胜军、匡倩、李青萍：《上市公司高管团队薪酬差距影响因素——基于沪深 300 数据的实证研究》，《会计之友》2016 年第 11 期。

曾江洪、何鹏：《我国上市公司成长率分布实证研究》，《系统工程》2006 年第 9 期。

张长征、李怀祖、赵西萍：《企业规模、经理自主权与 R&D 投入关系研究——来自中国上市公司的经验证据》，《科学学研究》2006 年第 3 期。

张晨宇：《晋升机会对薪酬差距的影响研究》，西南财经大学，2014 年。

张春：《公司金融学》，中国人民大学出版社 2008 年版。

张功富：《财务杠杆、投资行为与企业竞争优势——来自中国上市公司的经验证据》，《经济与管理研究》2009 年第 2 期。

张金昌：《波特的国家竞争优势理论剖析》，《中国工业经济》2001 年第 9 期。

张丽平、杨兴全、陈旭东：《管理者权力、内部薪酬差距与公司价值》，《经济与管理研究》2013 年第 5 期。

张利飞：《跨国公司海外 R&D 投资区位选择研究》，《软科学》2009 年第 6 期。

张敏、黄继承：《政治关联、多元化与企业风险——来自我国证券市场的经验证据》，《管理世界》2009 年第 7 期。

张为付：《影响我国企业对外直接投资因素研究》，《中国工业经济》2008 年第 11 期。

张新乐、王文明、王聪：《我国对外直接投资决定因素的实证研究》，《国际贸易问题》2007 年第 5 期。

张信东、薛艳梅：《R&D 支出与公司成长性之关系及阶段特征——基于分位数回归技术的实证研究》，《科学学与科学技术管理》2010 年第 6 期。

张翼、李习、许德音：《代理问题、股权结构与公司多元化》，《经济科学》2005 年第 3 期。

张翼、刘巍、龚六堂：《中国上市公司多元化与公司业绩的实证研究》，《金融研究》2005 年第 9 期。

张宇：《中国跨国公司风险管理的内部问题分析》，《国际经济合作》2009 年第 8 期。

张正堂、李欣：《高层管理团队核心成员薪酬差距与企业绩效的关系》，《经济管理》2007 年第 2 期。

张子峰、周杰、薛有志：《多元化经营对 R&D 投入影响的实证研究》，《科学学与科学技术管理》2010 年第 2 期。

章细贞：《公司多元化战略对资本结构影响的研究——基于面板数据的实证分析》，《财经理论与实践》2009 年第 6 期。

赵保国、李卫卫：《中国企业海外并购财务风险分析与对策研究》，《中央财经大学学报》2008 年第 1 期。

赵洪江、陈学华、夏晖：《公司自主创新投入与治理结构特征实证研究》,《中国软科学》2008 年第 7 期。

赵玉洁:《董事会规模和结构的影响因素研究》,《山西财经大学学报》2014 年第 3 期。

钟宏武、徐全军:《国内外现代企业成长理论研究现状比较》,《经济管理》2006 年第 1 期。

周嘉南、黄登仕:《上市公司高级管理层报酬业绩敏感度与风险之间关系的实证检验》,《会计研究》2006 年第 4 期。

周建、于伟、刘小元:《跨国企业公司治理研究回顾与展望》,《外国经济与管理》2008 年第 4 期。

周伟:《我国跨国公司技术优势的来源》,《科学学研究》2006 年第 2 期。

朱恒鹏:《企业规模、市场力量与民营企业创新行为》,《世界经济》2006 年第 12 期。

邹媛:《上市公司经营者团队内部薪酬差距的有效性分析》,《改革与战略》2007 年第 2 期。

Abadie A. and G. W. Imbens, Large Sample Properties of Matching Estimators for Average Treatment Effects [J]. *Econometrica*, 2006. 74 (1): 235 – 267.

Aggarwal R K, Samwick A A. , The Other Side of the Trade – Off: The Impact of Risk on Executive Compensation [J]. *The Journal of Political Economy*, 1999, 107 (1): 65 – 105.

Agmon T. and Lessard D. R. , Investor Recognition of Corporate International Diversification [J]. *The Journal of Finance*, 1977. 32 (4): 1049 – 1055.

Ahn S, Denis D J. , Internal Capital Markets and Investment Policy: Evidence from Corporate Spinoffs [J]. *Journal of Financial Economics*, 2004, 71 (3): 489 – 516.

Ahsan M and M Musteen, Multinational enterprises' Entry Mode Strategies and Uncertainty: A Review and Extension [J]. *International Journal of Management Reviews*, 2011, 13 (4): 376 – 392.

Ambos T C and B Ambos, The impact of distance on knowledge transfer effectiveness in multinational corporations [J]. *Journal of International Management*, 2009, 15 (1): 1 – 14.

Amihud Y. and B. Lev. , Risk Reduction as a Managerial Motive for Conglomerate Mergers [J]. *The Bell Journal of Economics*, 1981. 12 (2): 605 – 617.

Andersen O. , On the Internationalization Process of Firms: A Critical Analysis [J]. *Journal of International Business Studies*, 1993, 24 (2): 209 – 231.

Anderson R C, Bates T W, Bizjak J M, et al. , Corporate Governance and Firm Diversification [J]. *Financial Management*, 2000, 29 (1): 5 – 22.

Andersen T. J. and N. J. Foss, Does Multinationality Matter? Evidence from Swedish firm data [J]. *Journal of International Management*, 2005. 11 (2): 293 – 310.

Angrist J. D. and J. Pischke, *Mostly harmless econometrics: an empiricist's companion* [M] . 2008, Princeton: Princeton University Press.

Annavarjula M. and S. , Beldona. Multinationality – performance relationship: a review and reconceptualization [J]. *International Journal of Organizational Analysis*, 2000. 8 (1): 48 – 67.

Aoun D. and A. , Heshmati. International diversification, capital structure and cost of capital: evidence from ICT firms listed at NASDAQ [J]. *Applied Financial Economics*, 2008. 18 (12): 1021 – 1032.

Asmussen C G, N J Foss and T Pedersen, Knowledge Transfer and Accommodation Effects in Multinational Corporations: Evidence from Eu-

ropean Subsidiaries [J]. *Journal of Management*, 2011, 38 (5):
1 – 33.

Athanassiou N. and D. Nigh, Internationalization, tacit knowledge and
the top management teams of MNCs [J]. *Journal of International Business Studies*, 2000. 31 (3): 471 – 487.

Baele L. and K. Inghelbrecht, Time – varying Integration and International diversification strategies [J]. *Journal of Empirical Finance*,
2009. 16: 368 – 387.

Barton S. L. , Diversification Strategy and Systematic Risk: Another
Look [J]. *The Academy of Management Journal*, 1988. 31
(1): 166 – 175.

Baysinger B. and R. E. Hoskisson, Diversification Strategy and R&D Intensity in Multiproduct Firms [J]. *The Academy of Management Journal*, 1989. 32 (2): 310 – 332.

Belderbos R, E Lykogianni and R Veugelers, Strategic R&D Location
by Multinational Firms: Spillovers, Technology Sourcing, and Competition [J]. *Journal of Economics & Management Strategy*, 2008,
17 (3): 759 – 779.

Bellak C. , How Domestic and Foreign Firms Differ and Why Does it
Matter? [J]. *Journal of Economic Surveys*, 2004. 18
(4): 483 – 514.

Belloc F. , Corporate Governance and Innovation: A Survey [J]. *Journal of Economic Surveys*, 2011. 26 (4): 1 – 37.

Benito – Osorio D, Colino A, Guerras – Martín L, et. al. , The international diversification – performance link in Spain: Does firm size really
matter? [J]. *International Business Review*, 2016, 25
(2): 548 – 558.

Berger P. G. and E. Ofek, Diversification's effect on firm value [J].

Journal of Financial Economics, 1995. 37 (1): 39 – 65.

Berry C. H. , Corporate Growth and Diversification [J]. *Journal of Law and Economics*, 1971. 14 (2): 371 – 383.

Bethlehem G. , Note on Growth, Profitability and Size of Firms [J]. *South African Journal of Economics*, 1979. 47 (2): 130 – 134.

Bettis R. A. and V. Mahajan, Risk/Return Performance of Diversified Firms [J]. *Management Science*, 1985. 31 (7): 785 – 799.

Bloch C. R&D, investment and internal finance: the cash flow effect [J]. *Economics of Innovation and New Technology*, 2005. 14 (3): 213 – 223.

Blomstermo A, K Eriksson and D D Sharma, Domestic Activity and Knowledge Development in the Internationalization Process of Firms [J]. *Journal of International Entrepreneurship*, 2004, 2 (3): 239 – 258.

Bobillo A. M. F. , Lopez – Iturriaga and F. Tejerina – Gaite, Firm performance and international diversification: The internal and external competitive advantages [J]. *International Business Review*, 2010. 19 (6): 607 – 618.

Bodnar G. M. and J. Weintrop, The valuation of the foreign income of US multinational firms: a growth opportunities perspective [J]. *Journal of Accounting and Economics*, 1997. 24 (1): 69 – 97.

Boter H. and C. Holmquist, Industry characteristics and internationalization processes in small firms [J]. *Journal of Business Venturing*, 1996, 11 (6): 471 – 487.

Bowman E. , A risk/return paradox for strategic management [J]. *Sloan management review*, 1980: 1107 – 80.

Brewer H. L. , Investor Benefits from Corporate International Diversification [J]. *The Journal of Financial and Quantitative Analysis*,

1981. 16 (1): 113 – 126.

Brewer T. L. , Government Policies, Market Imperfections, and Foreign Direct Investment [J]. *Journal of International Business Studies*, 1993. 24 (1): 101 – 120.

Buckley P. J. and P. N. Ghauri, Globalisation, Economic Geography and the Strategy of Multinational Enterprises [J]. *Journal of International Business Studies*, 2004, 35 (2): 81 – 98.

Buckley P. J. and M. C. Casson, The internalisation theory of the multinational enterprise: A review of the progress of a research agenda after 30 years [J]. *Journal of International Business Studies*, 2009. 40 (9): 1563 – 1580.

Bühner R. , Assessing international diversification of West German corporations [J]. *Strategic Management Journal*, 1987. 8 (1): 25 – 37.

Burgman T. A. , An Empirical Examination of Multinational Corporate Capital Structure [J]. *Journal of International Business Studies*, 1996. 27 (3): 553 – 570.

Campa J. M. and S. Kedia, Explaining the diversification discount [J]. *The Journal of Finance*, 2002. 57 (4): 1731 – 1762.

Capar C. and M. Kotabe, The relationship between international diversification and performance in service firms [J]. *Journal of International Business Studies*, 2003. 34 (4): 345 – 355.

Caves R. E. , International Corporations: The Industrial Economics of Foreign Investment [J]. *Economica*, 1971. 38 (149): 1 – 27.

Chan Kim, W. , P. Hwang and W. P. Burgers, Global diversification strategy and corporate profit performance [J]. *Strategic Management Journal*, 1989. 10 (1): 45 – 57.

Chan L. K. , C. J. Lakonishok and T. Sougiannis, The Stock Market Valuation of Research and Development Expenditures [J]. *The Journal of Finance*, 2001. 56 (6): 2431 –2456.

Chang Y, and T. Howard, The Impact of Diversification Strategy on Risk – Return Performance [J]. *Strategic Management Journal*, 1989. 10 (3): 271 –284.

Charles J. P. C. et. al. , An investigation of the relationship between international activities and capital structure [J]. *Journal of International Business Studies*, 1997. 28 (3): 563 –577.

Chatterjee S. and B. Wernerfelt, The Link Between Resources And Type of Diversification: Theory And Evidence [J]. *Strategic Management Journal*, 1991. Vol. 12: 33 –48.

Chiva R. , Ghauri P. , and Alegre J. , Organizational Learning, Innovation and Internationalization: A Complex System Model [J]. *British Journal of Management*, 2014, 25 (4): 687 –705.

Chki I. E. and J. Cosset, Diversification strategy and capital structure of multinational corporations [J]. *Journal of Multinational Financial Management*, 2001. 11 (1): 17 –37.

Chou P. R. and K. Ko. , Prospect theory and the risk – return paradox: some recent evidence [J]. *Review of Quantitative Finance and Accounting*, 2009. 33 (3): 193 –205.

Christophe S. E. and R. J. Pfeiffer, The Valuation of MNC International Operations During the 1990s [J]. *Review of Quantitative Finance and Accounting*, 2002. 18 (2): 119 –138.

Christophe S. E. , Hysteresis and the Value of the U. S. Multinational Corporation [J]. *The Journal of Business*, 1997. 70 (3): 435 –462.

Chung K. H. and S. W. Pruitt, A Simple Approximation of *Tobin's q* [J]. *Financial Management*, 1994. 23 (3): 70 –74.

Coase R. H. , The Nature of the Firm [J]. *Economica*, 1937. 4 (16):
386 – 405.

Cohen W. M. and S. Klepper, A Reprise of Size and R & D [J]. *The E-
conomic Journal*, 1996. 106 (437): 925 – 951.

Contractor J. F. , S. Kundu and C. Hsu, A three – stage theory of inter-
national expansion: The link between multinationality and performance
in the service sector [J]. *Journal of International Business Studies*,
2003. 34 (1): 5 – 18.

Core J. , and Guay W. , The use of equity grants to manage optimal eq-
uity incentive levels [J]. *Journal of Accounting and Economics*,
1999, 28 (2): 151 – 184.

Costinot A. , L. Oldenski and J. Rauch, Adaptation and the Boundary of
Multinational Firms [J]. *The Review of Economics and Statistics*,
2011, 93 (1): 298 – 308.

Coviello N. and H. Munro, Network relationships and the international-
isation process of small software firms [J]. *International Business Re-
view*, 1997, 6 (4): 361 – 386.

David J. D. K. D. Diane and Y. Keven, Global diversification, industrial
diversification, and firm value [J]. *The Journal of Finance*, 2002. 57
(5): 1951 – 1979.

De Clercq D. , Sapienza H. J. , Yavuz R. I. , et. al. , Learning and
knowledge in early internationalization research: Past accomplishments
and future directions [J]. *Journal of Business Venturing*, 2012, 27
(1): 143 – 165.

Delgado – Gómez J. M. M. Ramírez – Alesón and M. A. Espitia – Escuer,
Intangible resources as a key factor in the internationalisation of Span-
ish firms [J]. *Journal of Economic Behavior*, 2004. 53: 477 – 494.

Demsetz H. , Lehn K. , The Structure of Corporate Ownership: Causes and Consequences [J]. *The Journal of Political Economy*, 1985, 93 (6): 1155 – 1177.

Denis D. J. , D. K. Denis and A. Sarin, Agency Problems, Equity Ownership, and Corporate Diversification [J]. *The Journal of Finance*, 1997. 52 (1): 135 – 160.

Denis D. J. , and Sibilkov V. , Financial Constraints, Investment, and the Value of Cash Holdings [J]. *Review of Financial Studies*, 2010, 23 (1): 247 – 269.

Desai M. A. , C. Fritz Foley and J. R. Hines Jr. , Capital structure with risky foreign investment [J]. *Journal of Financial Economics*, 2008, 88 (3): 534 – 553.

Desai M. , P. Antras and C. F. Foley, Multinational Firms, FDI Flows and Imperfect Capital Markets [R] . *Harvard University Department of Economics*, 2009.

Dewald W. G. , J. G. Thursby and R. G. Anderson, Replication in Empirical Economics: The Journal of Money, Credit and Banking Project [J]. *The American Economic Review*, 1986. 76 (4): 587 – 603.

Dos Santos M. B. , V. R. Errunza and D. P. Miller, Does corporate international diversification destroy value? Evidence from cross – border mergers and acquisitions [J]. *Journal of Banking*, 2008. 32 (12): 2716 – 2724.

Douglas J. M, J. F. Michael and B. C. Laura, The Use of Knowledge Technological Innovation within Diversified Firms [J]. *Academy of Management Journal*, 2007. 50 (2): 308 – 326.

Doukas J. A. and C. Pantzalis, Geographic diversification and agency costs of debt of multinational firms [J]. *Journal of Corporate Finance*, 2003. 9 (1): 59 – 92.

Doukas J. A. and O. B. Kan, Does Global Diversification Destroy Firm

Value? [J]. *Journal of International Business Studies*, 2006. 37
(3): 352 – 371.

Duchin R. , Cash Holdings and Corporate Diversification [J]. *The Journal of Finance*, 2010. 65 (3): 955 – 992.

Dunning J. H. and S. M. Lundan, *Multinational enterprises and the global economy* [M]. Second Edition ed. 2008, Massachusett: Edward Elgar Publishing Limited.

Dunning J. H. , Some antecedents of internalization theory [J]. *Journal of International Business Studies*, 2003. 34: 108 – 115.

Dunning J. H. , The Eclectic Paradigm of International Production: A Restatement and Some Possible Extensions [J]. *Journal of International Business Studies*, 1988. 19 (1): 1 – 31.

Duru A. and D. M. Reeb, International Diversification and Analysts´ Forecast Accuracy and Bias [J]. *The Accounting Review*, 2002. 77 (2): 415 – 433.

Easley D. , and O'Hara M. , Information and the Cost of Capital [J]. *The Journal of Finance*, 2004, 59 (4): 1553 – 1583.

Eckert S. , et. al. , Does multinationality lead to value enhancement? An empirical examination of publicly listed corporations from Germany [J]. *International Business Review*, 2010. 19 (6): 562 – 574.

Egger P. , C. Keuschnigg and V. Merlo, et. al. , Corporate Taxes, Internal Borrowing, and the Lending Capacity within Multinational Firms [J]. *Economics Working Paper Series*, 2011.

Eriksson K. , A. Majkg and D. D. Sharma, Path Dependence and Knowledge Development in the Internationalization Process [J]. MIR: *Management International Review*, 2000, 40 (4): 307 – 328.

Eriksson K. , J. Johanson and A Majkgard, et. al. , Experiential Knowledge and Cost in the Internationalization Process [J]. *Journal of Inter-*

national Business Studies, 1997, 28 (2): 337 – 360.

Erken H. and V. Gilsing, Relocation of R&D – a Dutch perspective [J]. *Technovation*, 2005, 25 (10): 1079 – 1092.

Erkko A., J. S. Harry and G. A. James, Effects of age at entry, knowledge intensity, and imitability on international growth [J]. *Academy of Management Journal*, 2000. 43 (5): p. 909.

Errunza V. R. and L. W. Senbet, International Corporate Diversification, Market Valuation, and Size – *Adjusted Evidence* [J]. The Journal of Finance, 1984. 39 (3): 727 – 743.

Errunza V. R. and L. W. Senbet, The Effects of International Operations on the Market Value of the Firm: Theory and Evidence [J]. *The Journal of Finance*, 1981. 36 (2): 401 – 417.

Fatemi A. M., Shareholder Benefits from Corporate International Diversification [J]. *The Journal of Finance*, 1984. 39 (5): 1325 – 1344.

Fatemi A. M., The effect of international diversification on corporate financing policy [J]. *The International Executive*, 1988. 30 (1): 1 – 6.

Faulkender M., Wang R., Corporate Financial Policy and the Value of Cash [J]. *The Journal of Finance*, 2006, 61 (4): 1957 – 1990.

Fauver L., J. F. Houston and A. Naranjo, Cross – country evidence on the value of corporate industrial and international diversification [J]. *Journal of Corporate Finance*, 2004. 10 (5): 729 – 752.

Fee C. E., C. J. Hadlock and J. R. Pierce, Investment, Financing Constraints, and Internal Capital Markets: Evidence from the Advertising Expenditures of Multinational Firms [J]. *The Review of Financial Studies*, 2009, 22 (6): 2361 – 2392.

Fey C F, and P Furu, Top management incentive compensation and knowledge sharing in multinational corporations [J]. *Strategic Man-*

agement Journal, 2008, 29 (12): 1301 – 1323.

Fiegenbaum A. and H. , Thomas. Attitudes toward Risk and the Risk – Return Paradox: Prospect Theory Explanations [J]. *The Academy of Management Journal*, 1988. 31 (1): 85 – 106.

Figenbaum A. and H. Thomas, Dynamic and Risk Measurement Perspectives on Bowman's Risk – Return Paradox for Strategic Management: An Empirical Study [J]. *Strategic Management Journal*, 1986. 7 (5): 395 – 407.

Figueira – de – Lemos F, Johanson J, Vahlne J. , Risk management in the internationalization process of the firm: A note on the Uppsala model [J]. *Journal of World Business*, 2011, 46 (2): 143 – 153.

Filatotchev I and M Wright, Agency Perspectives on Corporate Governance of Multinational Enterprises [J]. *Journal of Management Studies*, 2011, 48 (2): 471 – 486.

Fletcher M, Harris S. , Knowledge acquisition for the internationalization of the smaller firm: Content and sources [J]. *International Business Review*, 2012, 21 (4): 631 – 647.

Frank M. Z. and V. K. Goyal, Capital Structure Decisions: Which Factors Are Reliably Important? [J]. *Financial Management*, 2009. 38 (1): 1 – 37.

Fredrickson J W, Davis – Blake A, Sanders W G. , Sharing the wealth: social comparisons and pay dispersion in the CEO's top team [J]. Strategic Management Journal, 2010, 31 (10): 1031 – 1053.

Gande A. C. Schenzler and L. W. Senbet, Valuation effects of global diversification [J]. *Journal of International Business Studies*, 2009. 40 (9): 1515 – 1532.

Gaur A S, Kumar V, Singh D. , Institutions, resources, and internationalization of emerging economy firms [J]. *Journal of World Busi-*

ness, 2014, 49 (1): 12 – 20.

Geringer J. M, P. W. Beamish and R. C. Dacosta, Diversification strategy and internationalization: Implications for mne performance [J]. *Strategic Management Journal*, 1989. 10 (2): 109 – 119.

Geringer J. M, S. Tallman and D. M. Olsen, Product and international diversification among Japanese multinational firms [J]. *Strategic Management Journal*, 2000. 21 (1): 51 – 80.

Glass A J and K Saggi, Multinational Firms and Technology Transfer [J]. *Scandinavian Journal of Economics*, 2002, 104 (4): 495 – 513.

Goldberg S. R. and F. L. Heflin, The Association Between the Level of International Diversification and Risk [J]. *Journal of International Financial Management & Accounting*, 1995. 6 (1): 1 – 25.

Goldsmith R. W. , *Financial structure and development* [M] . 1969, New Haven: Yale U. Press.

Gomes L. and K. Ramaswamy, An empirical examination of the form of the relationship between multinationality and performance [J]. *Journal of International Business Studies*, 1999. 30 (1): 173 – 187.

Greenaway D. and R. Kneller, Firm heterogeneity, exporting and foreign direct investment [J]. *The Economic Journal*, 2007. 117 (517): 134 – 161.

Grossman S. J. and O. D. Hart, The Costs and Benefits of Ownership: A Theory of Vertical and Lateral Integration [J]. *Journal of Political Economy*, 1986. 94 (4): 691 – 719.

Gugler K. , *Corporate Governance and Economic Performance* [M]. 2001, Oxford: Oxford University Press.

Gupta A K and V Govindarajan, Knowledge Flows and the Structure of Control within Multinational Corporations [J]. *The Academy of Man-*

agement Review, 1991, 16 (4): 768 – 792.

Gupta A K and V Govindarajan, Knowledge flows within multinational corporations [J]. *Strategic Management Journal*, 2000, 21 (4): 473 – 496.

Hadjikhani A. , A Note on the Criticisms against the Internationalization Process Model [J]. *MIR: Management International Review*, 1997, 37: 43 – 66.

Hall B. H. , *Innovation and Market Value, in Productivity, Innovation and Economic Performance* [M] . 2000, Cambridge University Press: Cambridge, United Kingdom. 177 – 197.

Hann R, Ogneva M, Ozbas O. , Corporate Diversification and the Cost of Capital [J]. *The Journal of Finance*, 2013, 68 (5): 1961 – 1999.

Helpman E. , A Simple Theory of International Trade with Multinational Corporations [J]. *Journal of Political Economy*, 1984, 92 (3): 451 – 471.

Helpman E. , Multinational corporations and trade structure [J]. *The Review of Economic Studies*, 1985, 52 (3): 443 – 457.

Helpman E. M, J. Melitz and S. R. Yeaple. , Export versus FDI with Heterogeneous Firms [J]. *The American Economic Review*, 2004. 94 (1): 300 – 316.

Henderson A D, Fredrickson J W. , Top Management Team Coordination Needs and the CEO Pay Gap: A Competitive Test of Economic and Behavioral Views [J]. *The Academy of Management Journal*, 2001, 44 (1): 96 – 117.

Hennart J. , The theoretical rationale for a multinationality – performance relationship [J]. *Management International Review*, 2007. 47 (3): 423 – 452.

Hennart J. , The Transaction - Cost Rationale for Countertrade [J] . *Journal of Law, Economics, & Organization*, 1989. 5 (1): 127 - 153.

Hill C. W. L, M. A. Hitt and R. E. Hoskisson. , Cooperative versus Competitive Structures in Related and Unrelated Diversified Firms [J] . *Organization Science*, 1992. 3 (4): 501 - 521.

Himmelberg C P, Hubbard R G, Palia D. , Understanding the determinants of managerial ownership and the link between ownership and performance [J] . *Journal of Financial Economics*, 1999, 53 (3): 353 - 384.

Hitt A. M, E. R. Hoskisson and H. Kim. , International diversification: Effects on innovation and firm performance in product - diversified firms [J] . *Academy of Management Journal*, 1997. 40 (4): 767 - 798.

Hitt M A, Tihanyi L, Miller T, et. al. , International Diversification: Antecedents, Outcomes, and Moderators [J] . *Journal of Management*, 2006, 32 (6): 831 - 867.

Hitt M. A, R. E. Hoskisson and D. R. Ireland. , A mid - range theory of the interactive effects of international and product diversification on innovation and performance [J] . *Journal of Management*, 1994. 20 (2): 297 - 326.

Hitt M. A, R. E. Hoskisson and D. R. Ireland. , Mergers and Acquisitions and Managerial Commitment to Innovation in M - Form Firms [J] . *Strategic Management Journal*, 1990. 11: 29 - 47.

Hong J F L and T V Nguyen. , Knowledge embeddedness and the transfer mechanisms in multinational corporations [J] . *Journal of World Business*, 2009, 44 (4): 347 - 356.

Horaguchi H. and B. Toyne. , Setting the Record Straight: Hymer, Internalization Theory and Transaction Cost Economics [J]. *Journal of International Business Studies*, 1990. 21 (3): 487 – 494.

Horstmann I. and J. R. Markusen. , Licensing versus direct investment: implications for economic growth [J]. *The Canadian Journal of Economics*, 1987. 20 (3): 464 – 481.

Hoskisson R. E, M. A. , Hitt and C. W. L. Hill. Managerial incentives and investment in R&D in large multiproduct firms [J]. *Organization Science*, 1993. 4 (2): 325 – 339.

Hoskisson R. E. and M. A. Hitt. , Antecedents and Performance Outcomes of Diversification: A Review and Critique of Theoretical Perspectives [J]. *Journal of Management*, 1990. 16 (2): 461 – 509.

Hoskisson R. E. and M. A. , Hitt. Strategic control systems and relative r&d investment in large multiproduct firms [J]. *Strategic Management Journal*, 1988. 9 (6): 605 – 621.

Hubbard R. G. , Capital – Market Imperfections and Investment [J]. *Journal of Economic Literature*, 1998. 36 (1): 193 – 225.

Hutzschenreuter T and F Gr O Ne. , Product and geographic scope changes of multinational enterprises in response to international competition [J]. *Journal of International Business Studies*, 2009, 40 (7): 1149 – 1170.

Ibeh K, Kasem L. , Internationalization's effect on marketing learning: A study of Syrian firms [J]. *Journal of Business Research*, 2014, 67 (5): 680 – 685.

Jacquemin A. P. and C. H. Berry. , Entropy Measure of Diversification and Corporate Growth [J]. *The Journal of Industrial Economics*, 1979. 27 (4): 359 – 369.

Jaffe A. B. , Technological Opportunity and Spillovers of R & D: Evidence from Firms′Patents, Profits, and Market Value [J]. *The Amer-*

ican Economic Review, 1986. 76 (5): 984 – 1001.

JassoG, and Rossi H P. , Distributive justice and earned income [J]. *American Sociological Review*, 1977, 42 (3): 639 – 651.

Jensen M. C. , Agency Costs of Free Cash Flow, Corporate Finance, and Takeovers [J]. *The American Economic Review*, 1986. 76 (2): 323 – 329.

Jensen M. C. and W. H. Meckling. , Theory of the firm: Managerial behavior, agency costs and ownership structure [J]. *Journal of Financial Economics*, 1976. 3 (4): 305 – 360.

Jensen M. C. , Takeovers: Their Causes and Consequences [J]. *The Journal of Economic Perspectives*, 1988. 2 (1): 21 – 48.

Jensen M C, Murphy K J. , Performance Pay and Top – Management Incentives [J]. *Journal of Political Economy*, 1990, 98 (2): 225 – 264.

Johanson J and J Vahlne. , Commitment and opportunity development in the internationalization process: A note on the Uppsala internationalization process model [J]. *Management International Review*, 2006, 46 (2): 165 – 178.

John R. G, L. L. Michael and G. W. Jack. Does corporate diversification destroy value? [J]. *The Journal of Finance*, 2002. 57 (2): 695 – 720.

Kerr J L. , Diversification Strategies and Managerial Rewards: An Empirical Study [J]. *The Academy of Management Journal*, 1985, 28 (1): 155 – 179.

Kesternich I and M Schnitzer. , Who is afraid of political risk? Multinational firms and their choice of capital structure [J]. *Journal of International Economics*, 2010, 82 (2): 208 – 218.

Kim W. C, P. Hwang and W. P. Burgers. , Multinationals′ diversification and the risk – return trade – off [J]. *Strategic Management Journal*, 1993. 14 (4): 275 – 286.

Kim Y. S. and I. Mathur. , The impact of geographic diversification on firm performance [J]. *International Review of Financial Analysis*, 2008. 17 (4): 747 – 766.

Kishna P. , Diversification Strategy, Profit Performance and the Entropy Measure [J]. *Strategic Management Journal* (pre – 1986), 1985. 6 (3): 239 – 255.

Klein B, R. G. Crawford and A. A. Alchian. , Vertical Integration, Appropriable Rents, and the Competitive Contracting Process [J]. *Journal of Law and Economics*, 1978. 21 (2): 297 – 326.

Kogut B. and U. Zander. , Knowledge of the Firm and the Evolutionary Theory of the Multinational Corporation [J]. *Journal of International Business Studies*, 1993. 24 (4): 625 – 645.

Kogut B. and U. Zander. , Knowledge, Market Failure and the Multinational Enterprise: A Reply [J]. *Journal of International Business Studies*, 1995. 26 (2): 417 – 426.

Kumar N. , Determinants of location of overseas R&D activity of multinational enterprises: the case of US and Japanese corporations1 [J]. *Research Policy*, 2001, 30 (1): 159 – 174.

, Kumar N. , Intellectual property protection, market orientation and location of overseas R&D activities by multinational enterprises [J]. *World Development*, 1996, 24 (4): 673 – 688.

Kwok C. Y. and D. M. Reeb. , Internationalization and Firm Risk: An Upstream – Downstream Hypothesis [J]. *Journal of International Business Studies*, 2000. 31 (4): 611 – 629.

La Rocca, M, et. al. , Effect of diversification on capital structure [J]. *Accounting & Finance*, 2009. 49 (4): 799 – 826.

Lang L, E. Ofek and R. Stulz. , Leverage, investment, and firm growth [J]. *Journal of Financial Economics*, 1996. 40 (1): 3 - 29.

Larry H. P. L. and R. M. Stulz. *Tobin's q*, Corporate Diversification, and Firm Performance [J]. *Journal of Political Economy*. 1994. 102 (6): 1248 - 1280.

Lee K. C. and C. C. Y. Kwok. , Multinational Corporations vs. Domestic Corporations: International Environmental Factors and Determinants of Capital Structure [J]. *Journal of International Business Studies*, 1988. 19 (2): 195 - 217.

Lee K, Hooy C, and Hooy G. , The value impact of international and industrial diversifications on public - listed firms in Malaysia [J]. *E-merging Markets Review*, 2012, 13 (3): 366 - 380.

LeeW K, Lev B , and Yeo G H. , Executive pay dispersion, corporate governance, and firm performance [J]. 2008, 30 (3): 315 - 338.

Levin C. R. , A new look at the patent system [J]. *American Economic Review*, 1986 (1): 199 - 202.

Lewellen W. G. , A Pure Financial Rationale for the Conglomerate Merger [J]. *The Journal of Finance*, 1971. 26 (2): 521 - 537.

Li L, D Li and T Dalgic. , Internationalization Process of Small and Medium - sized Enterprises: Toward a Hybrid Model of Experiential Learning and Planning [J]. *MIR: Management International Review*, 2004, 44 (1): 93 - 116.

Li P P. , Toward an integrated theory of multinational evolution: The evidence of Chinese multinational enterprises as latecomers [J]. *Journal of International Management*, 2007, 13 (3): 296 - 318.

Li J. and D. R. Yue. , Market Size, Legal Institutions, and International Diversification Strategies: Implications for the Performance of Multinational Firms [J]. *Management International Review*, 2008. 48:

667 - 688.

Li L. , Multinationality and performance: A synthetic review and re-
search agenda [J]. *International Journal of Management Reviews*,
2007. 9 (2): 117 - 139.

Link A. N. and J. E. Long. , The Simple Economics of Basic Scientific
Research: A Test of Nelson's Diversification Hypothesis [J]. *The
Journal of Industrial Economics*, 1981. 30 (1): 105 - 109.

Lins K. V. and H. Servaes. , Is Corporate Diversification Beneficial in E-
merging Markets? [J]. *Financial Management*, 2002. 31 (2):
5 - 31.

Lööf H. , Multinational enterprises and innovation: firm level evidence
on spillover via R&D collaboration [J]. *Journal of Evolutionary Eco-
nomics*, 2009, 19 (1): 41.

Love J. H. , Knowledge, Market Failure and the Multinational Enter-
prise: A Theoretical Note [J]. *Journal of International Business Stud-
ies*, 1995. 26 (2): 399 - 407.

Low P. Y. and K. H. Chen. , Diversification and Capital Structure: Some
International Evidence [J]. *Review of Quantitative Finance and Ac-
counting*, 2004. 23 (1): 55 - 71.

Lu J. W. and P. W. Beamish. , International diversification and firm per-
formance: The S - CURVE hypothesis [J]. *Academy of Management
Journal*, 2004. 47: 598 - 609.

Lubatkin M. and R. C. Rogers. , Diversification, Systematic Risk, and
Shareholder Return: A Capital Market Extension of Rumelt's 1974
Study [J]. *The Academy of Management Journal*, 1989. 32 (2):
454 - 465.

Luis R. G. and E. P. Leslie. , Cultural diversity and the performance of
multinational firms [J]. *Journal of International Business Studies*,

1997. 28 (2): 309 – 335.

Luo Y. , Capability Exploitation and Building in a Foreign Market: Implications for Multinational Enterprises [J]. *Organization Science*, 2002, 13 (1): 48 – 63.

Madhok A. , The nature of multinational firm boundaries: Transaction costs, firm capabilities and foreign market entry mode [J]. *International Business Review*, 1998. 7 (3): 259 – 290.

Makino S, T. , Isobe and C. M. Chan. Does country matter? [J]. *Strategic Management Journal*, 2004. 25 (10): 1027 – 1043.

Mariotti S, L Piscitello and S Elia. , Spatial agglomeration of multinational enterprises: the role of information externalities and knowledge spillovers [J]. *Journal of Economic Geography*, 2010, 10 (4): 519 – 538.

Markusen J. R. and K. E. Maskus. , Discriminating Among Alternative Theories of the Multinational Enterprise [J]. *Review of International Economics*, 2002. 10 (4): 694 – 707.

Markusen J. R. , The Boundaries of Multinational Enterprises and the Theory of International Trade [J]. *The Journal of Economic Perspectives*, 1995. 9 (2): 169 – 189.

Marris R. , A Model of the " Managerial" Enterprise [J]. *The Quarterly Journal of Economics*, 1963. 77 (2): 185 – 209.

Martin J. D. and A. Sayrak. , Corporate diversification and shareholder value: a survey of recent literature [J]. *Journal of Corporate Finance*. 2003. 9: 37 – 57.

Mason A. C. and G. S. Wm. , The Effects of Top Management Team Pay and Firm Internationalization on MNC Performance [J]. *Journal of Management*, 2004. 30 (4): 509 – 528.

Mason A. C. and W. F. James. , Top management teams, global strategic posture, and the moderating role of uncertainty [J]. *Academy of Management Journal*, 2001. 44 (3): 533 – 545.

McFetridge D. G., Knowledge, Market Failure and the Multinational Enterprise: A Comment [J]. *Journal of International Business Studies*, 1995. 26 (2): 409 – 415.

Melin L., Internationalization as a strategy process [J]. *Strategic Management Journal*, 1992, 13 (S2): 99 – 118.

Meyer K E., Perspectives on multinational enterprises in emerging economies [J]. *Journal of International Business Studies*, 2004, 35 (4): 259 – 276.

Meyer – Krahmer F. and G. Reger., New perspectives on the innovation strategies of multinational enterprises: lessons for technology policy in Europe [J]. *Research Policy*, 1999, 28 (7): 751 – 776.

Michael Geringer, J., P. W. Beamish and R. C. Dacosta. Diversification strategy and internationalization: Implications for mne performance [J]. *Strategic Management Journal*, 1989. 10 (2): 109 – 119.

Michel A. and I. Shaked., Multinational Corporations vs. Domestic Corporations: Financial Performance and Characteristics [J]. *Journal of International Business Studies*, 1986. 17 (3): 89 – 100.

Milton H. and A. Raviv., The Theory of Capital Structure [J]. *The Journal of Finance*, 1991. 46 (1): 297 – 355.

Minbaeva D., Knowledge transfer in multinational corporations [J]. *Management International Review*, 2007, 47 (4): 567.

Mittoo U. R. and Z. Zhang., The capital structure of multinational corporations: Canadian versus U. S. evidence [J]. *Journal of Corporate Finance*, 2008. 14 (5): 706 – 720.

Modigliani F. and H. M. Merton., The Cost of Capital, Corporation Finance and the Theory of Investment [J]. *The American Economic Re-*

view, 1958. 48 (3): 261 – 297.

Montgomery C. A. and B. Wernerfelt. , Diversification, Ricardian Rents, and *Tobin's q* [J]. *The Rand Journal of Economics*, 1988. 19 (4): 623 – 632.

Montgomery C. A. , Corporate Diversification [J]. *Journal of Economic Perspectives*, 1994. 8 (3): 163 – 178.

Montgomery C. A. , The Measurement of Firm Diversification: Some New Empirical Evidence [J]. *Academy of Management Journal*, 1982. 25 (2): 299 – 307.

Morck R. and B. Yeung. , Why Investors Value Multinationality [J]. *The Journal of Business*, 1991. 64 (2): 165 – 187.

Mueller D. C. A, Life Cycle Theory of the Firm [J]. *The Journal of Industrial Economics*, 1972. 20 (3): 199 – 219.

Musso P. and S. Schiavo. , The impact of financial constraints on firm survival and growth [J]. *Journal of Evolutionary Economics*, 2008. 18 (2): 135 – 149.

Myers S. C. , Determinants of corporate borrowing [J]. *Journal of Financial Economics*, 1977. 5 (2): 147 – 175.

Myers S C. , The Capital Structure Puzzle [J]. *The Journal of Finance*, 1984, 39 (3): 574 – 592.

Myers S C, and Majluf N S. , Corporate Financing and Investment Decisions When Firms Have Iinformation That Investors Do Not Have [J]. *Journal of Financial Economics*, 1984, 13 (2): 187 – 221.

Myron M M. , The 10 – Step Road Map to Success in Foreign Markets [J]. *Journal of International Marketing*, 1993, 1 (2): 89 – 106.

Nachum L. , Geographic and industrial diversification of developing country firms [J]. *Journal of Management Studies*, 2004. 41 (2): 273 – 294.

Nancy L R, Andrea S. , Firm diversification and CEO compensation: Managerial ability or executive entrenchment? [J]. *The Rand Journal of Economics*, 1997, 28 (3): 489 – 514.

Nelson R. R. , The Simple Economics of Basic Scientific Research [J]. *Journal of Political Economy*, 1959. 67 (3): 297 – 306.

Obstfeld M. Risk – Taking, Global Diversification, and Growth [J]. *The American Economic Review*, 1994. 84 (5): 1310 – 1329.

Oesterle M, Richta H N, Fisch J H. , The influence of ownership structure on internationalization [J]. *International Business Review*, 2013, 22 (1): 187 – 201.

Oh C. H. and F. J. Contractor. The role of territorial coverage and product diversification in the multinationality – performance relationship [J]. *Global Strategy Journal*, 2012. 2 (2): 122 – 136.

Olibe K. O, F. A. Michello and J. Thorne. , Systematic risk and international diversification: An empirical perspective [J]. *International Review of Financial Analysis*, 2008. 17 (4): 681 – 698.

Oliveira B. and A. Fortunato. , Firm Growth and Liquidity Constraints: A Dynamic Analysis [J]. *Small Business Economics*, 2006. 27 (2): 139 – 156.

Opler T, Pinkowitz L, Stulz R, et. al. , The Determinants and Implications of Corporate Cash holdings [J]. *Journal of Financial Economics*, 1999, 52 (1): 3 – 46.

Oviatt B M and P P McDougall. , Challenges for Internationalization Process Theory: The Case of International New Ventures [J]. *MIR: Management International Review*, 1997, 37: 85 – 99.

Oviatt B M and P P McDougall. , Toward a Theory of International New Ventures [J]. *Journal of International Business Studies*, 1994, 25 (1): 45 – 64.

Owen A. L. and P. Christopher. , Does diversification destroy value? [J] . *Evidence from the industry shocks. Journal of Financial Economics*, 2002. 63 (2): 51 –77.

Panteghini P. , The capital structure of multinational companies under tax competition [J] . *International Tax and Public Finance*, 2009. 16 (1): 59 –81.

Pantzalis C. , Does Location Matter? An Empirical Analysis of Geographic Scope and MNC Market Valuation [J] . *Journal of International Business Studies*, 2001. 32 (1): 133 –155.

Panzar J. C. and R. D. Willig. , Economies of Scope [J] . *The American Economic Review*, 1981. 71 (2): 268 –272.

Parry T. , Internalisation as a general theory of foreign direct investment: A critique [J]. *Review of World Economics*, 1985. 121 (3): 564 –569.

Patrick F. R. and L. T. Linda. , Multinationals and the gains from international diversification [J] . *Review of Economic Dynamics*, 2004. 7 (4): 789 –826.

Pearce R and M Papanastassiou. , Overseas R&D and the strategic evolution of MNEs: evidence from laboratories in the UK [J] . *Research Policy*, 1999, 28 (1): 23 –41.

Penrose E. , The Theory of the Growth of the Firm [M] .1959, Basil Blackwell: Oxford University Press.

Pfeffer J, Langton N. , The effect of wage dispersion on satisfaction, productivity, and working collaboratively: Evidence from college and university faculty [J] . *Administrative Science Quarterly*, 1993, 38 (1): 382 –407.

Pitts R. A. and H. D. Hopkins. , Firm Diversity: Conceptualization and Measurement [J] . *Academy of Management. The Academy of Manage-*

ment Review, 1982. 7 (4): 620 – 629.

Pla – Barber J, Alegre J. , The role of knowledge and learning in inter-
nationalization [J]. *International Business Review*, 2014, 23 (1):
1 – 3.

Pol H. and K. D. Deepak. , Relationships between Top Management
Team Characteristics and International Diversification: an Empirical
Investigation [J]. *British Journal of Management*, 2005. 16 (1):
69 – 78.

Porter M. E. , The competitive advantage of nations [M] . 1990, New
York: Free Press.

Prange C, Verdier S. , Dynamic capabilities, internationalization
processes and performance [J]. *Journal of World Business*, 2011, 46
(1): 126 – 133.

Prendergast C. , The Tenuous Trade - off between Risk and Incentives
[J]. *Journal of Political Economy*, 2002, 110 (5): 1071 – 1102.

Qian G, et. al. , The performance implications of intra – and inter – re-
gional geographic diversification [J]. *Strategic Management Journal*,
2010. 31 (9): 1018 – 1030.

Rajan R, H. Servaes and L. Zingales. , The cost of diversity: The diver-
sification discount and inefficient investment [J]. *The Journal of Fi-
nance*, 2000. 55 (1): 35 – 80.

Rajan R. G. and L. Zingales. , What Do We Know about Capital Struc-
ture? Some Evidence from International Data [J]. *The Journal of Fi-
nance*, 1995. 50 (5): 1421 – 1460.

Rajes K. A. and A. S. Andrew. , Why do managers diversify their firms?
Agency reconsidered [J]. *The Journal of Finance*, 2003. 58 (1):
71 – 118.

Reeb D. M, C. C. Y. Kwok and H. Y. Baek. , Systematic Risk of the

Multinational Corporation [J]. *Journal of International Business Studies*, 1998. 29 (2): 263 – 279.

Rose D. C. , Bankruptcy risk, firm – specific managerial human capital, and diversification [J]. *Review of Industrial Organization*, 1992. 7 (1): 65 – 73.

Rugman A M and A Verbeke. , A Perspective on Regional and Global Strategies of Multinational Enterprises [J]. *Journal of International Business Studies*, 2004, 35 (1): 3 – 18.

Rugman A M and A Verbeke. , Subsidiary – specific advantages in multinational enterprises [J]. *Strategic Management Journal*, 2001, 22 (3): 237 – 250.

Rugman A M. , Multinational enterprises and public policy [J]. *Journal of International Business Studies*, 1998: 115 – 136.

RugmanA. , Internalization as a general theory of foreign direct investment: A re – appraisal of the literature [J]. *Review of World Economics*, 1980. 116 (2): 365 – 379.

Rugman A. , Internalization is still a general theory of foreign direct investment [J]. *Review of World Economics*, 1985. 121 (3): 570 – 575.

Rugman A. M. and A. Verbeke. , A Note on the Transnational Solution and the Transaction Cost Theory of Multinational Strategic Management [J]. *Journal of International Business Studies*, 1992. 23 (4): 761 – 771.

Rugman A. M. and A. Verbeke. , Extending the theory of the multinational enterprise: internalization and strategic management perspectives [J]. *Journal of International Business Studies*, 2003. 34: 125 – 137.

Rugman A. M. and C. H. Oh. , Does the regional nature of multinationals affect the multinationality and performance relationship [J]. *Journal of World Business*, 2010. 19 (5): 479 – 488.

Rugman A. M. , New Theories of The Multinational Enterprise: An Assessment of Internalization Theory [J]. *Bulletin of Economic Research*, 1986. 38 (2): 101 – 118.

Rugman A. M. , Risk Reduction by International Diversification [J]. *Journal of International Business Studies*, 1976. 7 (2): 75 – 80.

Rumelt R. P. , Strategy, structure, and economic performance [M] . 1974, Boston: Harvard University.

Sanders W. G. and M. A. Carpenter. , Internationalization and firm governance: The roles of CEO compensation, top team composition, and board structure [J]. *Academy of Management Journal*, 1998. 41 (2): 158 – 178.

Sanders W G, Carpenter M A. , Internationalization and firm governance: The roles of CEO compensation, top team composition, and board structure [J]. *Academyof Management Journal*, 1998, 41 (2): 158 – 178.

Sattar A. M. and M. R. David. , Corporate diversification: What gets discounted? [J]. *The Journal of Finance*, 2002. 57 (5): 2167 – 2183.

Schumpeter J. A. , Capitalism, socialism, and democracy [M] . 1942, New York: Harper.

Seoungpil A, J. D. David and K. D. Diane. , Leverage and investment in diversified firms [J]. *Journal of Financial Economics*, 2006. 79 (2): 317 – 337.

Shaked I. , Are Multinational Corporations Safer? [J]. *Journal of International Business Studies*, 1986. 17 (1): 83 – 106.

Shi L. , Respondable risk and incentives for CEOs: The role of information – collection and decision – making [J]. *Journal of Corporate Finance*, 2011. 17 (1): 189 – 205.

Shimizutani S and Y Todo. , What determines overseas R&D activities? The case of Japanese multinational firms [J]. *Research Policy*, 2008, 37 (3): 530 – 544.

Shleifer, A. and R. W. Vishny. , A Survey of Corporate Governance [J]. *The Journal of Finance*, 1997. 52 (2): 737 – 783.

ShleiferA. and R. W. Vishny. , Management entrenchment: The case of manager – specific investments [J]. *Journal of Financial Economics*, 1989. 25 (1): 123 – 139.

Singh M, W. N. Davidson and J. , Suchard. Corporate diversification strategies and capital structure [J]. *The Quarterly Review of Economics and Finance*, 2003. 43 (1): 147 – 167.

Singh M. and A. Nejadmalayeri. , Internationalization, capital structure, and cost of capital: evidence from French corporations [J]. *Journal of Multinational Financial Management*, 2004. 14 (2): 153 – 169.

Smith C W, Watts R L. , The investment opportunity set and corporate financing, dividend, and compensation policies [J]. *Journal of Financial Economics*, 1992, 32 (3): 263 – 292.

Stanley M T. , Capital Structure and Cost – of – Capital for the Multinational Firm [J]. *Journal of International Business Studies*, 1981, 12 (1): 103 – 120.

Steve W. Recent, developments in international management research: A review of 20 top management journals [J]. *Journal of Management*, 2002. 28 (3): 277 – 305.

Sullivan D. , Measuring the Degree of Internationalization of a Firm [J]. *Journal of International Business Studies*, 1994. 25 (2): 325 – 342.

Tallman S. and J. Li. , Effects of International Diversity and Product Diversity on the Performance of Multinational Firms [J]. *The Academy of Management Journal*, 1996. 39 (1): 179 – 196.

Teclezion M. , The Impact of International Industrial Diversification Strategies on the Cash Flow Sensitivity of Cash [J]. *Managerial Finance*, 2012, 38 (10): 977 – 992.

Teece D J. , Towards an economic theory of the multiproduct firm [J]. *Journal of Economic Behavior & Organization*, 1982, 3 (1): 39 – 63.

ThomasD. E. , International diversification and firm performance in Mexican firms: A curvilinear relationship? [J]. *Journal of Business Research*, 2006. 59 (4): 501 – 507.

Tihanyi L, et. al. , Composition of the top management team and firm international diversification [J]. *Journal of Managemnt*, 2000. 26 (6): 1157 – 1177.

Tong Z. , CEO Risk Incentives and Corporate Cash Holdings [J]. *Journal of Business Finance & Accounting*, 2010, 37 (9 – 10): 1248 – 1280.

Villalonga B. , Diversification Discount or Premium? New Evidence from the Business Information Tracking Series [J]. *The Journal of Finance*, 2004. 59 (2): 479 – 506.

Wagner H. , Internationalization speed and cost efficiency – evidence from Germany [J]. *International Business Review*, 2004. 13 (4): 447 – 463.

Wan C. , International Diversification, Industrial Diversification and Firm Performance of Hong Kong MNCs [J]. *Asia Pacific Journal of Management*, 1998. 15 (2): 205 – 217.

Wan W. P. and R. E. Hoskisson. , Home Country Environments, Corporate Diversification Strategies [J], and Firm Performance. The Academy of Management Journal, 2003. 46 (1): 27 – 45.

WanW. P. , Country Resource Environments, Firm Capabilities, and Corporate Diversification Strategies [J]. *Journal of Management Studies*, 2005. 42 (1): 161 – 182.

Welch D E and L S Welch. , The Internationalization Process and Networks: A Strategic Management Perspective [J]. *Journal of International Marketing*, 1996, 4 (3): 11 – 28.

Wernerfelt B. , A resource – based view of the firm [J]. *Strategic Management Journal*, 1984. 5 (2): 171 – 180.

Wiersema M. F. and H. P. Bowen. , The relationship between international diversification and firm performance: Why it remains a puzzle [J]. *Global Strategy Journal*, 2011. 1 (1 – 2): 152 – 170.

Williamson O. , Transaction Cost Economics [M] . *Handbook of New Institutional Economics*, 2005. 41 – 65.

Williamson O. E. , The Logic of Economic Organization [J]. *Journal of Law, Economics and Organization*, 1988. 4 (1): 65 – 93.

Williamson O. E. , The Vertical Integration of Production: Market Failure Considerations [J]. *The American Economic Review*, 1971. 61 (2): 112 – 123.

Wuebker R, Z J Acs and R Florida. , The Globalization of Innovation and Entrepreneurial Talent [M] //Acs Z J, Audretsch D B. *Handbook of Entrepreneurship Research. Springer New York*, 2010: 457 – 484.

Wulf J. Authority, risk, and performance incentives: evidence from division manager positions inside firms [J]. *The Journal of Industrial Economics*, 2007, 55 (1): 169 – 196.

Xavier M, S. Anand and M. Will. , Organizational evolution in the interorganizational environment: Incentives and constraints on international expansion strategy [J]. *Administrative Science Quarterly*, 1998. 43 (3): 566 – 601.

Yip G S, J G Biscarri and J A Monti. , The Role of the Internationalization Process in the Performance of Newly Internationalizing Firms [J]. *Journal of International Marketing*, 2000, 8 (3): 10 – 35.

You L. and R. Daigler. , The strength and source of asymmetric international diversification [J]. *Journal of Economics and Finance*, 2010. 34 (3): 349 – 364.

后　记

　　本书是在我的博士论文的基础上形成的，后续的教学和研究使得我重新思考了博士论文的不足，从而重新调整了整体框架，增加了新的内容。本书初稿完成于 2013 年 3 月，距今已有三年的时间。在这里需要说明的一点是，我博士论文的数据采用的是中国制造业上市公司 2009－2011 年的数据，后续的研究把数据扩展到了 2015 年。为了保证研究的严谨性，本书也对先前的研究利用新的数据重新进行了回归分析，结果发现主要结论是一致的。考虑到这些研究成果也已经发表在专业期刊上，因此本书对这部分研究的数据未做修改。

　　我在浙江大学读书期间，得益于许多师长的教导和同学的帮助，其中包括我的导师黄祖辉教授，还有史晋川教授、张小蒂教授、蒋岳祥教授、金雪军教授、宋玉华教授、肖文教授、马述忠教授等。感谢张日波、楼东纬、冯晗、杨君、周强、曾绍龙、韩媛媛、姚瑶等博士同学提供的多方面帮助。感谢孙华平、徐敏燕、王鑫鑫、黄宝连、米松华、李锋、蒋俊峰、高钰玲、邵科、王锋、梁蒙、吴彬、王建英等各位博士同门的帮助。他们的关心、帮助和勉励是我一生中宝贵的财富。感谢我家人的无私奉献和默默支持、我还要感谢运城学院经济管理系领导和同事的帮助，尤其是系主任黄解宇教授，他在我读博期间给予了大量的支持和帮助。

　　感谢中国社会科学出版社编辑及其他工作人员为本书的出版提

供了机会和付出的劳动；感谢前期在该领域取得成果的学者，这些
成果是本书的研究基础。由于本人资质愚钝，能力不逮，书中难免
存在疏漏不当之处，恳请读者批评指正。

孙维峰

2016 年 9 月